本书系“北京高等学校青年英才计划项目”
(Beijing Higher Education Young Elite Teacher Project)的阶段性成果

大国宪治丛书

丛书主编/张千帆

Studies on the Right to Social Protection from the Perspectives of Public Law

公法视野下的社会保障权研究

宋艳慧◎著

中国民主法制出版社

图书在版编目(CIP)数据

公法视野下的社会保障权研究 / 宋艳慧著．—北京：中国民主法制出版社,2014.9

(大国宪治丛书)

ISBN 978-7-5162-0582-2

Ⅰ.①公… Ⅱ.①宋… Ⅲ.①社会保障—行政法—研究—中国 Ⅳ.①D922.182.34

中国版本图书馆 CIP 数据核字(2014)第 202047 号

图书出品人:刘海涛

出 版 统 筹:陈晗雨

责 任 编 辑:唐仲江　程王刚

书名/ 公法视野下的社会保障权研究

作者/ 宋艳慧　著

出版·发行/ 中国民主法制出版社

地址/ 北京市丰台区玉林里 7 号(100069)

电话/ (010) 63292534　63057714(发行部)　63055259(总编室)

传真/ (010) 63056975　63292520

http://www.npcpub.com

E-mail:flxs2011@163.con

经销/ 新华书店

开本/ 16 开　710 毫米 ×1000 毫米

印张/ 15　**字数**/ 240 千字

版本/ 2015 年 4 月第 1 版　2015 年 4 月第 1 次印刷

印刷/ 北京友谊印刷有限公司

书号/ ISBN 978-7-5162-0582-2

定价/ 36.00 元

《大国宪治》丛书序

张千帆

1911年,大清王朝迫于革命压力颁布了《十九信条》,可惜这部沿用英国虚君模式的宪法没能挽救屡屡拒绝改革的清朝。此后百年间,中国宪法改革历经曲折,或时运不济、或命中注定,或领导壅蔽、或民智未开,或传统思维障碍、或既得利益者作梗,阴差阳错之间失去了许多机会。百年后,中国宪政依然是路漫漫其修远,诸多志士仁人仍在不懈努力、上下求索。

幸好,宪政早已不再是孤独的探索,而是世界各国的共同追求。从美国到法国、从德国到日本、从印度到以色列、从韩国到南非,大凡进步国家无一不最终踏上宪政的阳关大道,泱泱大国同样需要宪法制度的有效规范。即便波兰、匈牙利、斯洛文尼亚、泰国、不丹、尼泊尔、柬埔寨等看上去不起眼的小国,在宪政进程中也有不少可圈可点之处。"他山之石,可以攻玉";即便他国的失败也未尝不可作为中国的"成功之母",帮助中国宪法改革在"摸着石头过河"的进程中避免涡流和暗礁。和一个世纪以前一样,今天中国宪政还有太多的东西需要向其他国家"取经"。考察世界各国宪法制度的成败得失,实为中国宪政建设的当务之急。

《大国宪治》丛书的宗旨即为探索世界大国的宪法制度,希冀从中得出宪政发展的一般规律。既然中国是世界文明大家庭的一员,中国宪政也是世界宪政大家庭的一个组成部分,理应在和各国宪政交流、切磋、比较、竞争的过程中不断发展成长。我们唯愿以宪政学术推动宪政实践,祈望中国百年宪政之梦早日成真。

前　言

社会保障权是近现代社会发展过程中衍生出来的一项基本权利，是人类文明进步的又一重要成果。社会保障权在尊重人格平等的基础上，关注社会成员间的实质平等，通过一系列制度的建构和运行营造出和谐共存的社会环境。这体现了对平等人格的实质性的尊重与保护。从社会保障权的发展及世界范围内的社会保障制度的建构情况来看，国家在制度的构建及实现层面均起到了不可或缺的作用。值得注意的是，随着社会经济发展状况的变迁，国家对社会保障领域的义务内容及边界进行了较为显著的调整，这无疑为我国社会保障制度的建构提供了重要契机。

社会保障作为社会科学的一个重要领域，被法学、社会学、经济学、政治学等领域的学者讨论和研究。其中，法学研究多表现为对社会保障权具体权项内容的关注，而很少从较为宏观的视角对社会保障权实现中的国家、政府责任问题进行系统阐释。因此，本书尝试从公法角度对社会保障权问题进行梳理。当然，广义上的公法不仅包括宪法、行政法，还包括刑法、诉讼法等法律部门，但基于本书的写作目的及笔者专业背景，本书的"公法"指的是狭义的公法概念，而不涉及刑法和诉讼法的内容。

本书内容分为以下五章：

第一章为基本权利与社会保障权。通过这一章的论述阐明社会保障权是基本权利发展到现代的产物，是第三代人权的重要内容，具有基本权利属性。社会保障权与其他基本权利之间关系密切，社会保障权在基本权利体系中居于重要地位。国家对社会保障权予以保障必要且正当。

第二章为社会保障权的起源及其流变。通过对社会保障权演进过程的介绍可以清晰地看到国家在社会保障权建构过程中的重要角色，而对社会保障权新发展的归纳与总结则阐明了社会保障权相关主体在权利的确立及实现过程中的角色转变。值得特别注意的是,作为主导主体的国家已经从在社会保障权建构中的大包大揽、全能政府的角色向统筹社会资源、充分发挥社会主体作用的调控型政府的转变。国家在保障社会保障权职能方面的转变对建构我国社会保障权制度具有极大的积极影响。

第三章为国家社会保障的义务。在前两章阐明社会保障权应当受到保障的基础上,对国家的社会保障权义务的内容及其义务边界问题进行了探讨。首先从社会保障权的性质及国家的能力与追求的角度阐释了国家的社会保障权义务主体资格,其次梳理了国家的社会保障权义务内容,最后提出国家在社会保障权的保障中应当承担"有限责任"。

第四章为社会保障权的宪法保障。在明确国家的社会保障义务的基础上,展开社会保障权的宪法保障探讨。梳理宪法保障的基础理论,对域外的宪法、宪法性文件及国际条约中关于社会保障权的保障情况进行介绍和分析,并对我国宪法对社会保障权问题的现有规范、存在的问题及进一步完善的想法进行论证。我国宪法应对社会保障权作出明确规定,并以此健全我国社会保障法律制度体系。

第五章为社会保障权的行政法保障。首先,对社会保障权的行政立法保障进行了分析;其次,通过社会保障给付的行政法学分析厘清社会保障给付行政行为的种类、效力,以明确其保障行为的轨迹;最后,对社会保障行政的正当程序进行了论证,并提出了以正当程序保障给付行政的具体建议。

目　录

导　言

一、研究背景与意义

从世界范围来看，社会保障并不是一个新鲜概念。自1601年英国颁布《济贫法》以来，人类社会的社会保障制度的发展已有四百多年的时间。在此期间，世界不同大陆的国家、地区建立起了各具特色的社会保障制度，其中尤以北欧的福利国家制度备受世人的关注。随着英国在1948年第一个宣布为“福利国家”，社会保障权的理论研究及制度实践的发展更是进入了一个繁荣期。从20世纪70年代开始的经济萧条，使得人们对社会保障权的研究角度进行了调整，提出了所谓“福利危机”的观点；之后伴随着福利改革的实践，人们在社会保障权的研究中更加注重多元主体的参与和权利的可持续发展。虽然世界范围内的社会保障权的研究由来已久，但我国法学研究领域对社会保障权的关注却较晚。1986年第六届全国人大第四次会议通过的《中华人民共和国国民经济和社会发展第七个五年计划》首次提出“社会保障”概念，此后社会保障一词开始被频繁使用于中国的许多场合。关于社会保障的学术研究初始阶段显见于经济学、社会学和政治学领域，相比之下，用法学方法研究社会保障问题到本世纪初才逐步繁荣起来。2004年宪法修正案第6条规定宪法第14条增加一款“国家建立健全同经济发展水平相适应的社会保障制度”，此后社会保障权的制度建设及理论研究均进入了比较活跃的时期。社会保障权的制度建设与理论研究进一步繁荣的另一主要结点发生在2011年——2011年发布的《中华人民共和国国民经济和社会发展第十二个五年规划纲要》（以下简称《“十二五”规划纲要》）第三十三章章名为“健全覆盖城乡居民的社会保障体系”，此后国家出台了一系列的政策、实行了一系列措施改善城乡居民的社会保障水平；此外，理论研究方面也出现了大量的研究成果。但从公法保障角度对社会保障权进行比较系统和深入阐释的论著却不多见，本书尝试以公法保障为视角对社会保障权问题进行梳理，其理论价值及实践意义主要包括以下几点：

(1)对宪法理论的发展。论证社会保障权属基本权利范畴,并对其地位和价值进行深入剖析,丰富了基本权利理论的内容。此外,社会保障权的宪法保障内容的梳理和构建厘清了宪法层面的社会保障权保护的内涵和发展方向,丰富了宪法领域的基本权利保障问题的研究内容。

(2)对行政法理论的发展。社会保障权问题在行政法学领域属于给付行政的研究范畴。但行政法学的研究者在对给付行政的研究中更多停留于给付行政的概念、原则、意义等总论性问题的研究层面,很少深入剖析具体的权利内容。因此,本书运用行政法学的基本理论对社会保障权的具体内容的分析是对行政法学研究的具体化、实践化的一种尝试和探索。

(3)对社会保障权理论的发展。从公法视角对社会保障权问题进行研究不同于就社会保障权谈社会保障权,其为社会保障权问题的解决提供了更为宏观的研究平台和更为开阔的研究视角,为确定社会保障权制度的总体发展方向提供了一个思考方向。

(4)为社会保障权利制度体系的建设实践提供了指引。我国正处于社会保障制度健全发展的重要时期,社会保障领域的制度建设进入了繁荣期。在这一时期整体目标的设计和原则的确定将决定着整个制度体系的发展方向,也是我们在制度建设中应当首先确定下来的基础性问题。从公法视角对社会保障权的保障问题进行梳理,一些重要原则的提出和论证无疑将对社会保障权制度体系的建设提供指引。

二、研究现状

世界范围的社会保障权发展已有数百年的时间,其间经济学、社会学、政治学、法学等各学科的学者们都开展了较为丰富的研究。社会保障一词译自英文"social security",首次出现在1935年美国颁布的《社会保障法》(Social Security Act)中。1944年第26届国际劳工大会发表《费城宣言》,标志着国际组织正式采纳了社会保障概念。此后,社会保障一词逐渐推广开来,联合国也在《经济、社会及文化权利国际公约》和国际劳工组织的一些公约和建议书中正式使用这一概念。在我国,1986年六届全国人大四次会议通过的《中华人民共和国国民经济和社会发展第七个五年计划》首次提出社会保障概念。此后,社会保障一词开始频繁使用于我国的许多场合。在我国法学领域,社会保障权概念的使用大致始于我国政府于1997年10月27日签署的《经济、社会及文化权利国际公约》之后。

目前国内对社会保障权研究主要分为两种路径:一种是在劳动权的范畴中,认为社会保障权是劳动权中的一项权利,即属于劳动权权利束中的子权利;

另一种研究路径是把社会保障权当成是物质帮助权、生存权来看待,认为社会保障权是指法律赋予公民在一定条件下从国家和社会获得物质帮助的权利。只要公民基本生活需求不能得到满足,就能请求政府和有关社会组织予以保障。随着社会保障权在现代社会不断地被争取、国民权利意识逐步增强,第一种观点逐步被第二种观点所取代,但多数研究仍停留在口号式的呼唤层面上,少有通过对政治或法律哲学思想的阐释来论证社会保障权作为人权的合理性,将之与中国国情相结合进行研究的更不多见。国家在其中的地位和角色有何不同,社会保障权的价值与属性为何,基本点到即止,没能充分地展开进行深入研究,其中的原因是多方面的。总的来说,目前学界关于社会保障权的研究不少,争鸣也很热烈。

(一)社会保障权的概念

社会保障权是产生于社会保障领域的基本权利,关于社会保障权的概念界定,我国学者们有以下观点。韩大元教授认为:"社会保障权是指依据法律,全体公民普遍享有的,由国家予以平等地保障的对社会风险导致的损失的补偿和救济的必不可少的权利和平等地享有其他旨在提高生活质量的服务的权利。"(韩大元:《宪法学基础理论》,中国政法大学出版社 2008 年版)王全兴教授认为:"社会保障权是法律赋予公民在一定条件下从国家和社会获得物质帮助以满足其维持一定生活水平或质量之需要的权利。"(王全兴:《经济法基础理论专题研究》,中国检察出版社 2002 年版)常凯教授认为:"社会保障权是公民在失去劳动能力或劳动机会或遇到其他灾害和困难时,为保障其基本的生活需要而享有的从国家社会保障制度获得物质帮助的权利。"(常凯:《论社会保险权》,《工会理论与实践》2002 年第 3 期)王家福教授认为,社会保障权又称物质保障权,是暂时或永久丧失劳动能力以及因意外事故而发生困难的社会成员享有的,由国家给予物质帮助、以保证其基本生活的权利。(王家福、刘海年:《中国人权百科全书》,中国大百科全书出版社 1998 年版)董保华教授认为:"社会保障权是一种积极权利与行政权力的竞合,从内容上看是弱势群体的积极权利,从形式上看是国家的行政权,呈现了两者的特点。"(董保华等:《社会法原论》,中国政法大学出版社 2001 年版)杨燕绥教授认为:"社会保障权是劳动权的主体部分,劳动权即是劳动者的权利,劳动者的权利主要是就业权和社会保障权。"(杨燕绥:《劳动与社会保障立法国际比较研究》,中国劳动社会保障出版社 2001 年版)李乐平先生认为:"社会保障权有两个层次,一是人权意义上的社会保障权,另一个是公民基本权利意义上的社会保障权。"(李乐平:《试论社会保障权》,《乐山师范学院学报》2004 年第 8 期)唐政秋先生认为:“社会保障权是法律赋予公民在因年老、疾病、伤残、生育、失业等原因丧失劳动能力或发生暂时困难情况下从国家和社会获得物质帮助,以满足其基本生活需要的权利。”(唐政秋:《社会保障权探微》,《行政与法》2005 年第 4 期)张光辉认为:“社会保障权主要解决的是公民在生存与发展不能得到保障时,有从国家和社会获得其生存和发展的权利,同时还应该保障公民的发展权。”(张光辉:《论公民的社会保障权》,《天府新论》2008 年第 12 期)

社会保障权作为一项国际人权,在《世界人权宣言》第 25 条中得以规定:“每个人都有权享受能够保证个人及其家庭身心健康的生活标准,其中包括食物、衣物、住房、医疗、必要的社会服务,以及在失业、生病、残疾、丧偶、年老或其他个人无法控制的影响生计的情况下获得社会保障的权利。”1966 年联合国大会通过的著名的《经济、社会及文化权利国际公约》中用多个条文对社会保障权问题进行了规定。其中第 9 条规定:“本盟约缔约国确认人人有权享有社会保障,包括社会保险。”第 11 条规定:“本盟约缔约国确认人人有权享受其本人及家属所需之适当生活程度,包括适当之衣食住及不断改善之生活环境。”第 12 条规定:“本盟约缔约国确认人人有权享受可能达到最高标准之身体与精神健康。”

(二)社会保障权实现的国家义务

国家在社会保障权实现中所承担角色的确定是该国各项社会保障权利制度及相关制度建构的基础,因此,这是一个需要优先明确的问题。我国关于社会保障权实现的国家义务的研究成果主要有以下一些观点。周沛教授认为:“福利国家是现代化进程中的基本发展理念和重要的发展战略,国家福利体现着社会公平、公正的必要制度安排,政府主要负责社会福利的展开与实施。”(周沛:《福利国家和国家福利——兼论社会福利体系中的政府责任主体》,《公共管理学研究》2008 年第 2 期)郑功成教授认为:目前困扰中国社会保障制度改革的最大问题是社会保障责任划分的不清晰;政府责任的边界不清影响了政府对社会保障制度建设的决心,也妨碍了民间或社会乃至市场发挥相应的作用;中国社会保障制度改革应当以划清各主体的责任为必要条件,在责任不清的条件下,制度建设必然陷入职责紊乱的局面。(郑功成:《中国社会保障改革与制度建设》,《中国人民大学学报》2003 年第 1 期)阳国亮先生认为:社会主义市场经济条件下政府在社会保障体系中的责任主要是起主导的作用,即政府主导型的社会保障体系,具体指政府不直接承担所有的社会保障权的供给和管理责任,而是调动企业、个人及社会等多方面的力量共同完成社会保障的给付。(阳国亮:《中国社会保障发展中的政府责任》,《学术论坛》2008 年第 2 期)张萍女士认为:政府在我国社会保障体制完善中的作用包括制定社会保障体系的长远规划、完善社会保障立法、加大社会保障费征缴的执法力度、加强社会保障方面的执法监督。(张萍:《政府在我国社会保障体制完善中的作用》,《行政论坛》2009 年第 4 期)孙亦军先生认为:政府是法律法规的制定者和制度运行的监管者,是社保基金风险的最终承担者,是社会公平的维护者和利益平衡的调解者。(孙亦军:《我国社会保障制度建设中政府责任定位研究》,《中央财经大学学报》2007 年第 5 期)倪志良、赵春玲认为:突破我国社会保障困境的关键是强化政府的以下责任。其一,强化政府的资金投入职责,承担起对"隐性社会保障债务"的清偿责任;其二,强化政府的社会保障立法职责和管理职责;其三,明确划分中央与地方政府的社会保障职责。[倪志良、赵春玲:《我国社会保障改革的困境与政府责任缺失的相关分析》,《内蒙古大学学报》(人文社会科学版)2007 年第 6 期]杨雅华认为:我国社会保障制度的权利义务关系中国家政府的责任在建构社会保障制度中仍具有重要作用,此外,应当正视个人自我保障的义务和责任,并且必须兼顾公平与效率,切实实现一切社会成员在社会保障权利上的平等。(杨雅华:《关于社会保障制度中权利义务关系的思考》,《理论导刊》2004 年第 2 期)

(三)社会保障权的宪法保障

对社会保障权的宪法保障进行专门研究的论著不是很多,更多的学者关注的是基本权利的宪法保障问题,也有学者讨论社会权的宪法保障。关于以上几个论题的成果如下。郑贤君教授认为:社会宪法的理念是实质平等。政治宪法坚持自由的优先价值,社会宪法则认为政治宪法中的平等仅仅是形式上的,根本无法弥补先天禀赋和后天机会所造成的实质上的不平等,特别是发生在分配和物质待遇领域的差距,依靠国家强力的介入,社会宪法力图缩短这种差距,创造一种更为公平和谐的社会。此外,社会宪法更加注重对社会生活的调整。政治宪法建立在国家与社会二分的基础上,社会生活被认为属私人自治领域,免受国家干预,而社会宪法则规定属于社会生活的内容,比如社会基本权。(郑贤君:《社会宪法与社会法——公私法融合之一箭双雕》,《浙江学刊》2008 年第 2 期)莫纪宏教授认为:从宪法学理论出发,结合各国宪法规定,权利的宪法保护主要有以下特征,即宪法对权利的确认、宪法要求立法机关制定法律来保障宪法权利的实现、政府具有保障宪法权利实现的宪法职责、公民基于实体宪法权利而产生的请求权、宪法权利获得宪法诉讼或者宪法监督的救济。(莫纪宏:

《论对社会权的宪法保护》,《河南省政法管理干部学院学报》2008年第3期)台湾学者李建良认为:基本权利的国家保护义务功能,特别强调国家负有义务,去保护人民在实现基本权利时足以对抗第三人的侵害,尤其是其他私人所造成的损害或危害法益。[李建良:《基本权利与国家保护义务》,载《宪法解释之理论与实务》(第2辑),台湾"中央研究院"中山人文社会科学研究所2000年版]李磊认为:"我国宪法中的社会保障权的实现路径包括:宪法应明确规定社会保障权、完善社会保障基本法律制度、完善社会保障权的司法保护。"(李磊:《社会保障权的宪法保障问题研究》,《河北法学》2009年第10期)谭倩、袁立认为:"宪法乃制度之法,基本权利的保障与实现,须辅之以具体制度。德国理论界与实务界构建出'制度性保障'理论以强化基本权保障。制度性保障要求立法者履行'立法义务',形塑'基本权的核心存在'。"(谭倩、袁立:《基本权利的制度性保障及其问题——以公民劳动权为例的论证》,《法制与社会发展》2013年第4期)

(四)社会保障权的行政法学分析

关于这部分内容的已有研究成果如下所述。台湾学者沈政雄认为:"现代国家所担负的给付活动,除立于财政观点或私经济领域的活动外,必须借由生存照顾的概念导入公法要素,以对应国家与个人关系的全新情况:其基本关系在侵害行政领域为自由,而在给付行政领域则为参加分配。生存照顾使得公民在参加分配的关系中受到公法的保障。无论行政活动采取的是公法形式还是私法形式,在给付关系的内容,生存照顾是作为公法要素的实质标志,提供实践公权、基本权保护机能的可能性。"(沈政雄:《社会保障给付之行政法学分析:给付行政法论之再开发》,台湾元照出版公司2011年版)高秦伟认为:"行政法保护的具体措施就是宪法上的'正当程序'条款在政府福利领域的广泛适用。"(高秦伟:《政府福利、新财产权与行政法的保护》,《浙江学刊》2007年第6期)孙笑侠认为:"现代行政法的发展历史揭示出'行政程序是行政法控制行政权力的重要方式'。"(孙笑侠:《法律对行政的控制——现代行政法的法理解释》,山东人民出版社1999年版)林腾鹞认为:"由于国家任务角色的转变,事实行为多呈现在现代行政与群居人民关系的处理中,透过合作、协议与冲突解决等,以确保民众的生存照顾与基本的保障能在合目的、合比例的行政行为上被充分顾及。"[林腾鹞:《行政法总论》(修订第3版),台湾三民书局2012年版]哈贝马斯也提出:"古典的干预性行政活动的特点是反应性的、两极的和选择性的;在这种政府行政之外,出现了具有完全不同实践方式的计划性的、服务性的政府行政。现代的服务性行政承担的是提供基本生活保障、准备基础设施、制定计划和预防风险，也就是说承担广义的政治导控任务。这种政府行政的行动是面向未来的、面上铺开的；而且，它们的干预所涉及的是公民之间和社会群体之间的关系。”（【德】哈贝马斯：《在事实与规范之间——关于法律和民主法治国的商谈理论》，童世骏译，生活·读书·新知三联书店2003年版）

三、写作框架

一般意义上所讲的公法不仅包括宪法、行政法，还包括刑法、诉讼法等法律部门，但基于专业背景及研究视角的考虑，本书所讲的公法保障专指宪法、行政法的保障，而不涉及刑法及诉讼法的内容。

本书从社会保障权与基本权利入手，共分五章，分别对社会保障权的权利属性及在基本权利体系中的地位和价值，社会保障权的起源、流变，国家在社会保障权实现中的主要义务，社会保障权的宪法保障及社会保障权的行政法保障等问题进行阐释和分析。

第一章基本权利与社会保障权。在这一章中力图厘清社会保障权的基本权利属性及其在基本权利体系中的地位，从理论上更清晰地揭示出社会保障权的内涵及性质，认识到社会保障权作为现代宪法上的重要的基本权利承载着人的尊严、正义、平等、自由等法的价值与精髓，是需要予以保障和实现的重要权利。

第二章社会保障权的起源及其流变。本章介绍了社会保障权产生的历史背景和理论动因，分析了社会保障产生的经济、社会条件，并阐释了社会保障权的主要内容及其发展趋势，为其后的社会保障权利制度建构的内容提供基础。

第三章国家社会保障的义务。本章阐明了国家在社会保障权建设中的主要义务，借鉴西方国家“福利危机”的经验教训，合理定位国家“有限责任”的界限，为社会保障权的进一步建设和可持续发展提供方向。

第四章社会保障权的宪法保障。本章从宪法保障层面对社会保障权的建设进行探讨，首先介绍了社会保障权宪法保障的基础理论，提出了宪法层面的社会保障权功能建构；然后对英、德、美、日、南非、欧盟等典型国家的社会保障权宪法保障实践进行了介绍，并对主要国际条约中的社会保障权规定进行了梳理；最后对我国的社会保障权宪法保障的现实状况进行分析并提出了相关的建议。

第五章社会保障权的行政法保障。本章通过对社会保障给付的行政法学分析，厘清了社会保障权给付行政行为的种类、效力，以明确其保障行为的轨迹，其后对社会保障权的行政正当程序进行了论证，提出了以正当程序保障给付行政的具体建议。

四、主要创新点

(1)本书比较系统地论证了社会保障权的基本权利属性及其在基本权利体系中的地位,分析了社会保障权与生存权、劳动权、平等权、自由权及社会权之间的关系,提出了社会保障权同时承载着人的尊严、正义、自由、平等的社会价值。

(2)本书比较全面地总结了社会保障权的新发展,提出了社会保障权的发展和完善正是社会全体成员公平、共享社会发展成果的一种体现。

(3)本书论证了国家在社会保障权实现过程中的"有限责任",并提出以国家发展水平决定的财政支付能力作为社会保障供给的上限、以满足社会成员基本生活需求等社会保障权的权利性质所决定的权利内容为社会保障供给的下限的主张,确立了国家社会保障权"有限责任"的界定原则。

(4)本书梳理了我国宪法对社会保障权进行保障的制度现状,并提出了完善建议。

(5)本书对社会保障权的具体权项进行了行政法学层面的分析,厘清了具体社会保障权给付行政行为的种类、效力等重要问题。

第一章
基本权利与社会保障权

第一节　基本权利的发展与社会保障权

一、基本权利的概念

基本权利毫无疑问是宪法中的一个重要和核心的概念，对基本权利的含义进行界定、阐释是宪法学界的一个重要课题。但何为基本权利？如何决定究竟哪些权利是“基本”的，应该免受国家行为侵犯？哪些权利需要国家积极行为的保护，究竟哪些权利需要在宪法中予以规定？这需要考虑观念、社会现实等多方面因素。事实上，各个国家在确立和决定基本权利内容的过程中均考虑了多重因素。因此，基本权利中的“基本”具有很强的时代特色，其内容并非一成不变。《牛津法律大辞典》中写道，基本权利是“一个不精确的术语，一般用来表示国民基本自由或为政治理论家，尤其是美国和法国革命时期的理论家所主张的自然权利”①。《布莱克维尔政治学百科全书》中写道，基本权利是“个人拥有的较为重要的权利；人们认为，这些权利应当受到保护，不容侵犯或剥夺。基本权利被称为天赋人权，因而又常被称为人权”②。该界定认为基本权利为天赋人权，尚不包括今天各国宪法基本权利体系中的所有内容。因此可以说，基本权利内容的确定会随着时代变迁而有所变化。英国宪法学家詹宁斯同样认为基本权利的内涵是不断变化的，其在著作《法与宪法》中写道：“一代人认为是基本权利的东西，也许另一代人认为是对立法权的不适当的限制。”

我国的宪法学者在对基本权利概念的界定上采用了各有侧重的表述方式，比如，“公民的基本权利是指宪法规定的，公民为实现自己必不可少的利益、主张或自由，从而为或不为某种行为的资格或可能性。基本权利决定着公民在国家中的地位，是公民在社会生活中必需的权利。”③这一概念吸收了权利概念的界定方法，并强调了基本权利内容对于公民的必要性。又如，“基本权利是宪法赋予的、表明权利主体在权利体系中重要地位的权利。在权利体系中表明主体根本的政治、经济与社会地位的权利通常被纳入基本权利的范畴，体现权利的

---

①【英】戴维·M. 沃克：《牛津法律大辞典》，李双元等译，光明日报出版社 1989 年版，第 364 页。

②【英】戴维·米勒、韦农·波格丹诺主编：《布莱克维尔政治学百科全书》，邓正来等译，中国政法大学出版社 1992 年版，第 283 页。

③周叶中主编：《宪法》，高等教育出版社、北京大学出版社 2005 年版，第 261 页。

根本性、基础性与决定性。"[①]这一概念更强调基本权利在权利体系中的重要性，认为其是一种根本性、决定性的权利。还有学者表述为："基本权利是宪法赋予公民的最基本的、最重要的权利，表明了公民的宪法地位，反映了国家权力与公民权利之间的相互关系，构成一个国家政治制度运行的基础。"[②]也有学者认为："由于当今各国多采行宪法成文主义，基本权利是明示的、写进宪法中的诸项权利条款，且多数国家以'基本权利'作为宪法结构的必要组成部分，所以，此处讨论的基本权利概念是以宪法文本为依据的实定权利。"[③]该界定着重关注了宪法文本对基本权利的决定性作用，是从实定法角度的一种考量。又如："所谓基本权利，不过是指那些对于关于人的既存的和后天能够实现的价值在人类近代史上已达成共识的法律上的一般承认，它与人们自己设定法律关系时明确的权利个别承认有着质的不同。"[④]这一观点强调了基本权利是近代人类达成的一种共识，并以宪法的形式进行了确认。还有学者表述为："基本权利是人皆有之的权利，是人之为人的权利，不以国家存在为前提，不以国法为依据，宪法只起确认和保护作用。基本权利为宪法规范，具有最高规范效力，一切国家权力皆应服膺于斯，亦是客观规范。"[⑤]这一界定认为基本权利不需以宪法为依据，但以宪法为法律渊源，综合了自然法及实证法的理论成果。有学者认为："人的基本权利是人作为构成社会整体的自律的个人，并在人类社会历史发展过程中不断形成和发展的那些为确保其自身的生存和发展，维护其作为人的尊严而享有的权利。"[⑥]这一看法同样强调了基本权利的固有法性质和受历史发展影响下的宪法规定性的统一。

从以上概念的界定中可以看出，人们对基本权利的认识存在着一定的区别，但都绕不开以下几个核心问题：其一，基本权利在权利体系中的地位，着重强调基本权利的基础性、重要性、决定性、核心性、必要性及母法性。认为所谓"基本"者，必是稳定而重要者，被确认为"基本权利"的权利对于一个国家公民而言，往往具有"不可缺乏性""不可取代性""不可转让性""稳定性""共似性"等特征。[⑦] 权利是有机组成的庞大的体系，该体系由不同层次、不同形态的权利

---

①韩大元：《宪法学基础理论》，中国政法大学出版社 2008 年版，第 207 页。

②胡锦光、韩大元：《中国宪法》(第 2 版)，法律出版社 2007 年版，第 178 页。

③韩大元主编：《比较宪法学》，高等教育出版社 2003 年版，第 139 页。

④徐显明：《"基本权利"析》，《中国法学》1991 年第 6 期。

⑤张红：《基本权利与私法》，法律出版社 2010 年版，第 46 页。

⑥张千帆主编：《宪法学》，法律出版社 2004 年版，第 154 页。

⑦徐显明：《"基本权利"析》，《中国法学》1991 年第 6 期。

要素根据不同的标准和逻辑关联性构成,其中具有母体性的权利直接构成基本权利,其能够派生出公民的一系列一般权利。其二,基本权利的内容有很强的时代烙印,即哪些权利会成为基本权利受社会发展进程的影响。比如,通常人们认为,近代宪法主要确立的是自由权的保障体系,社会权则是现代宪法的突出标志,其实现需要国家干预,具体表现为社会立法的制定,及各国在此基础上发展出的公益诉讼、平等保护等司法救济手段。[①] 但必须强调的是,基本权利同时具有适应社会发展变化的功能与能力,其内容与结构不会经常性地发生改变,保持着一定的稳定性。

除以上问题的共识之外,在对基本权利的认识中人们还讨论了另外一个重要问题:基本权利究竟是实定法意义上的权利形态,还是具有自然法性质的权利?有学者认为,对于公民来说,基本权利既是最重要、最根本的权利,同时也是在社会生活中应具有的最低限度的权利。基本权利是实定法意义上的权利形态,不具有自然法意义上的权利性质,一旦被宪法确定后通常具有较强的稳定性,是相对稳定的权利群。[②] 日本民法学家星野英一指出"'与生俱来的天赋权利',乃是自然法上的权利,能够取得的'权利'意指实定法(私法)上的权利。"[③]故宪法基本权利,为了与自然权利相区别,能够识别的仅为各国宪法文本规定的基本权利。[④] 与前述观点有别,有学者指出在理解权利与法规范的关系时,我们尤其必须认识到:第一,权利是由法规范所认可的,但这并不意味着其自身即是法规范所赋予的,其实,法规范仅仅赋予权利的客观性,但并不赋予本体论意义上的权利本身;第二,权利虽然是由法规范所认可的,但权利同时也构成了法规范自身价值的内核,法规范必须通过确认权利的内容,才得以实现其自身的价值目标,从而获得其自身存在的合理性和意义。[⑤] 关于此问题,有学者还专门讨论了宪法上未列举的基本权利这一问题,其论述中指出:宪法上未列举的基本权利中,有些权利是综合性的,有些权利是单项性的,其判断的价值基础是人的尊严。但在如何保护宪法未列举的权利这一问题上,各国的理论解释与判断标准是不尽相同的。目前在我国的宪法实践中,人权条款可解释为基本权利保障的概括性条款,为基本权利的实现提供更直接而广泛的价值基础。同

---

①郑贤君:《试论宪法权利》,载《厦门大学法律评论》(第4辑),厦门大学出版社2002年版,第193页。

②胡锦光、韩大元:《中国宪法》(第2版),法律出版社2007年版,第178页。

③【日】星野英一:《私法中的人》,王闯译,中国法制出版社2004年版,第24页。

④郑贤君:《基本权利原理》,法律出版社2010年版,第5—6页。

⑤张千帆主编:《宪法学》,法律出版社2004年版,第151页。

样,人权条款在对宪法未列举权利的保护方面只能起到一定的补充作用,如为扩大基本权利保护范围,可以依照人权条款提炼现有条款中隐含的新的权利类型;当基本权利有规定而具体法律没有规定时,提供具体的救济途径;对基本权利条款作出宪法解释时,为解释的合理性提供价值基础与标准;当出现宪法和法律上没有规定的新的权利要求时,可依照人权条款作出必要的价值判断等。①

基本权利作为一项核心内容被众多学者所诠释,虽然学者们的表述各有侧重,甚至存在某些分歧,但综合看来基本权利应该是一个随着时代变迁、社会发展而不断被丰富的一个集合概念,它反映着不同时代、不同社会背景下人们应该拥有的最为基础性的多项权利内容。可以说,基本权利是人们应该享有的,同时也是国家应该保障人们享有的,作为该时代的国家公民必须享有的最基本的权利。因此,基本权利一定具有较强的时代特色,但同时也具有稳定性的特征。基本权利内容的演进过程与社会的发展进程相契合,也反映了社会缓步发展的历史规律,与社会发展形成一种有机的互动关系。

二、基本权利的发展

回顾基本权利的发展史,可以发现基本权利在内容方面发生了很大的变化。权利观念与权利类型发展到特定历史阶段以后,与公民人身直接有关的、表明公民主体地位的那部分权利必然寻求新的规范模式,宪法规范的产生实际上满足了权利发展的要求。因此,基本权利的历史最早始于宪法性文件或宪法惯例的规定。② 可以说,基本权利的产生标志着公民与国家通过宪法调整形成了利益的协调机制,成为一种利益分配的纽带。这种利益分配机制作为社会发展的产物,也必然随着社会的发展而进行调整。

(一)近代宪法关于基本权利体系的确立

近代宪法的基本权利体系,是以自由权为中心的自由国家基本权利体系。随着18世纪末期近代资产阶级革命的发生,近代基本权利体系逐步建立、发展起来。早在被誉为世界上第一部成文宪法的《美国宪法》颁布前的十几年间,美国诸州的宪法③中就已经对基本权利作出了规定。这些宪法都是在"社会契约说"的影响下制定的,其中关于基本权利的确认和保护,给很多当时及后来的政治家都留下了深刻印象。例如,《弗吉尼亚州宪法》第1条即规定:"所有人生而

①韩大元:《宪法学基础理论》,中国政法大学出版社2008年版,第216—218页。

②胡锦光、韩大元:《中国宪法》(第2版),法律出版社2007年版,第175—176页。

③包括《新罕布什尔州宪法》《弗吉尼亚州宪法》《马萨诸塞州宪法》等。

平等自由且独立，拥有一定天赋的权利。此种权利在人民组成社会之时，无论通过何种契约都不能从其子孙那里再予剥夺。”该法确认了基本权利的自然法性质，强调了自由权的不可剥夺性。

美国宪法制定之初并没有对基本权利作出规定，这引起了反联邦党人的强烈反对；为保证宪法的通过，联邦党人提出了一个包含多个条款的权利法案作为宪法的修正案。这便是1791年正式生效的《权利法案》，该法案共有10个条款，其中包括了：宗教、言论、出版、集会自由，持有与佩戴武器的权利，正当程序，一罪不能两罚，禁止逼供，禁止剥夺私人财产，陪审团制度，未被列入的其他权利一样可以受到保护，人民保留未经立法的权利等方面的内容。其中关于宗教、言论、出版、集会等自由权利的宣示被誉为“美国生活方式”的主要内容，成为了近代以来美国人民追求、行使和保障自由权利的重要依据之一，同时为其他国家的权利保护制度的建构树立了很好的范例。

于1789年颁布的法国的《人权和公民权宣言》（以下简称《人权宣言》）也在全世界范围内产生了重要影响，成为了近代宪法基本权利体系构建的基石性法律文件。《人权宣言》秉承了法国大革命提出的“自由、平等、博爱”的理念，确立了许多近现代宪法中重要的基本权利和原则。《人权宣言》共17条，明确了人民主权、罪刑法定、法律保留、言论自由、私有财产神圣不可侵犯等重要的宪法原则，其第1条即规定“人生而平等，天赋自由与权利并以之生存。社会的差别性只能设立在共同利益之上。”这一规定宣示了自由与平等的基本理念。[①] 在法国《人权宣言》的影响下，欧洲大多数国家陆续制定了包含人权宣言在内的近代立宪主义宪法。

近代宪法中基本权利体系围绕着自由权的确立和保障建立起来，因此，自由权表明了近代基本权利体系的特征。其保障的自由权包括：人身自由、精神自由、政治自由、财产自由及刑事程序权利等，为公民的权利实现提供了抵御公权侵害的保护罩和安全网。这些原则的确立为近代自由竞争经济的发展提供了强有力的制度支持和保障，在个人自由极大实现的社会背景下呈现了人类历史上罕有的繁荣景象。但随着历史的推进，近代宪法对自由权的绝对保障衍生出了一系列的社会问题，因此，宪法保护内容的调整成为了历史的必然，现代宪法应运而生。

（二）现代宪法基本权利的保护应对

19世纪末20世纪初，基本权利体系开始变化为兼具保障社会权的社会国

---

①【日】芦部信喜原著、高桥和之增订：《宪法》（第3版），林来梵、凌维慈、龙绚丽译，北京大学出版社2006年版，第66页。

家的人权宣言。19世纪末期,垄断经济愈演愈烈,贫富不均等社会矛盾日益严重,建立一个平等、公正的社会新秩序的诉求成为了迫切的社会主张。国家保障社会大众基本的生活权利,对个人和社会生活进行干预,国家承担对个人提供福利保障的责任等主张获得了更多的合理性。

最初的典型是1919年的《魏玛宪法》。它的制定标志着基本权利的宪法化得到了一定程度的发展,基本权利以其完整的形态被纳入宪法体系之中,最终确定了公民享有的基本权利。应该特别注意的是,《魏玛宪法》规定了大量的社会权利。《魏玛宪法》在其"基本权利"中,特别是在其著名的"经济生活"一章中规定"经济生活的秩序,应符合正义原则,以保障所有的人均能获得值得成其为人的生活"(第151条),从而确定了保护社会性的、经济性的弱者,以及国家为此负有的积极活动的义务;此外,它同时规定"所有权伴随着义务。所有权的行使,同时必须有利于公共福利"(第153条),宣示了财产权并非是不可侵犯的权利,而是在社会意义上受到约束的一种权利。① 《魏玛宪法》有关公民基本权利的规定奠定了现代宪法结构中公民的宪法地位,初步建立了与宪法功能相适应的较完整的权利体系。从制定《魏玛宪法》的历史与社会背景看,《魏玛宪法》规定的基本权利总结了宪政发展过程中权利观念与实践发展的经验,反映了通过宪法规范调整社会生活的要求。② 此后,世界各国的宪法,均基于侧重公正分配的实质平等主义,或多或少地规定了保障社会权的条款,对国家课以作为社会国家而努力提高国民福利的义务,体现了宪法价值观的重大变化。

随着基本权利保障理念的不断更新,人们逐渐认识到对于这些重要的权利不仅应给予国内法的保护,也应给予国际法层面的保障。1948年的《世界人权宣言》是一种具有代表性的尝试,该宣言中也体现了对人的社会权的保障内容。其中第25条第1款即规定:"人人有权享受为维持他本人和家属的健康和福利所需的生活水准,包括食物、衣着、住房、医疗和必要的社会服务;在遭到失业、疾病、残废、守寡、衰老或在其他不能控制的情况下丧失谋生能力时,有权享受保障。"其后,1966年联合国大会通过了由《经济、社会及文化权利国际公约》和《公民权利和政治权利国际公约》共同组成的国际人权公约。其中我国于2001年由全国人大常委会批准通过的《经济、社会及文化权利国际公约》第9条规定:"本盟约缔约国确认人人有权享有社会保障,包括社会保险。"这一可以直接

---

①【日】芦部信喜原著、高桥和之增订:《宪法》(第3版),林来梵、凌维慈、龙绚丽译,北京大学出版社2006年版,第68页。

②胡锦光、韩大元:《中国宪法》(第2版),法律出版社2007年版,第176页。

约束缔约国的公约，在法的意义上极为重要。根据公约第16、17条和联合国经社理事会第1988/4号决议规定，一国批准或加入公约后，就有义务定期提交执行公约情况的报告。也正是这样的一些机制，促使各缔约国逐渐构建起符合公约理念要求的兼具社会权保障功能的基本权利体系。

基本权利体系从自由权保障向社会权保障进行扩充的态势已被多国宪法制度的演进所明证。人类社会的脚步渐近共存共荣的共同体阶段，我们的文明就体现为抛弃弱肉强食的丛林法则，在这个充满机遇、挑战和风险的时代，强者与弱者的转化随时随地都在上演。因此，保护弱者就是保护自己，社会保障已经成为人类最终极的基本权——生存权的重要救济和保障制度。在这种社会背景下社会保障权必然成为现代社会基本权利体系的重要组成部分。

三、社会保障权的概念

社会保障权作为现代社会基本权利体系重要组成部分的地位，已被很多国家的宪法及宪法性文件所认可，但对社会保障权概念有着不同的表述方式。对于社会保障权的内涵与外延的具体界定与阐释受制于该国家或地区的历史发展轨迹及实践力量的对比等因素。关于社会保障权的基础源流、不同国家与地区的社会保障权界定标准等问题将于第三章进行深入的探讨，此处仅对社会保障权的概念界定作一介绍，借以开启社会保障权认识的大门。

（一）社会保障

社会保障是一个被人们逐渐熟悉并且充满很多期待的概念。《中华人民共和国宪法》第14条第4款规定："国家建立健全同经济发展水平相适应的社会保障制度。"《中华人民共和国国民经济和社会发展第十二个五年规划纲要》第33章"健全覆盖城乡居民的社会保障体系"中开宗明义："坚持广覆盖、保基本、多层次、可持续方针，加快推进覆盖城乡居民的社会保障体系建设，稳步提高保障水平。"并且，国务院于2012年5月2日通过《社会保障"十二五"规划纲要》，其中更加具体地阐释了我国社会保障制度建构的步骤、路径等问题。那么，什么是社会保障，它应该包括哪些内容？对这一概念的界定存在不同的阐释方式。

国际劳工组织作为维护劳动者权益、促进各国社会保障制度发展的国际性组织，以国际性视野对社会保障进行了界定：它基本上可以解释为社会通过一系列的公共措施向其成员提供的用以抵御因疾病、生育、工伤、失业、伤残、年老和死亡而丧失收入或收入锐减引起的经济和社会灾难的保护、医疗保障的提供，以及有子女家庭补贴的提供。并指出，每个人应该享受的权利起码包括下列各项：(1)给予医疗和预防性医疗照顾；(2)于非自愿丧失工作，失去其生活来源时,能维持其基本生活;(3)对有家庭责任者给予所需的辅助。[①]

作为社会保险制度发源地的德国,也是世界上最早建立现代社会保障制度的国家,其对社会保障的理解主要是基于德国社会市场经济理解论,将社会保障理解为社会公平和社会安全,认为社会保障是对竞争中不幸失败者提供基本的生活保障。[②]

英国的社会保障概念被世人所普遍认知,源于著名经济学家、伦敦经济学院院长贝弗里奇在《社会保险及其相关服务》中的阐释。贝氏将社会保障视为一项以国家为主体的公共福利计划,认为社会保障是指保障人民于失业、疾病、伤害、老年退休、家长死亡后、工资中断时生活费用的保障,以及辅助其生育、婚丧时的意外或必要的费用。[③] 在该报告中社会保障被首次赋予了普遍性原则和类别原则,被认为是代表社会进步的可理解的政策的一个组成部分。

《美国社会福利辞典》将社会保障定义为:对国民可能遭遇的各种危险,如疾病、年老、失业等加以防护的社会安全网。日本官方对社会保障的界定可以采用1950年日本社会保障制度审议会的解释:社会保障是指对疾病、负伤、分娩、残疾、死亡、失业、多子女及其他原因造成的贫困,从保险方法和直接的国家负担上寻求经济保障途径。对陷入生活困境者,通过国家援助,保障其最低限度的生活,同时谋求公共卫生和社会福利的提高,以便使所有国民都能过上真正有文化的成员的生活。

香港的社会保障被官方界定为以政府为责任主体并通过向有需要的人士直接发放款项的方式提供的福利,包括综合保障援助计划、公共福利金计划、暴力及执法伤亡赔偿计划、交通意外伤亡援助计划、灾民紧急救济等。台湾的社会保障比香港更健全,其界定为:"国家以社会救助、社会保险以及公共服务等各种不同方式,对于国民之遭遇危险事故,以致失能、失依,因而生活受损的人,提供各项生活需求,给以其健康保障、职业保障及收入保障,并从而促进民族健康、全民就业及民生均足。"[④]

我国大陆地区学者对社会保障界定的观点主要有:郑功成教授认为,社会保障是国家或社会依法建立的、具有经济福利性的、社会化的国民生活保障系统。在中国,社会保障则是各种社会保险、社会救助、社会福利、军人福利、医疗

---

①林嘉:《社会保障法的理念、实践与创新》,中国人民大学出版社2002年版,第6页。

②郑功成编著:《社会保障》,高等教育出版社2010年版,第3页。

③Beveridge, Social Insurance and Allied Services, HMSO, 1942.

④郑功成编著:《社会保障》,高等教育出版社2010年版,第3—4页。

保障、福利服务以及各种政府或企业补助、社会互助等社会措施的总称。[①] 林嘉教授认为，社会保障是指国家立法强制规定的，由国家和社会出面举办，对公民在年老、疾病、伤残、失业、生育、死亡、遭遇灾害、面临生活困难时给予物质帮助，旨在保障公民个人和家庭基本生活需要并提高生活水平、实现社会公平和社会进步的制度。[②] 陈良瑾教授认为，社会保障是国家和社会通过国民收入的分配与再分配，依法对社会成员的基本生活权利予以保障的社会安全制度。[③] 侯文若教授认为，社会保障可理解为对贫者、弱者实行救助，使之享受最低生活保障，对暂时或永久失去劳动能力的劳动者实行生活保障并使之享有基本生活，以及对全体公民普遍实施福利措施，以保证福利增进，而实现全社会安定，并让每个劳动者乃至公民都有生活安全感的社会机制。[④] 此外，可以代表官方观点的是由原劳动和社会保障部部长张左己主编的《领导干部社会保障知识读本》中指出的：社会保障是指国家通过立法，积极动员社会各方资源，保证无收入、低收入以及遭受各种意外灾害的公民能够维持生存，保障劳动者在年老、失业、患病、工伤、生育时的基本生活不受影响，同时根据经济和社会发展状况，逐步增进公共福利水平，提高公民生活质量。[⑤] 从以上概念的介绍可以看出，学者们在社会保障概念界定上的分歧并不是很大，其核心内容很相似。笔者认为，社会保障的功能主要为保障贫弱者的基本生活和适时普遍提高生活品质，因此，比较赞同侯文若教授的界定方式。

（二）社会保障权

社会保障权是产生于社会保障领域的基本权利，关于社会保障权的概念界定，我国学者们有以下观点。韩大元教授主编的《宪法学》认为，社会保障权是指依据法律，全体公民普遍享有的，由国家予以平等保障的对社会风险导致的损失的补偿和救济的必不可少的权利和平等享有其他旨在提高生活质量的服务的权利。王全兴教授在《经济法基础理论专题研究》中写道，社会保障权是法律赋予公民在一定条件下从国家和社会获得物质帮助以满足其维持一定生活水平或质量之需要的权利。常凯教授在《论社会保险法》中这样定义：社会保障权是公民在失去劳动能力或劳动机会或遇到其他灾害和困难时，为保障其基本

①转引自郑功成编著：《社会保障》，高等教育出版社 2010 年版，第 5 页。

②林嘉：《社会保障法的理念、实践与创新》，中国人民大学出版社 2002 年版，第 8 页。

③陈良瑾：《社会保障教程》，知识出版社 1990 年版，第 5 页。

④侯文若：《社会保障理论与实践》，中国劳动出版社 1991 年版，第 11 页。

⑤张左己主编：《领导干部社会保障知识读本》，中国劳动社会保障出版社 2002 年版，第 4 页。

的生活需要而享有的从国家社会保障制度中获得物质帮助的权利。王家福教授认为,社会保障权又称"物质保障权",是暂时或永久丧失劳动能力以及因意外事故而发生困难的社会成员享有的,由国家给予物质帮助、以保证其基本生活的权利。[①] 董保华教授认为,社会保障权是一种积极权利与行政权力的竞合,从内容上看是弱势群体的积极权利,从形式上看是国家的行政权,呈现了两者的特点。[②] 杨燕绥教授认为,社会保障权是劳动权的主体部分,劳动权即劳动者的权利,劳动者的权利主要是就业权和社会保障权。[③] 李乐平先生认为,社会保障权有两个层次:一是人权意义上的社会保障权,另一个是公民基本权利意义上的社会保障权。[④] 唐政秋先生认为,社会保障权是法律赋予公民在因年老、疾病、伤残、生育、失业等原因丧失劳动能力或发生暂时困难情况下从国家和社会获得物质帮助,以满足其基本生活需要的权利。[⑤] 张光辉先生认为,社会保障权主要解决的是公民在生存与发展不能得到保障时,有从国家和社会获得其生存和发展的权利,同时还应该保障公民的发展权。[⑥]

社会保障权作为一项国际人权,《世界人权宣言》第 25 条规定:"人人有权享受为维持他本人和家属的健康和福利所需的生活水准,包括食物、衣着、住房、医疗和必要的社会服务;在遭到失业、疾病、残废、守寡、衰老或在其他不能控制的情况下丧失谋生能力时,有权享受保障。"1966 年联合国大会通过的《经济、社会及文化权利国际公约》中用多个条文对社会保障权问题进行了规定。其中第 9 条规定:"本盟约缔约国确认人人有权享有社会保障,包括社会保险。"第 11 条规定:"本盟约缔约国确认人人有权享受其本人及家属所需之适当生活程度,包括适当之衣食住及不断改善之生活环境。"第 12 条规定:"本盟约缔约国确认人人有权享受可能达到最高标准之身体与精神健康。"

从上述国际文件的规定及学者的阐释可以看出,人们对社会保障权概念的认识存在着一致的方面,但同时也有明显的分歧。对社会保障权的一致认识为:社会保障权是遇到生存障碍的公民享有的向国家要求提供生存帮助的权利。它们只是在表述上存在一些差异,有些观点或文件中具体列举了遇到生存障碍的情形,而其他观点则只是概括性地将其界定为"暂时或永久丧失劳动能

①王家福、刘海年主编:《中国人权百科全书》,中国大百科全书出版社 1998 年版,第 527 页。

②董保华等:《社会法原论》,中国政法大学出版社 2001 年版,第 308 页。

③杨燕绥:《劳动与社会保障立法国际比较研究》,中国劳动社会保障出版社 2001 年版,第 18 页。

④李乐平:《试论社会保障权》,《乐山师范学院学报》2004 年第 8 期。

⑤唐政秋:《社会保障权探微》,《行政与法》2005 年第 4 期。

⑥张光辉:《论公民的社会保障权》,《天府新论》2008 年第 12 期。

力以及因意外事故而发生困难”“失去劳动能力或劳动机会或遇到其他灾害和困难”“对社会风险导致的损失的补偿和救济”等。社会保障权认识中存在的比较大的分歧是:有些观点认为社会保障权仅体现为前述的生存保障权或者生存障碍救济权。而有些观点则认为社会保障权不仅关注生存问题,还应关注发展问题;不仅在于保障人们的最低生活,还旨在适时提高人们的生活质量。比如“平等享有其他旨在提高生活质量的服务的权利”“公民在生存与发展不能得到保障时,有从国家和社会获得其生存和发展的权利,同时还应该保障公民的发展权”“本盟约缔约国确认人人有权享受其本人及家属所需之适当生活程度,包括适当之衣食住及不断改善之生活环境”等表述毫无疑问地体现了上述观点。笔者认为,社会保障权是现代社会背景下产生和发展起来的一个权利束,并且会随着社会的不断进步而调整其具体内容。在社会保障权产生之初确实是为“济贫”,或者说是保障基本生存需要,但社会物质财富已比较丰富的今天,社会保障权的内容扩展为不仅保障公民的生存,还关注公民的发展与社会生活品质的提升。因此,笔者比较赞同包涵这两部分内容的观点,认为社会保障权可表述为公民普遍享有的在丧失劳动能力或劳动机会或遇到其他社会风险引致生存危机时要求国家予以帮助的权利,以及享有与社会发展水平相适应的旨在提高生活质量的服务的权利。

第二节　社会保障权在基本权利体系中的地位

社会保障权是社会发展的产物,体现了宪法价值的多元化趋向。自 20 世纪 40 年代提出以来,它已被国际社会公认为是一项国际人权,很多国家已确认其为公民的基本权利。我国宪法第 14 条第 4 款规定:“国家建立健全同经济发展水平相适应的社会保障制度。”正式将社会保障问题提升到宪法层面。社会保障权作为确保社会所有成员基本生存状态的“稳定器”和“安全阀”,与基本权利体系中的其他权利共同发挥促进市场经济繁荣、保障社会有序发展的功能。

一、社会保障权与生存权

作为明确的法律概念的“生存权”最早于 19 世纪末期被提出,当时的生存权被揭示为:在人的所有欲望中,生存的欲望具有优先地位。社会财富的分配应确立一个使所有人都能获得与其生存条件相适应的基本份额的一般客观标准,“社会成员根据这一标准具有向国家提出比其他具有超越生存欲望的人优先的、为维持自己生存而必须获得的物和劳动的要求的权利”，这种由个人按照生存标准提出而靠国家提供物质条件保障的权利就是生存权。① 生存权在全世界范围内的普遍化，开始于20世纪30年代的“经济大萧条”之后，几乎所有制定宪法的国家都在其人权规范中增加了生存权的内容。现代各国对生存权的理解达成了一些共识：其一，生命仍是生存权的自然形式。但与早期人权规范中作为自然权利的生命权有所不同，现代社会作为生存权的生命权，已增加了尊严权的内容。其二，财产是生存权实现的物质保障。现代生存权的发展在于为求生存而获得财产，不以生存者履行义务为前提，国家负有接受生存请求的责任。其三，劳动是实现生存权的一般手段。其四，社会保障是生存权的救济方式。对于大多数社会成员而言，生存权的实现是通过“劳动—财产—生存维持”的模式而完成的，但对于发生生存障碍的社会弱者的生存权则通过“物质请求—国家帮助—生存维持”这一模式来实现。因此，一个国家的生存权制度是否完备，一看生存的保障义务是否由国家履行；二看国家是否已经制定了与其经济发展水平相适应的生存标准；三看国家是否有保障使低于生存标准的人达到这一标准的具体制度。这三个层面的结合就是一国的社会保障制度。也可以说，社会保障权的实现是社会成员实现生存权的一种路径或保障。生存权的内涵随着社会发展不断充实，也同样给社会保障权的发展提供了动力和方向。

二、社会保障权与平等权

平等权是公民享有的基本权利体系的重要组成部分，是现代社会国家公民参与社会生活的重要前提。在基本权利的发展进程中，平等与自由一同，因来源于尊重个人的理念而常常被视为最高的目的，同为打破等级身份制社会、确立近代立宪主义的主要推动力。平等权要求国家对个人或特定的群体同等对待，即在相同的情况下给予相同的对待。

回顾历史，我们会发现平等权的发展历经了从形式平等向实质平等的转身。在19世纪末20世纪初期的市民社会里，对所有个人在法律上的平等对待，并保障其自由的活动的形式平等（或称机会平等），却产生了垄断等不平等的结果。随着资本主义经济的发展，贫富差距日益严重，社会问题频现。人们看到法律上的平等，产生了事实层面的不平等。于是，在20世纪的社会福利国家中，对于社会弱势群体，被要求给予更为优厚的保护，借以保障他们与其他公

①徐显明：《生存权论》，《中国社会科学》1992年第5期。

民一样实现生存权。这种平等的观念就是实质平等。[①] 而实现实质平等的各机制中,社会保障制度的设计是重要的组成部分,也可以说,社会保障权的部分精髓被内涵在实质平等权的内容中。当然,社会保障权除对社会实质公平的追求外,还着力于为社会的可持续发展提供动力。

三、社会保障权与自由权

自由权是自由价值的宪法体现,是消极国家观思想的结果呈现,被称为"免于束缚的自由",即要求国家不得干预个人自由的法律表现。这类权利是个人拥有的最基本权利,也是宪法和法律必须保障予以实现的权利。大多数国家的宪法承认自由权是公民的基本权利,有些国家还设计司法审查制度以对抗国家机关的侵犯,保证自由权的彻底实现。自由权包括公民的自由、信仰的自由、政治的自由及人身自由四个层面的权利。自由权的保障与实现是形式正义实现的主要路径,因此,在自由主义者看来"正义是给予每一个人他所应得的"[②]。而社会保障权的主旨是追求社会的实质正义。与自由权相比较而言,社会保障权是平等价值的宪法体现,是积极国家观和能动国家观思想的产物。自由权的实现有赖于消极的国家权力行为,是一种消极的防御权;而社会保障权的实现则寄望于国家的积极行为,是一种积极的请求权。富兰克林·罗斯福在20世纪40年代提出了"四大自由",其中的"免于匮乏的自由"被认为是对社会权乃至社会保障权的重要诠释。从这个意义上讲,社会保障权属于广义的、被扩展了的自由权的范畴。

四、社会保障权与其他相关权利的关系

(一)社会保障权与劳动权

在19世纪资本主义发展的过程中,劳动者因为劳动条件恶劣和失业等原因,处境非常困难。劳动者为生存而不断地进行着各种形式的斗争,在劳动者的不断努力下,为使劳动者实现作为人的生活、保护劳动者、容许劳工运动的立法,开始得以制定。劳动者的劳动权利也正式登上了历史舞台。因此,确认劳动权为基本权利的目的,是为了保障劳动者免于强迫劳动、奴役和其他形式的严重的劳动力经济剥削的自由。狭义的劳动权仅指工作权,即有劳动能力的公

---

①【日】芦部信喜原著、高桥和之增订:《宪法》(第3版),林来梵、凌维慈、龙绚丽译,北京大学出版社2006年版,第110页。

②【美】伯尔曼:《法律与革命——西方法律传统的形成》,贺卫方等译,中国大百科全书出版社1993年版,第352页。

民有获得报酬的工作并得到相应保障的权利。广义的劳动权被认为是所有与就业有关的权利,包括自由择业权、就业权、就业保障权、免费就业服务权、同工同酬权、获得公正的劳动报酬权、团结权、劳动保护权、休息休假权、工作时间合理限制权、享受社会保险权等。

社会保障权与劳动权的产生与发展有着极为相似的社会背景与利益追求。二者均是在社会问题被普遍关注、社会利益被人们普遍认可的社会发展阶段提出的,并且均是为追求社会共同利益、社会持续发展而作出的制度设计。甚至,在不同社会与历史背景的国家与地区,这两种权利的发展过程中也有过多次的不同程度的交叉与融合。比如20世纪80年代,我国较为流行的看法是对劳动关系作扩大的理解,构成"劳动关系广义说"。这种不恰当的扩大,使保障福利的内容完全纳入了劳动关系,因此也使得社会保障法的范畴完全没有存在的必要。但随着社会保障制度的逐步形成与发展,"社会保障法与劳动法相互交叉"的观点被很多人接受。社会保障权的概念逐渐从劳动权的概念体系中剥离并清晰化。但值得注意的是,随着社会保障权及社会保障制度的快速发展,又出现了劳动法从属于社会保障法的观点。[①] 如有学者认为:"社会保障法以保证劳动者充分就业为宗旨,规定劳动者参与经济活动的权利和义务,建立以劳动者福利为目标的保险体系。因此,社会保障法主要由劳动法和社会保险法为组成部分。"[②]循此观点,劳动权亦属社会保障权的组成部分。

随着研究的深入,人们逐渐认识到劳动权与社会保障权虽然同属社会权的范畴,但在法律关系主体、权利内容、调整模式等方面分别有各自的特点。劳动关系涉及的主要是劳动者与用人单位之间的关系,相比较而言社会保障关系所涉及的主体是非常广泛的,至少包括国家、保险经办机构、劳动者、用人单位等方面。劳动权的内容虽有公法调整的痕迹,但其私法权利的特征更为明显,但社会保障权的实现则主要依赖国家的作用,具有较强的公法性。

（二）社会保障权与社会权

社会权是公民要求国家根据社会的发展状况,积极采取措施干预经济、社会生活,以促进个人的自由和幸福,保障个人在经济、政治、社会、文化领域中过上健康而有尊严的生活的权利,与自由权相对称。确立社会权观念的目的是:通过国家对经济、社会、文化生活的积极干预,消除社会发展过程中出现的一系

①董保华等:《社会保障的法学观》,北京大学出版社2005年版,第9—13页。

②谢培东主编:《市场经济与法制建设》,中国法制出版社1994年版,第227页。

列弊端,以使所有社会成员都能享有令人满意的生活条件。一般而言,社会权对应于国家的三层义务:一是尊重的义务,即不采取行动加以干涉的消极义务;二是保障义务,即保护个人免受第三方行为侵害的义务;三是实现的义务,即积极采取措施为个人提供某些服务及给予某种便利的义务。正是在第三层意义上,作为积极权利的社会权与作为消极权利的自由权明显有别。[①] 社会权是一个概括性概念,其具体内容包括三类权利:狭义的社会权利、经济权利与文化权利。其中,狭义的社会权利是政治领域的形式自由向私人社会中的实质平等延伸的表现,其内容主要包括获得救济的权利、达到合理生活水准的权利、受教育的权利、母亲和儿童受国家保护的权利等。这其中的一部分内容即属于我们今天所谓的社会保障权的范畴。因此可以说,社会保障权为社会权的重要组成部分,社会权理论的研究与发展推动着社会保障权制度的成熟与完善。

第三节　社会保障权的性质

一、社会保障权是一种个人权利

权利一般具有个人性特征,但有时权利也被划分为个人权利与团体权利。团体权利一般在以下三种情况下使用:其一,某一特定群体成员享有的权利,比如工人的最低工资权;其二,作为与其他类似群体相对的一个整体的群体权利,比如民族自决权;其三,群体作为一个整体,代表其成员的行为权,比如工会代表工人进行集体谈判的权利。与个人权利相比,团体权利有可能削弱权利的价值和分量,成为某一社会政治团体行不义之举的借口。个人权利,使得个人作为独立的主体直接面对国家,具有了对抗国家的属性和力量。因此,个人权利构成了公权力的边界和责任。

个人权利包括以下三个类别:其一,免于他人意志干预的权利,在传统上被称为“自由权”,包括生命权、财产权、宗教信仰自由权等权利内容;其二,基于自由权衍生出的使个人“免于干预”的一系列特定程序权利,如未经正当程序不得拘捕等;其三,人人享有的获得一定生活水准,以免于基本衣食住行之匮乏的权利。[②] 社会保障权即属此第三类权利的范畴。

---

①张千帆主编:《宪法学》,法律出版社 2004 年版,第 218—219 页。

②贾西津:《个人权利:公权力的边界和责任》,《法学研究》2009 年第 4 期。

二、社会保障权是一种请求权

请求权的概念源自于私法，后来被整个法学领域所使用。根据温德沙伊德的观点：实体法上的请求权是指法律上有权提出的请求，也即请求的权利，某人向他人要求一些东西的权利。[①] 实体法上独立的请求权概念提出后，早期罗马法中的诉权被划分成三种权利：实体权利中的基础权利、实体权利中的请求权和诉讼上的请求权。从功能上讲，请求权可以分成两种类型：一种主要在于回复基础权利不受侵害的圆满状态，比如物上请求权。另一种是作为基础性权利最核心的内容和权能的权利，比如基于债的请求权。在第二种意义上，请求权与基础性权利的界限并不是很清晰，因此，在不严格意义上，请求权和债权可以互相替代。这也是为什么人们常说债权是一种请求权的原因。[②]

请求权可以表述为特定权利主体请求特定义务主体为或不为一定行为的权利。社会保障权是公民从国家分享的获得利益的权利，按照格奥格·耶利内克的理论，社会保障权反映的是公民的一种主动地位关系，公民对国家享有请求权，而国家向公民承担积极作为的义务。在社会保障权的法律关系中，虽然还有受领权、排除侵害等权能，但请求公权力机关行使特定给付的权能是最为核心的内容，这种请求权可简称为给付请求权。既然属于请求权，社会保障权就应该有明确、特定的义务主体。从实践考察来看，世界各国的通行做法是：不承认宪法或国际条约所规定的社会基本权和其他有关社会保障权的条款赋予公民能够直接向国家社会保障机构提出给付请求权，只是把这类条款解释为国家的社会保障义务。社会保障权的行使要依据行政法层面的具体的社会给付立法。在具体的社会给付立法（社会保障立法）中，权利主体、给付主体、给付内容等都得到规定，公民的社会给付请求权（社会保障权）即得成立。

三、社会保障权是一种主观公法权利

主观权利是指由法律所承认和保护的针对益或利益的人的意志权力。只有当某个针对益和利益的意志权力被法律承认时，相应的权利才能被个人化，这一权利才能与特定的人发生关联。这种关联构成了认定主观权利的根本标准。[③] 因此，主观权利是个人的主观权利，是个人的意志能力与特定的利益相结

---

①转引自金可可：《论温德沙伊德的请求权概念》，《比较法研究》2005 年第 3 期。

②徐以祥：《行政法上请求权的理论构造》，《法学研究》2010 年第 6 期。

③【德】格奥格·耶利内克：《主观公法权利体系》，曾韬、赵天书译，中国政法大学出版社 2012 年版，第 41 页。

合的产物,是以个人的主观意志为核心要素的权利。

法律上的能为等同于权利能力。能为体现了行使权利能力的各种可能性。可以说,能为的总和就是人格,所有社会成员的主观公法权利都是基于人格的能力体现。主观公法权利在形式上寓于源自人格的具体能力的请求权之中。法律发展的实践表明,只有当承认个人利益也是共同利益的要求时,个人利益才能获得法律的认可。事实上不存在与共同利益无关的法律上的个人利益。只不过这种关系的程度千差万别。因此,个人利益被分为主要为个人目的的个人利益和主要为共同目的的个人利益。主要为共同目的而被承认的个人利益是公法权利的内容。同时,主要为了共同利益而被赋予利益的个人,不是孤立的人格人,而是国家的成员。因此,公法权利在实质上就是个人因其在国家中的成员地位而应享有的权利。[①] 主观权利具体体现为个人能够向国家提出为或不为某种行为的要求,国家亦有义务满足个人的上述要求,包含两层含义:第一,个人可以直接根据宪法上的权利条款向相应公权力主体提出为或不为一定行为的要求;第二,个人得请求司法机关介入以保障自己要求的实现。

个人的主观公法权利只存在于个人与国家的关系之中,所以它并不包含能够引起个人与其他服从者之关系的要素,其永远只以能为为内容。由此可见,公法主观权利不在法制所认可的天然自由之中,它的创设其实只是对天然自由的拓展。[②] 主观公法权利的主要功能体现为以下两个方面:其一,防御权功能。也就是当国家侵害其权利时,个人得请求国家停止侵害,并且这项请求权可以得到司法的支持与保障。相对于主观权利的防御权功能,国家承担着不作为义务或者消极义务,也就是不得为侵害权利的行为。其二,受益权功能。也就是个人所具有的直接请求国家积极作为的能力。这一问题在学理上存在着争议。一般认为,由于宪法中基本权利的规定过于抽象,国家的给付种类、范围 、条件、内容等没有明确的规定,因而个人不能依据宪法的规定直接向国家提出请求。只有在立法机关通过立法明确了国家给付的具体内容后,个人依据法律的规定才可以请求国家积极作为。[③] 因此,主观公法权利的受益权功能的实现还需要

---

①【德】格奥格·耶利内克:《主观公法权利体系》,曾韬、赵天书译,中国政法大学出版社 2012 年版,第 48—49 页。

②【德】格奥格·耶利内克:《主观公法权利体系》,曾韬、赵天书译,中国政法大学出版社 2012 年版,第 47—48 页。

③张翔:《基本权利的双重性质》,《法学研究》2005 年第 3 期。

具有请求内容的相关法律的出台才能完成。

社会保障权是全体公民普遍享有的,要求国家对社会风险引致的损失进行补偿和救济的权利及国家提供的旨在提高生活质量的各项服务的权利。从社会保障权的以下几方面的特征可以看出其属于主观公法权利的范畴:其一,社会保障权中公民的主观意志力针对的社会保障利益已被宪法及法律所承认,如我国宪法第 14 条第 4 款之规定:"国家建立健全同经济发展水平相适应的社会保障制度。"再如社会保险法中关于养老、医疗、工伤、失业、生育等诸项社会保险权利的规定。其二,社会保障权是公民基于其公民身份而享有的,在追求保障个人利益的同时更是以保障公共利益为主要目的的权利。其三,社会保障权的主要内容体现为主观权利中受益权的部分。该权利的实现需通过国家积极的行为予以保障。综上,可以说社会保障权属一项主观公法权利。

第四节　社会保障权的价值

一、社会保障权对传统基本权利价值的现代演绎

(一)正义的价值

正义是法源之一,更是法的追求与归宿,是人类普遍认可的崇高的价值。正义同时也是一个众说纷纭的概念。柏拉图认为:正义就是各尽其责。乌尔比安认为:正义就是给每个人以应有权利的稳定的永恒的意义。将正义视为公平、正义理论的集大成者约翰·罗尔斯认为正义是"关于社会正义的自由主义思想","它暗示政府应在经济和社会事务中发挥更大的作用"。①

在罗尔斯看来正义至少应包含以下两个原则:一是平等自由原则,所有人都应该平等地享有最广泛的自由,这种自由以不妨碍他人同样的自由为前提。二是差异原则,即社会的和经济的不平等应这样安排:其一必须在与正义原则相一致的情况下,适合于包括境遇最差者在内的每一个人的利益;其二由于职位与工作性质的不平等,要求这些职位与工作在机会平等的条件下向所有人开放。罗氏所认为的社会正义是一种"作为公平的正义",其学说为现代社会保障制度提供了一定的理论基础。

正义作为权利的价值在于:"一个人如果给了某人应得的东西,那么前者对

①【加】R. 米什拉:《资本主义社会的福利国家》,郑秉文译,法律出版社 2003 年版,第 4 页。

后者的行为便是合乎正义的行为,因为后者所得的东西,是他应该得到的,即是他的权利。”[①]这种应得的正义的实现在现代社会需要社会保障权作支撑。在自由竞争的环境下,正义的实现以市场运行为主要平台。但社会实践已证实,由于有人不具有市场交换的能力,因而无法得其应得;也有人因市场机遇和风险的影响而丧失市场交换的能力,进而被市场所淘汰。可以说,绝对的自由市场与绝对的机会均等结合的产物是贫富差距、优胜劣汰、弱者出局。但文明指引我们关注弱者,正义呼唤我们拯救弱者,政府应该保障其成员以公民身份应得的权利。即只要具备公民身份,无论其地位、财产状况、交换能力如何,都可享受社会保障权。可以说,社会保障权是当代正义价值实现的必经之路,它最低限度地保障了公民作为社会人所应享有的一系列基本权利。

(二)自由的价值

自由有多种含义,或者说人们在不同的意义层面上使用这一概念。在权利层面上的自由,也可称为自由权,是指免于国家权力干涉与强制而依自己意志行为的权利。心理学意义上的自由是按照自己的意愿决定自己的行为。社会学意义上的自由是在不侵害别人的条件下可以按自己意志而行为。总而言之,自由意指没有阻碍,是一种免于奴役、免于恐惧、免于伤害并能满足自身愿望、自我实现的舒适的心理状态。当然,自由是在不侵害别人利益的前提下的“为所欲为”。《人权宣言》第4条宣示:“自由即有权做一切无害于他人的任何事情。”在法治社会下自由还表现为不违法。

自由是人类在获得基本生存保障的前提下,渴求实现人生价值,提高生活质量进而提高生命质量的行为取向和行为方式。因此,自由的前提是能够自由。美国前总统罗斯福提出:自由包括表达的自由、信仰的自由、免于匮乏的自由和免于恐惧的自由。其中免于匮乏的自由被视为社会保障权发展的重要理论依据之一。也正是从这个意义上讲,社会保障能够提供给人们实现其他自由的“自由前提”。因为,在生存都无法得到保障的情况下,任何更高层面的自由均无法实现。

社会保障权的自由价值在以下两个层面上体现出来:其一,社会保障制度旨在提供生存保障,在公民遇到任何社会风险导致生存危机时可向国家、政府提出生存救济要求。从这一层面上讲,社会保障权保障的是“自由”的基础。其二,社会保障关注公民的发展问题,国家通过教育、劳动、就业促进等各项政策、

---

①夏勇:《人权概念的起源——权利的历史哲学》,中国政法大学出版社2001年版,第27页。

制度的运行为公民提供与国家经济发展水平相适应的公共服务,从而保障公民在发展层面的更大自由。因此可以说,社会保障权所保障的自由已不仅是不受干预的消极自由,更是拓宽发展空间的积极自由。

(三)平等的价值

平等与自由是人类长久以来的追求目标,甚至构成了宪法发展的内驱力。皮埃尔·勒鲁在《论平等》中写道:"由全体人民大声说出的平等这个词就成为一种原则、一种信条、一种信念、一种信仰、一种宗教。"①平等是一种表明同其他对象之间关系的概念,以存在两个或两个以上的对象为前提。随着人类历史的发展和文明的进步,平等的内涵也被逐渐丰富。

近代宪法上的平等以以下观点为出发点:人生来在人种、性别、能力等方面存在着客观差异,要消灭这些差异,实现人的均质化,在事实上是不可能的;尽管这样,任何人都具有人格尊严,在自由人格的形成上必须享有平等的权利。即虽然人们在出身、能力、天分等客观条件上存在着差异,但作为抽象的人,即独立的人格主体,在法律上应该一律平等。这是近代平等观念的内涵,在近代宪法上被表述为"法律面前人人平等",具体表现为宪法保障各个人在其人格的形成和实现过程中的机会均等,人们称此平等为"形式平等"。对形式平等的保障反映在近代许多国家的宪法性文件中,比如法国《人权宣言》第6条规定:法律无论是提供保护还是施加处罚,均必须统一对待所有的人。由于所有市民在法律面前一律平等,所以均可依据其能力,且在排除其德行和才能之外的差别的情形下,有权平等地担任一切官职、公共职位和职务。

近代宪法所确立的形式平等原则,对于克服封建社会等特权社会的身份制度和特权制度发挥了巨大的历史作用,代表了时代的进步,但随着社会的发展也看到了其历史局限性。其最大的价值所在是确认了抽象人格的平等,但这也是其最大的问题所在。因为现实生活中人们存在各种差异,形式平等与客观差异的结合,结果是出现了贫富差距等实质不平等的情况。可以说,单纯的形式平等,使一部分人通过自由竞争实现了与他人的平等,但与此同时也拉大了社会强者与弱者、富裕与贫穷之间的距离。于是,在20世纪的社会福利国家中,对于社会意义、经济意义上的弱者,被要求应给予更为优厚的保护,借以保障他们与其他国民同等的自由和生存。这种平等观念,就是所谓"实质平等"。可以说,平等的理念,从历史发展的角度来看,是从形式平等向同

---

①【法】皮埃尔·勒鲁:《论平等》,王允道译,商务印书馆1988年版,第21页。

时也重视实质平等方向的推移。而社会保障权的生成正是在这样一种理论背景下发生的。

二、社会保障权的核心价值——人格尊严

人的尊严是人作为人，作为权利义务主体享有的不受侵犯的尊贵、庄严的身份和地位。尊严作为全人类所追求的一种价值，既是自求的，也是社会赋予的：真正的尊严是自尊与他尊、主观与客观、具体与抽象的辩证统一。尊严不仅意味着道德的尺度、伦理的规则，还代表着社会的秩序。

作为一项基本原则，它强调人作为人的主体地位不能被否定，不能将人工具化、客体化，人的尊严具有最高价值，保障人的尊严是国家的首要义务。作为一种基本权利，它强调人作为人的主体地位不容侵犯，禁止非人待遇。维护人的尊严是现代法治国家的一项基本要求。国家、社会和政府有义务为每个人提供保有人的尊严所必需的物质条件和精神条件。1945 年《联合国宪章》在序言中宣布："我联合国人民决心，使今后世世代代的人们不再遭受我们这一代两度经历、给人类造成无穷痛苦的战争灾难，重申基本人权、人的尊严与价值、男女及大小各国平等权利的信念。" 1948 年《世界人权宣言》在序言中写道："对人类家庭所有成员的固有尊严及其平等的和不可剥夺的权利的承认，乃是世界自由、正义与和平的基础。"可以说，维护和保障人的尊严是人类的共同责任和目标。

作为社会保障权核心价值的人格尊严可以从以下两个层面进行认识：

其一，社会保障权保障人们远离贫困。人的尊严首先需要远离贫困，贫困是人类尊严所面临的最大的挑战，一个身陷贫困的人不可能实现充分的尊严。起源于济贫制度的现代社会保障制度，在产生之初即是为解决贫困问题，而且这一制度功能一直延续到今天。《世界人权宣言》第 22 条规定："每个人，作为社会的一员，有权享受社会保障，并有权享受他的个人尊严和人格的自由发展所必需的经济、社会和文化方面各种权利的实现，这种实现通过国家努力和国际合作并依照每个国家的组织和资源情况而促成。"社会保障权通过其一系列制度的建构和实现帮助人们远离贫困、抵御风险，保障人们的独立人格得以在风险频发的现代社会中存在并延续下去。这也是社会保障法律制度体系的建构目标之一。

其二，人的尊严还意味着被社会和其他人认可、尊重，体面的生活，或者说人的尊严具有社会性，个人尊严的实现需要一个相互理解、互惠与互相分享的社会。人的尊严以各种社会关系为表现形式，在社会实践活动中不断地生成和

变化。人的尊严的真实价值应包括社会成员资格,人能够成为社会成员的一分子是因为人有尊严。社会成员的公民身份承载着支撑其独立人格的权利与义务,社会保障权作为权利体系中的重要一环为公民身份的实现提供基础,保障公民能够游走于社会关系中,享受其应有的尊严。

第二章
社会保障权的起源及其流变

第一节　社会保障权萌生的历史背景

一、英国《伊丽莎白济贫法》的颁行

现代意义上的社会保障权发源于最早实现工业化的英国，其主要目的为“济贫”。在中世纪时期的欧洲建立起了封建制度，封建贵族手中掌握着土地，而佃农则依附于土地。封建贵族为了扩大领地，不断发动战争。佃农一方面为封建主耕种土地，另一方面要充当士兵征战沙场。因此，既是为了再生产的需要，也是为了兵力的充足，封建主对佃农给予了一定的保障，比如为年迈的佃农免费提供住处，在教区内主持和管理慈善事业，为丧失劳动能力的人提供最低生活保障。当时教会在济贫事务中充当了重要角色，英国中世纪教会的势力很强大，全英国被划分为若干教区，教区的主教对辖区内的穷人负有救济责任，当时教会将其收入的1/3—1/4用于慈善事业。因此可以说，当时的保障带有很强的慈善性质，主要取决于封建贵族的乐善好施，还未形成制度。[①]

16、17世纪，随着工商业的兴起，英国封建贵族通过大规模的圈地运动，使大量的佃农背井离乡，封建社会的人身依附关系开始瓦解。成千上万的农民离开土地只能涌向城镇，同时他们失去了赖以生存的基本资源，沦为了乞丐和流浪者。这种大规模的无计划的“城镇化”必然带来新的社会矛盾和冲突，贫困和饥饿成为困扰着“新市民阶层”的主要问题，而这一问题的普遍性和严重性引起了统治阶层的关注，成为了他们在统治中无法回避的社会问题。因此，为了缓解社会矛盾，英国开始颁行济贫立法。如1531年亨利八世颁布法令，规定地方官吏应当对居住于其辖区内的需要帮助的老弱贫民开展调查并进行登记，向其颁发在指定辖区内行乞的许可证；1536年又颁布相关法令，开展了一项公共救济计划，该计划由政府主办，责令各个教区承担在该教区内住满三年但又不能工作的贫民的供养义务；1597年颁布的法令，规定由教堂负责设立救济院，该救济院用以收容不能工作的贫民。1601年，伊丽莎白女王颁布实施了著名的《伊丽莎白济贫法》（即旧《济贫法》），其最大贡献为确认了国家负有救济贫民的责任。该法典的主要内容包括：建立地方行政机构和税收征缴机构；组织贫民和儿童学艺，并且为有劳动能力的人提供劳动机会；为老人、盲人等丧失了劳动能

①林嘉：《社会保障法的理念、实践与创新》，中国人民大学出版社2002年版，第57—58页。

力的人建立收容场所；提倡父母和子女等家庭成员间的社会责任；利用税收手段补贴贫困地区。根据《伊丽莎白济贫法》的规定，在全国范围内普遍设立了收容贫民的济贫院，每个济贫区承担起了对贫民实施救济的责任，为所有贫民和他们的家属提供工作机会，并向有财产的人征收济贫税。针对当时贫民的具体情况，采取了三种不同的解决方案：第一种是针对健壮贫民的解决方案，要求这类贫民通过做工来实现自给，主要方式是为他们提供工作岗位和机会；第二种是针对无工作能力的老弱残障者，主要通过院内的收容和院外的救助两种方式相结合的方法予以解决；第三种是针对失依儿童的解决方案，通过孤儿院收养、家庭寄养、家庭补助等方式来予以帮助。总体看来，那一时期英国政府向贫民所提供的保障，主要是就业保障和财政补贴，同时也具有强迫劳动和福利救济的性质。

二、《斯宾汉姆兰法案》

1795 年，伯克郡在英国的“反机器骚乱”的声浪中通过了《斯宾汉姆兰法案》，此后在英国各地推广开来，被称为“斯宾汉姆兰制”。该法案规定由教区按照面包价格和一个成年男子赡养的人口数予以补贴，是一种扩大救济范围的救济贫困的方案。其主要内容为：以每加仑面粉为原料做成的面包售价为 1 先令时，每个勤勉的穷人每周应有的收入为 3 先令，不管他是以自己的劳动或者家属的劳动得来这笔钱，还是他从教区方面领到津贴。另外，其养活的妻子及其家庭成员每周应有 1 先令 6 便士。当一加仑面粉做成的面包值 1 先令 6 便士时，他自己每周应有 4 先令收入，他的家属每人应有 1 先令 10 便士。以后按此比例继续计算，当面包价格涨 1 便士时，他自己的收入增加 3 便士，他所供养的其他家庭成员的收入则每人增加 1 便士。如果一个劳动者和家属的所有收入加在一起还达不到这项标准，则应当从济贫税中向其支付差额部分予以补足。可以看出，“斯宾汉姆兰制”追求的是公平收入，体现出社会平等、互助互济的思想。其价值在于建立起了一种比较广泛的救济制度，将有人就业的贫穷家庭也纳入了济贫的范围中，使低工资收入者得到最低限度的生活保障。但是随着该制度的颁布实施，济贫税大幅增加，因此遭到了英国新兴工业资产阶级的强烈攻击。1833 年，资产阶级利用选举改革的契机取得了政权，同时农业区的贫困也达到了顶点，取得政权的资产阶级立刻着手从自身的立场出发来修改《伊丽莎白济贫法》。[①] 1834 年英国议会通过《济贫法（修正案）》，史称新《济贫法》。

①《马克思恩格斯全集》（第 2 卷），人民出版社 1957 年版，第 574 页。

三、新《济贫法》

新《济贫法》对济贫制度进行了以下调整：第一，废除了“斯宾汉姆兰制”，重新设立济贫院，并且废除了院外救济制度。对贫民的救济补贴进行严格限制，强迫那些需要救济的贫民回到习艺所，并对他们实行残酷的苦役制度。1837年7月1日起停止对济贫院外的所有壮年男子的救济。要接受救济需要付出巨大的代价：首先，丧失个人的声誉，接受救济将被社会看作一个污点；其次，丧失个人的自由，接受救济的贫民必须被禁闭在习艺所里；最后，丧失政治自由，受救济者将失去公民权，特别是选举权。一些地方甚至剥夺了接受救济的人的夫妻同居、生儿育女、吸烟喝酒等权利。[①] 新《济贫法》还作出以下规定：“无论以任何方式向有工作能力的人及其家庭提供救济，而使其生活状况超过了组织良好的济贫院的水准，均为非法。”可以说在实际上济贫院已经变成了惩罚穷人的一个场所，因此，济贫院、贫民习艺所又被工人们愤怒地称为对付穷人的“巴士底狱”。新《济贫法》也因此有了“巴士底狱济贫法的恶名”。第二，对济贫管理制度进行改革。根据新《济贫法》的规定，撤销教区对济贫工作的管理权，按地区设立地方济贫管理机构，采取济贫管理员制度。由国家济贫管理机构对济贫工作进行统一管理。国家济贫机构为济贫法委员会，该委员会直接对议会负责，推行全国一致的济贫政策，并且每年向首相汇报一次工作。济贫法委员会还有权组织调查济贫法的实施情况，有权要求各地方济贫管理机构提供执行情况统计表等。新《济贫法》还规定了地方济贫管理机构的职责和权限，由地区的治安法官担任管理员，负责地方济贫工作。管理员的主要职责是合并教区建立联合劳动院，此外还负责济贫税的征收、使用及保管各种档案和账目等工作。可以看出英国的济贫管理水平在新《济贫法》颁布实施之后得到了一定程度的提升，使济贫工作向统一有序的方向发展。[②]

英国的济贫制度对英国经济、社会的发展起到了一定程度的推动作用，同时也为欧洲其他工业化国家社会保障制度的建立提供了可资借鉴的经验。欧洲的一些其他国家在土地革命以后，也逐步施行了与英国类似的济贫计划，对贫农展开救济。比如瑞士分别于1847年和1871年颁行了《济贫法》，而法国则发布了一系列的济贫法令。欧洲的济贫法律制度在推行的过程中采取了由政府出面强迫贫民劳动和救济相结合的形式，使以社会团体开展的慈善救济转向为以国家为责任主体的政府救济。在这一历史阶段国家开始承担社会责任，从

①公维才、薛兴利：《西方社会保障理念的嬗变及其启示》，《中国特色社会主义研究》2011年第4期。

②赵虹：《英国工业革命期间的社会立法》，《云南师范大学学报》2002年第6期。

而国家承担最终责任的社会保障制度原则被确立下来。①

从以上的梳理可以看出，英国的济贫制度与现代社会保障制度的目的、理念等还有一定的差距，被救济的穷人还称不上拥有现代意义上的社会保障权。但不可否认的是，社会保障权的雏形正是在上述大的社会背景下萌生出来的，并且逐渐实现从形式正义向实质正义的转型。英国济贫制度从非制度化的“慈善”走向制度化的“济贫”的尝试，为社会保障权的制度化保障提供了实践经验与思路。而其新《济贫法》中对“穷人”的严苛的救济也成为后来人争取合理、普遍救济的一个起点。可以说，“济贫”时代的救济框架与现代文明精神的结合才最终确立了现代意义上的社会保障权，同时这一权利在产生之后仍然随着社会生活的不断变迁而发展变化。

第二节　社会保障权的确立及理论动因

一、社会保障权的确立标志

社会保障权的确立当然是随着现代社会保障制度的形成而完成的。而就现代社会保障制度而言，公认的产生标志是社会保险制度在德国的颁布实施。俾斯麦政府在19世纪80年代颁布了一系列法令，包括：1883年颁布的《疾病社会保险法》，1884年颁布的《工伤事故保险法》和1889年颁布的《老年和残障社会保险法》等。与英国等更早进入工业化的国家相比，德国率先实行社会保险制度有其社会原因：第一，加快经济发展和对外扩张的统治需求导使德国政府要缓和社会矛盾。19世纪70年代后，德国的资本主义经济迅速发展，工农业增长速度很快超过了英国和法国。德国政府清醒地认识到，要想加快经济发展速度，抢夺更多的殖民地，就必须保持国内的政治社会稳定，安抚好国内的工人群众，调和劳资关系。第二，德国工人运动迅猛发展的客观形势迫使政府进行社会改革。当时德国的工人运动在马克思主义的指导下，声浪渐高，统治阶级感受到巨大的威胁。“铁血宰相”俾斯麦在镇压工人的同时，也逐渐意识到对工人阶级进行安抚的重要性。他提出：“社会保险是一种消除革命的投资，一个期待着养老金的人是最安分守己的，也是最容易被统治的。”同时工人阶级强烈要求政府实施保护工人利益的社会政策。在这种社会背景下，俾斯麦开始推行社会改革，其中的主要措施之一就是推行社会保险制度。

①穆怀中主编：《社会保障国际比较》，中国劳动社会保障出版社2007年版，第20页。

俾斯麦政府所推行的社会保险制度的原则包括:(1)风险分担。也就是将多数人的经济力量集合起来,配合以政府的力量,利用整合起来的力量分担少数人在意外事故中遭受的损失。(2)强制保险。要求那些法律规定范围内的被保险人必须参加社会保险。(3)保险费共担。保险费由被保险人缴纳、政府补助及企业主依照规定为工人缴纳等部分共同构成。(4)保险费率稳定。疾病保险及死亡保险的保险率人人平等,不得根据其年龄或健康状况的不同制定差别保险率,并且保险人没有权利变更保险费率。(5)保险对象首选为高危职业者。以危险性最大、最容易发生意外事故的职业作为首选的保险范围,比如首先在工厂、矿山实施社会保险。(6)不同行业设立各自的保险计划。工人在社会保险事故发生后所能够得到的待遇取决于他个人缴纳保险费的多少,同时与他的收入水平相联系。俾斯麦在社会保险领域所倡导的这一系列原则,时至今日仍是许多国家遵循的基本原则。按照这些原则建立社会保险制度的国家,被称为俾斯麦式社会保险国家,如比例时、奥地利等。[①]

由于以社会保险为主要内容的社会保障体系迎合了工业社会发展的需求,解除了劳动者的后顾之忧,从而发挥了稳定社会的作用,因此,欧洲的很多国家开始效仿德国,相继颁布实施了包括疾病、养老、工伤、失业等内容在内的一系列社会保险法律,开始建立国家统一的社会保险制度。奥地利,1887 年建立工伤保险,1888 年建立疾病保险,1906 年建立养老保险,1920 年建立失业保险。丹麦,1891 年建立养老保险,1916 年建立工伤保险,1933 年建立疾病保险。挪威,1894 年建立工伤保险,1909 年建立疾病保险,1936 年建立养老保险,1938 年建立失业保险。荷兰,1895 年建立工伤保险,1937 年建立养老保险,1963 年建立疾病保险。意大利,1898 年建立工伤保险,1919 年建立养老、失业保险。英国,1908 年建立养老保险,1911 年建立疾病保险,1946 年建立失业、工伤保险。法国,1898 年建立工伤保险,1905 年建立失业保险,1910 年建立养老保险,1930 年建立疾病保险,1946 年建立生育保险。芬兰,1910 年建立工伤保险,1913 年建立养老、疾病保险,1949 年建立失业保险。瑞士,1911 年建立工伤保险,1946 年建立养老保险。瑞典,1913 年建立养老保险,1916 年建立工伤保险。比利时,1924 年建立养老保险,1944 年建立疾病、失业保险。[②]

将现代社会保障制度的产生及社会保障权确立的标志确定为社会保险制度的产生,有如下理由:第一,社会保险制度的建立使被保险者普遍化,受保障

①龚维斌等:《中外社会保障体制比较》,国家行政学院出版社 2008 年版,第 19—20 页。

②康士勇主编:《社会保障管理实务》,中国劳动社会保障出版社 1999 年版,第 31—32 页。

者不需要牺牲自己的人格尊严,摆脱了“济贫”制度下的“受惩罚”的社会境遇,实现了“权利”化的历史转身。第二,社会保险由劳动者、用人单位共同出资,政府提供一定比例的补贴,实现了社会责任与风险的分担。被保险人既负有义务,同时也享有权利。第三,很重要的一个方面是社会保险被制度化、规范化,这种转变使社会保险具有稳定性、经常性,也使社会保障作为一项国家制度具有可能性。国际劳工组织这样评价社会保险制度的出现:“在社会政治历史上,没有什么事情比社会保险更能急剧地改变普通人的生活了,这种保险制度使人们在因公害事故、健康不良、失业、家庭生计承担者死亡,或者因任何其他不幸使收入受到损失的情况下,不至于沦为赤贫。”①

二、社会保障权产生的经济、社会条件

(一)工业化大生产的出现与推进

18 世纪末期,欧洲进入了机器大工业与城市化的快速发展时期。大工业的发展导致劳动力再生产的社会化。生产技术的快速更新使得对劳动者素质的要求大大提升,因此在职培训、转岗培训等已成为紧迫需要;对未来高素质劳动力的期望,使得儿童的教育费用大幅增加,这些非单个家庭所能承受;此外,为保障劳动力有充足的时间和精力满足生产的需要,则有必要将老人赡养负担转移出去。这些都是为满足劳动力扩大再生产,从而为社会发展提供不竭动力必须解决的问题。

(二)家庭保障功能的退化

伴随着工业化、城市化进程的加快,农村劳动力向城市的流动加快,传统的自给自足的小农经济逐渐退出历史舞台,传统的大家庭结构瓦解,小家庭成为主要的家庭结构。这使得以土地作为生存保障的传统保障的基础不复存在,农业社会中行之有效的家庭保障形式已难以适应工业化社会的需求。同时,社会化大生产的发展,使得生活社会化的组织程度也在逐步提高,教育、卫生、医疗等逐步成为社会公共事业,走上了社会化发展的道路。在这个意义上,社会成员的个人需求成为了一种社会的需求,使得保障的社会化也就成为了一种社会需求。

(三)贫富差距等社会问题的凸显

工业化的进程逐步加快,随之而来的是劳动者的生存风险大大增加,工伤、失业、职业病、年老、死亡等问题困扰着人们,这些问题靠单纯的个人及家庭力量已无法面对和保障,而且过去那种“济贫”“施舍”式的非制度化的救济制度

①联合国国际劳工组织主编:《社会保障基础》,王刚义,魏新武译,吉林大学出版社 1989 年版,第 21 页。

也是杯水车薪。微薄的收入加上大量的社会风险使得劳动者阶层陷入生活窘境。但与此不同的是,工业化使得企业主、资本家的生产效率提高,利润水平提升。这在客观上造成了社会贫富差距加大,社会分配不公的状况凸显。而没有制度化的强制性规定的规制,企业主、资本家也无动力保障劳动者的利益。在这种劳资力量对比悬殊,且无外力介入的情况下,收入鸿沟必将越拉越大。或者说,劳动者接受保障的客观需求愈加强烈。

(四)无产阶级的长期斗争

随着大机器生产的迅速普及和强势扩张,工人群体为改善生存条件及争取社会保障的斗争也日益激烈。19 世纪 70 年代和 80 年代,无产阶级群体为争取自己的政治经济利益逐渐形成了一支具有独立活动能力的政治力量。对最早建立社会保险制度的德国的考察可以帮助我们了解这一力量的历史贡献。19 世纪下半叶的德国,无产阶级的力量相当强大,成为以俾斯麦为代表的德国政府必须正视的政治力量。在德国各行业工人一浪高过一浪的罢工声中,俾斯麦政府先采取了一些改善工人生活境遇的措施,从而在国家法律和制度上确立了德国的社会保障制度。社会保障制度起到了缓和阶级矛盾、维护社会安定的作用,并为社会生产提供数量和质量合乎要求的劳动力。

(五)社会财富的积累

社会化大生产的发展促使社会财富快速累积,这一现象为社会保障的建立提供了经济上的可能与物质支持。现代社会保障权是一个包涵着多项权利内容的权利束。在这些权利的实现中需要国家提供管理、服务及资金支持,无论是社会保障管理系统的运行,还是国家直接提供的各项资金支持,均需要有丰厚的社会财富为基础,这一点是毋庸置疑的。此外,不应仅有部分成员享受社会财富增加及社会资源累积的成果,社会公平要求以社会保障的形式完成社会财富再分配的计划,从而实现财富的分享与共享。

三、社会保障权产生的理论动因

(一)德国新历史学派

德国新历史学派催生了现代社会保障制度。新历史学派又被称为“历史的伦理学派”“讲坛社会主义”,是 19 世纪 70 年代以后由历史学派演变而来的。在社会矛盾日趋尖锐的形势下,一些学者提出了在不改变现有资本主义生产关系的前提下,由政府通过颁行法律的方式推行某些社会政策,用以提高工人群体的物质文化生活水平,缓和无产阶级与资产阶级之间的社会矛盾,从而维护现存统治的主张。新历史学派就是由这样一批鼓吹劳资合作、实行社会改革政策的学者所组成的。

新历史学派具有以下特点:第一,该学派怀疑经济学者是否真的能揭示经济规律,甚至否认存在普遍的、客观的经济规律。他们提出并论证历史归纳法,认为只有在收集了大量的资料并运用历史归纳法后才能得到某些正确的结论。第二,他们强调伦理道德因素在经济发展和劳资关系协调中的作用。新历史学派的学者们批评以前的学者只从自然的和物质的观点来研究经济和社会现象,完全忽略了伦理道德等精神层面的因素。他们主张劳资纠纷不是经济利益上的一种对立,而是由于感情、教养及思想意识上的差距引起的不和谐。因此,要用教育而非社会革命的方式来解决。这种观点成为新历史学派改良主义政策的理论依据之一。第三,强调法律对经济的制约关系。新历史学派认为个人的经济地位不取决于"自然权力",而是取决于法律制度。一个时代的经济制度和法律制度是不可分割的。在财产私有制下,经济自由、财产权利、契约关系等均需以法律为依据,因而也只能由立法更改。这一点成为新历史学派主张利用立法手段进行社会改良的依据。第四,强调国家在社会经济发展中的特殊地位和作用,认为国家是至上的、超级的,有权力和能力直接干预社会经济生活,并承担起福利提供的职责。

新历史学派的学者们不仅进行理论探讨,还热衷于提出各种社会政策。他们提出的改良政策涉及工厂立法、劳动保险、劳资纠纷仲裁、某些行业的国有化、财政赋税改革等各个方面的内容:(1)国家的职能不仅限定于为社会提供安定的秩序及发展一国的军事实力,还包括对经济生活进行直接干预和控制,这属于国家的经济管理职能。(2)国家的法律、法规、法令至上,是一国经济发展进程的依据。(3)经济问题与伦理道德问题具有密切关系,人类的经济活动并不仅仅是为了满足自身物质方面的需求,还应当能够满足高尚、完善的伦理道德方面的需求。(4)劳资关系问题是政府面临的社会问题中最为严峻的问题之一。(5)国家应当以立法的形式,逐步推行包括社会保险、社会救助、工厂监督以及劳资合作等内容在内的一系列社会政策,实行自上而下的经济和社会改革。① 新历史学派提出的各项政策主张刚好迎合了当时德国政府的统治需要,因此被俾斯麦政府予以采纳,成为了德国建构社会保险制度的理论依据。这一系列主张后来得到欧洲一些国家的认可,并通过制度学派得以在美国发展,被认为是西方国家社会保障的思想基础。

---

①徐丙奎:《西方社会保障三大理论流派述评》,《华东理工大学学报》(社会科学版)2006年第3期。

（二）福利经济学

福利经济学是近现代西方经济学重要的理论分支，最早出现在20世纪初期的英国，以英国著名经济学家庇古在1920年出版的极具影响力的著作《福利经济学》一书为标志。该理论体系以寻求最大社会经济福利为研究宗旨，主要内容涉及：为提高效率如何进行资源配置，为实现公平如何进行收入分配，以及为增进福利如何进行集体选择等问题。围绕这些问题，福利经济学的研究领域主要有三个部分：第一，社会经济运行目标，也可以说是检验社会经济运行好坏的标准，比如福利的含义、内容、评价等。第二，实现社会运行目标所需要的生产、分配、交换的一般最适度的条件。第三，政策评价和选择，运用基本定理和分析方法评价政府的福利计划，并为福利政策的选择提供理论依据。

一般人们将福利经济学划分为两个阶段，即旧福利经济学与新福利经济学。旧福利经济学以英国经济学家庇古为其主要代表人物，新福利经济学则源于意大利著名经济学家帕累托，后来被英国的卡尔多、希克斯及美国的穆勒、萨缪尔森等学者所倡导。新旧福利经济学有着基本一致的伦理基础，即边沁等人倡导的功利主义：生活在社会中的每个人的行为都天然地具有有利于满足和增进自己福利的目的性，而这些目的的达成反映了个人的效用或幸福。从个人的价值目标看，它是个人获得的效用和幸福；从社会的价值目标看，它是促进最大多数社会成员的最大幸福。功利主义认为评价社会化的标准是社会中个人福利总和的大小，行为的善恶在于它所带来的快乐的量是否超过所带来的痛苦的量，即其所带来的幸福或快乐若超过痛苦，则具有正当性，具有善的价值；相反，如果其所带来的痛苦超过了快乐，则这个行为具有恶的价值。边沁认为效用是和个人消费直接相关的，只有直接的个人消费才能产生个人效用。又因为边际效用递减原理，如果每个人对收入的多少有相同的享受，那么富裕的人的边际收入效用相对低于穷困的人。正是在功利主义理论发展的基础上，庇古及其后来的福利经济学家们搭建起了福利经济学的理论框架。①

福利经济学作为一个发展中的经济学理论流派，其内容主要围绕三个方面的命题进行构建，即福利经济学的三定理。其中福利经济学所倡导的第二定理是现代社会保障权产生的重要理论动因和理论依据。

福利经济学第一定理：如果所有的个人和企业都是以自我利益为中心的价

①余仕麟：《福利经济学：最具伦理意蕴的经济学说》，《西南民族大学学报》（人文社科版）2006年第1期。

格接受者,则竞争性均衡具有帕累托最优效率。① 这一定理的内容可更具体地解读为自由放任能够产生出共同利益,此一思想主要来源于亚当·斯密的"看不见的手"理论。斯密曾指出:对于人类来说最主要的行为动机是满足自己的私利;处于自由竞争状态的看不见的手能够自动地把许多私人利益转化成为共同利益;最少的政府干预能够使国家财富增长。很显然第一定理没有关注分配问题,而自由放任产生的分配中的不公平是不可回避的社会问题。之后的第二定理对第一定理进行了修正。

福利经济学第二定理:假设所有的个人和生产者都是以自我利益为中心的价格接受者,在对个人和企业进行了适当的综合税收和转移支付的前提下,通过竞争机制可以实现帕累托最优均衡。很多学者为这一定理的论证作出了贡献,希克斯-卡尔多评判标准认为:如果一些社会成员的经济状况改善不会同时造成其他社会成员的经济状况有所恶化,或者一些社会成员的状况改善补偿了其他社会成员的状况恶化,社会福利就会增加。因此,政府的某些措施或立法在使一些人获利的同时使一些人的利益受损,如果得利总额超过损失总额,那么,政府可以运用社会政策向获利人征收特定租税,以补偿受损者的损失,这样做对任何人都没有不利而对一些人有利,从而增进了整个社会的福利。② 庇古认为影响经济福利的因素主要有两个:一个是国民收入的总量,另一个是收入分配的状况。国民收入总量越大,社会经济福利就越大;国民收入越均等化,社会经济福利就越大。收入均等化的实现,在现代文明社会里应该通过政府向富人征收累进所得税、遗产税,实现强制的转移支付,并将其用于提高失业、养老、医疗等领域的保障水平。他同时强调,福利措施不应当损害有钱人投资的积极性,否则社会投资将会减少。福利经济学第二定理揭示了在市场竞争均衡的条件下,社会成员间的利益关系是相对不变的。要改变财富分配,寻求社会经济福利总量的增加,必须调整资产所有者、劳动者、代理者、政府官僚阶层之间的物质利益关系。也就是说,要实现公平分配必须触动既得利益集团的利益。

早期的福利经济学基于功利主义的伦理基础提出了通过建立福利制度实现社会经济福利总量提升的核心理论,成为现代社会保障制度建构的重要的理论动因。后期的福利经济学关于社会保障制度的必要性的研究渐少,更多的研究是在福利经济学的道路上探索更科学、更合理的社会保障制度。总体说来,

①帕累托最优是资源配置的一种理想状态,假设成员与可分配资源是固定的,在一种分配状态向另一种分配状态变化时,不能在损害任何人利益的情况下,改善任何其他人的境况。

②王晓燕:《解读福利经济学》,《石家庄经济学院学报》2004 年第 10 期。

福利经济学对现代社会福利思想的影响深远，对政府公共政策的选择，特别是在社会福利领域的制度安排有重要影响。同时，福利经济学的发展使人们更加重视社会和经济发展的质量与公平问题，认识到不同经济政策中存在的伦理难题，并为现代社会保障制度提供了公平化原则。

（三）凯恩斯主义

凯恩斯主义，又称凯恩斯主义经济学，是以英国著名经济学家约翰·梅纳德·凯恩斯的经典著作《就业、利息与货币通论》为主要标志和理论集大成者的经济理论，对传统的经济理论提出了较为全面的批判，建立了一个以国家干预为中心，以医治资本主义经济危机和解决就业问题为宗旨的完整的宏观经济理论和经济政策体系。该理论主张国家应采取扩张性的经济政策，通过增加有效需求促进经济增长，是“二战”后西方国家制定经济政策和建构社会保障制度的重要理论依据。

20 世纪初经济危机席卷整个资本主义世界，那时的英国经济长期低迷，失业率居高不下，贫富分化加剧，社会问题不断涌现。通过对英国社会现实的研究和对传统经济理论的反思，凯恩斯认识到传统经济学认为的最有效率的自由放任资本主义已不再有效率，反而成为了问题的根源，自由经济所导致的社会不平等程度的严重性已影响到整个社会的稳定，使传统制度面临着“灾难”，所以必须进行改革。凯恩斯认为垄断使得市场机制失灵，资源的充分利用受到影响，从而造成了社会对消费品和生产资料的需求不足，也就是“有效需求不足”。可以说，完全依靠经济的市场调节或者说自由放任的市场经济，已无法实现资源的充分利用与解决已存在的经济危机和失业问题。而克服市场调节不足的唯一有效手段就是国家积极干预经济生活，通过制定法律、出台政策，刺激和增加“有效需求”，从而实现可调节的资本主义。

20 世纪 20、30 年代凯恩斯的改革思想在英国并未受到重视，美国成为了凯恩斯主义的第一个实验场，或者说凯恩斯的一系列主张最早迎合了美国社会的发展需要。1932 年罗斯福就任美国总统，为解决经济危机带来的一系列社会问题，罗斯福采取了为世人所熟知的“新政”，以凯恩斯主义为理论依据，颁布了《银行法》《紧急救济拨款法》《社会保障法》《产业复兴法》等一系列法律。实践证明，凯恩斯的“国家干预”理论改善了美国经济的发展状况，所以罗斯福总统的继任者们也广泛采用了该理论及相关政策。比如 1946 年杜鲁门总统颁布《就业法》，艾森豪威尔也采用“国家干预”手段避免美国再度陷入危机等。在这一时期凯恩斯主义以其实用性，成为促进美国经济发展的主导性因素。

20世纪40年代英国政府认识到凯恩斯主义对于解决该时代问题的实用性,于是1944年英国政府发表了《就业政策白皮书》,并于1946年颁布《就业法》。《就业法》的颁布是英国首次把凯恩斯"充分就业"的思想运用于社会实践,即将凯恩斯主义学说作为国家立法的基础和理论依据。事实上,20世纪初,英国工党建立时就接受了有关"福利国家"的理论,并把实现"福利国家"作为自己的纲领。1929年经济危机后,经济学家们纷纷提出应由国家举办社会救济、社会保险等方案。凯恩斯于1936年出版的《就业、利息与货币通论》中特别强调了国家必须通过财政政策和货币政策来扩大内需、刺激投资、减少失业,并指出只有将高收入者的一部分货币转移给低收入者,才会增加货币的效用总量,比如通过实行超额累进所得税率、没收富人财产、由政府将部分财富用来救济穷人等措施,实现收入均等化。1945年英国工党执政,陆续颁布了《国民保险法》《国民工伤保险法》《国民保健事业法》《国民救济法》等一系列法律规范。1948年开始实行的《国民医疗保健法》,是历史上第一部比较全面的医疗保障法。在以上社会保障理念与制度的支撑下,1948年英国第一个宣布建成"福利国家"。① 凯恩斯在《就业、利息与货币通论》中渗透出的"救济穷人"的福利思想,以及进行收入再分配等政策主张,使得凯恩斯主义成为了现代"福利国家"理论的重要依据。在其引导下,包括美国、英国等在内的西方国家出台了大量的社会保障法律制度,并逐渐走向现代"福利国家"。

第三节　社会保障权法律制度的构建与发展

一、社会保障权法律体系的形成

(一)英国的《贝弗里奇报告》

英国在1948年第一个宣布自己建成现代"福利国家",可以说这一时期的英国已经基本完成了体系化的、较为完备的社会保障制度的建设,现代社会保障权利体系已基本形成。谈到这一点,就不能不谈作为英国社会保障权利体系建构的重要基础和依据的《贝弗里奇报告》。

《贝弗里奇报告》由英国著名学者威廉姆·贝弗里奇爵士于1942年发表。该报告的发表对于战后英国福利国家计划的实施,乃至整个西方国家的现代社会保障制度的建构都产生了深远的影响。该报告原名为《关于社会保险与相关

---

①赵立群:《论凯恩斯主义对经济法发展的影响》,《山西高等学校社会科学学报》2006年第6期。

服务的报告》,因由贝弗里奇撰写及签署之故又被称为《贝弗里奇报告》。1941年英国政府成立了一个由各部门组成的社会保险与相关服务委员会,由贝弗里奇担任委员会主任。该委员会致力于对现行的国家社会保险与相关服务进行调查,并就战后重建社会保障计划提出具体方案和建议。第二年,即1942年贝弗里奇根据委员会的工作成果提交了《关于社会保险与相关服务的报告》。

报告对已建的各项福利制度进行了反思,深入地分析了英国社会保障制度的现状及存在的问题,并系统地阐述了战后社会保障重建的各项建议。贝弗里奇在制订社会保障计划时遵循了三条原则:第一,既要充分考虑积累的经验,又不囿于已有经验,以免被经验积累过程中形成的部门利益所限制或者驱动。第二,把社会保险作为提供收入保障、消除贫困的一项基本政策内容。第三,明确国家提供福利是基于国家利益而不是某些群体的局部利益,社会保障必须由国家和个人共同承担责任,通过国家和个人的合作来实现。[①]

报告共分为六个部分:第一部分,概括性地介绍了社会保险与相关服务委员会的工作情况、工作进程及整个报告的主要思路和内容。第二部分,分析了当时英国社会保障制度存在的主要问题,并详细论证了报告中的二十三项具体建议的理由及内容。第三部分,重点讨论待遇标准、房租、老年及伤残赔偿的途径等问题。本部分在对大量调查数据整理的基础上,详细分析了劳动年龄人口、老年人、供养子女等不同群体成员对房租、衣着、食品、燃料等生活必需品的需求情况,并以此为依据提出了战后满足人们基本生活所需要的最低的保险待遇标准,还提出了养老金改革方案等其他方面的建议。第四部分,主要论述了社会保障的预算问题。本部分在介绍社会保险支出现状的基础上,分析各方的缴费能力和意愿,提出了由政府、雇主、参保人三方面共同缴费的方案,并且就各方的缴费比例提出了建议,此外还涉及了工伤保险费的筹集等问题,提出事故和职业病高发的行业应承担额外的工伤附加费的原则,并对具体比例提出了建议。第五部分,提出了社会保障计划。建议通过社会保险、国民救助和自愿保险三个层次保障人们不同的需求。在明确养老金、保险金、补助金和补贴等基本概念的基础上,将全部国民分为雇员、从事有酬工作的人员、家庭妇女、其他有酬工作的群体、退休的老年人、低于工作年龄的子女六个群体,分析了各群体成员的不同保障需求,并在此基础上对各自参保的待遇、缴费等重要问题进行了系统地阐释。第六部分,社会保障和社会政策。本部分深入讨论了子女补

①华迎放:《"福利国家之父"的传世之作》,《中国社会保障》2006年第7期。

贴、全方位医疗康复服务和维持就业等问题,提出了消除贫困的社会保障基本目标,明确了社会保障应确保每个公民在尽其所能的情况下能够有足够的收入满足其自身及其所供养的人的基本生活需要。

《贝弗里奇报告》提出了下列英国社会保障体系建设的基本原则:第一,普遍性原则。社会保障应该尽可能地将所有人都包括进来,应该满足全体居民不同的保障需求。第二,基本生活保障原则,即满足居民的最低需求。社会保障应该能够保障维持生存所需的最低限度的收入并防止贫困。第三,权利义务对等原则,即享受社会保障的前提是劳动和缴纳相应的保险费用。第四,统一原则。报告指出社会保险的缴费标准、待遇支付及管理都必须统一。第五,强制性原则。所有符合一定条件的人都必须加入这一体系,而不能由个人或组织自由选择是否加入。[①] 第六,费用共担原则。社会保障计划实行财政、雇主、雇员三方共同承担的原则。按照上述原则,贝弗里奇设计的社会保障计划涵盖了养老、疾病、残疾、死亡、工伤、失业和家庭津贴七大保险项目。

贝弗里奇认为,社会保障体系的建构和完善还需要其他相关配套政策的支持,否则其制度目标无法彻底实现。因此,贝氏在报告中还提出了充分就业、全面健康服务、家庭津贴等配套政策的设计方案。可以说《贝弗里奇报告》是一个全面的、系统的战后新型社会福利制度的蓝图,它提出了建立全国统一的社会保障制度的构想,以此取代之前的分散的保障项目;同时提出了建立项目完备的、有机结合的完善的社会保障体系,力求应对现代社会的各种风险;并且提出了最低保障线的概念,保障所有社会成员的实际生活均不低于该标准。该报告革命性地提出了现代社会保障制度体系的设想,成为英国乃至整个西欧现代社会发展史上的一个重要里程碑。1943 年英国议会就《贝弗里奇报告》进行了辩论,英国下院最终以 335 票赞成、119 票反对通过了该报告,使其成为一份官方的社会保障制度改革报告。其后的 1944 年英国政府在报告的基础上发表了一系列有关社会保障问题的政府白皮书,分别为《关于健康服务的白皮书》《关于就业问题的白皮书》《关于社会保险的白皮书》。且自 1945 年起多项社会保障法案相继获得议会的通过,主要包括《家庭津贴法案》(1945 年)、《国民健康服务法案》(1946 年)、《国民保险法案》(1946 年)、《儿童法案》(1948 年)、《国民救助法案》(1948 年)等。这一系列法案的颁布意味着英国社会保障体系的形成。

①关信平:《西方“福利国家之父”——贝弗里奇》,《社会学研究》1993 年第 6 期。

《贝弗里奇报告》发表后在西欧诸国引起了强烈的反响。报告激励了法国民众争取战争胜利的信心,1944年,法国全国抵抗委员会发布了《全国抵抗委员会纲领》。纲领中相当篇幅涉及了社会保障制度的建构问题,包括:劳动权和休息权的规定,重建和改善劳动契约制度;大幅调整工资,保证工人及家庭成员享有安全、尊严和人类应有的生活;建立全面的社会保险制度,以保证公民生存的手段,并且使那些不能通过劳动获得收入的人也能享受社会保险;建立就业安全制度;立法保证农业工人享有与工业工人同样的权利,用保险制度抵御农业自然灾害等内容。该纲领成为了法国社会发展的蓝图性设计。报告对瑞典社会也产生了深远的影响。[①] 1944年瑞典社会民主党在《贝弗里奇报告》的指导下提出《工人运动战后纲领》。该纲领把社会民主党战后社会保障制度建设方面的任务具体化,奠定了瑞典战后经济与社会发展的理论基础和指导方针。纲领中提出了有关瑞典社会保障制度发展的计划和目标,成为指导战后瑞典社会保障改革的纲领性文件。

可以说,《贝弗里奇报告》是一幅较为完整的现代福利国家的蓝图。报告的问世,标志着福利国家思想的发展已实现了由理论向实践政策的过渡。社会保障权利体系的雏形已基本确定,在此之后的几十年里,人们更多是围绕具体福利措施的讨论,而不是提出和确立新的原则。

(二)社会保障权利体系的主要内容

社会保障权作为一个权利束,在不同的国家和地区呈现出不同的组合方式,但因社会保障均是为抵御现代社会的普遍风险——年老、疾病、工伤、失业、生育及社会综合因素导致的贫困等问题,所以各个国家和地区的社会保障权利体系的基本内容又极为相似,主要包括社会保险、社会救助、社会福利、社会优抚等内容。

1. 社会保险权

社会保险制度起源于德国,后被各国家、地区所效仿成为社会保障制度的核心内容之一。作为工业社会发展的产物,社会保险权主要是由劳动者享有的在其因年老、疾病、工伤、失业、生育等特殊情况或困难时期而陷入收入不足的状态时,能够获得收入补偿,以保证其基本生活和再生产能力的权利。社会保险权的享有和实现能够帮助劳动者渡过生活困境,化解社会风险所带来的生存危机,从而保证个体的生存、生产活力,进而实现社会安定有序发展的目标。

社会保险主要针对普遍存在的社会风险进行设计,比如年老、疾病、失业、

---

①丁建定:《〈贝弗里奇报告〉评价中值得注意的几个问题》,《中共福建省委党校学报》2007年第10期。

工伤、生育等,其中诸如年老、疾病等情况则会必然发生、无可回避,故社会保险具有普遍性特征,并且为保证其安全网功能的充分发挥,一般法律会要求符合条件的人强制参加保险。从这个意义上讲,社会保险既是劳动者的权利,也是一种义务。

社会保险权既是社会保障权利束中的重要组成部分,也是由多项保险权利组成的权利集合。一般来说,各国的社会保险权包括养老保险权、医疗保险权、工伤保险权、失业保险权等项目,有些国家(比如我国)还包括生育保险权,在德国、日本等国家还设置有护理保险权,希腊甚至将灾害保险权纳入了社会保险权的范围。也有一些国家将社会保险权分解转化成了普遍性的社会福利权项目。例如,一些发达国家设置了普惠性的国民年金,它只与居民的国籍身份和年龄因素有关,而与享受者是否参与社会劳动或者缴费无关,其实际上是传统养老保险权利的分化。

(1)养老保险权。养老保险权是劳动者享有的由国家和社会通过相应的制度安排使其在年老时仍然享受工资收入从而满足其生活需求的权利。该权利能够增加劳动者抵御老年风险的能力,同时弥补家庭养老的不足。

年老是人无法回避的自然规律,尤其随着社会经济、医疗等条件的发展,人们的平均寿命不断提高,从而导致老龄人口的比例不断攀升,这使得老年风险普遍化、社会化,同时也为养老保险制度的建构和推行提供了客观必要性和原始动力。在现代社会养老保险成为了社会保障制度的重要内容之一,甚至成为了国家或地区社会保障制度成败的关键。

理论界一般认为,养老保险制度确立的标志是德国1889年颁布的《老年、残疾和遗属保险法》,此后很多国家效仿德国建立了自己的养老保险制度。如,丹麦于1891年、新西兰于1898年、瑞典于1903年、奥地利于1906年、澳大利亚于1908年、英国于1909年、法国于1910年、荷兰于1913年、意大利于1919年、俄罗斯于1922年、智利于1924年、加拿大于1927年、南非于1928年、美国于1935年相继建立了养老保险制度。此外,一些发展中国家,如马来西亚、新加坡、缅甸、印度、菲律宾、泰国、墨西哥、巴西、阿根廷、中国等也在第二次世界大战后建立了自己的养老保险制度。截至20世纪末,世界上已有166个国家和地区建立了养老保险制度。①

世界各国所施行的养老保险制度总结起来主要有三种模式:传统型养老保

①郑功成编著:《社会保障》,高等教育出版社2007年版,第205页。

险制度、国家统筹型养老保险制度及强制储蓄型养老保险制度。传统型养老保险制度又称自保公助模式,由德国最早进行创设,其后被美国、日本等多个国家所效仿。这一模式主要是通过立法形式强制性地要求雇主和雇员参加保险,同时要求保险费由雇主和雇员共同缴纳。在保险资金的筹集方式上采用“现收现付”的模式,以支定收,在事先确定好养老金的工资替代率的基础上,计清支出后确定总缴费率。缴纳保险费是领取养老金的前提,因此,个人领取的养老金数额的权利与缴费义务联系在了一起。此外,领取的养老金数额水平与个人收入密切相关,基本养老金的数额按退休前该员工历年指数化的月平均工资和不同档次的替代率来进行计算,并定期自动调整。除基本养老保险之外,国家还尝试通过税收、利息等方面的优惠政策,鼓励企业实行其他形式的补充养老保险,从而实现多层次的养老保障。

国家统筹型养老保险制度又可以分为两种具体类型:一种被称为福利型养老保险,由英国首创,后来被瑞典、挪威、澳大利亚、加拿大等福利国家采用。这一类型的养老保险制度中个人不需要缴纳保险费,保险费全部来源于政府税收,而养老金的享受主体覆盖全体社会成员。但在这种制度下养老金的保障水平是相对比较低的,通常情况下只能保障最低生活需要而不是基本生活水平,比如在澳大利亚,其养老金待遇的水平只相当于平均工资的25%。为了解决该制度运行中养老金水平相对较低的问题,一般通过鼓励企业实行企业年金制度来弥补基本养老金的不足,从而从综合层面上提高养老金的供给水平。另一种类型由苏联创设,后来被蒙古、东欧各国、朝鲜等国所效仿施行,我国在改革前也曾效仿。这一类型与前述的福利型养老保险制度相比有共同点,也存在明显的不同:两者的共同点在于由国家负责筹集资金并且包揽所有的养老保险活动,劳动者不需要缴纳保险费,实行统一的保险待遇水平;两者的不同点表现为后一种制度只适用于劳动者,而且没有补充的养老保险制度,一般也不会定期调整养老金水平。随着世界格局的变化及发展,已经很少有国家采用这一类型的养老保险制度。

强制储蓄型养老保险制度可分为新加坡型和智利型两种具体类型。采用新加坡型养老保险制度的包括东南亚、非洲一些国家。新加坡型养老保险制度特别强调社会成员的自我保障,因此采用了公积金模式,具体做法是建立起属于个人的公积金账户,由劳动关系存续期间内的劳动者和其雇主共同缴纳养老保险费,在劳动者退休后从已开设的个人账户中领取养老金,国家不向劳动者支付任何形式的养老金。劳动者退休后领取养老金时可以将个人账户的资金一次性领取,也可以根据自身的意愿进行分期领取。个人公积金账户的管理方面,由国家通过中央公积金局进行统一管理和运营投资。智利型养老保险制度与新加坡模式相比,同样强调公民的自我保障,也采取设立个人账户的方式筹集资金,但个人账户的管理方面完全采用了私有化的运营方式,具体做法是将个人账户的管理及投资运营交给私营的养老保险公司来完成,该公司则由劳动者进行自由选择,并有权随时更换基金管理公司。为保障养老保险基金的安全,最终发挥保障社会成员老年生活的制度目标,虽然国家不直接介入养老保险基金的筹集和运营过程,但是国家规定了养老保险基金管理公司的最低回报率,同时在养老基金管理公司破产时,政府出面弥补资金缺口。①

(2)医疗保险权。医疗保险权是社会成员享有的在其患病后,从企业、社区等社会群体和国家获得医疗服务及费用补偿的权利。该权利确立于 1883 年德国颁布《疾病社会保险法》,已有一百多年的历史。与其他社会保险权相比,医疗保险权的内容具有以下特征:第一,适用范围广泛。这种广泛性主要源于医疗风险的不可避免性,相较于工伤、失业等风险而言,疾病是每个人无法避免的,因此,医疗保险一般适用于所有劳动者,甚至随着社会的发展有很多国家将这一保险适用于全体成员。第二,获得的费用补偿非定额。养老保险权、工伤保险权、失业保险权在实现时均有资金的支付,可以说是一种收入保障机制;而医疗保险的实现则体现为医疗费用的补偿,且补偿的金额不可能是事先确定的标准,而应根据支出的医疗费用具体确定。当然,为了避免医疗费用无限增加,通行的做法是将医疗保险的范围限于必要的治疗和医药费用,对于可以享受医疗保险的疾病和药品的范围也有明确的规定。

从各国的医疗保险实践来看,根据医疗保险费用给付方式和医疗保险基金管理模式的不同可以分为四种类型:① 免费型国民医疗保险,以英国、瑞典为代表。国民保健服务以全民为对象,包括预防、医疗和康复等服务,没有条件的限制。医疗服务由公共医院提供或者由与国民健康服务局签订合同的医生提供,而由国民健康服务局支付费用。② 现收现付型医疗保险,以德国、日本为代表。德国约 90% 的人口参加了法定医疗保险,保险费由雇主和雇员各缴纳 50%,保险费实行现收现付,投保人缴纳保险费的多少主要取决其收入水平,但享受保险待遇的水平不因缴纳保险费的多少而有区别,从而体现社会医疗保险的公平。③ 个人积累型医疗保险,以新加坡为典型。新加坡于 1995 年实行中央公

①林嘉:《社会保障法的理念、实践与创新》,中国人民大学出版社 2002 年版,第 157—158 页。

积金计划，其中包括医疗保险。该制度完全实行个人积累的模式，由雇主和雇员按月将工资的一定比例存入公积金的三个不同账户：普通账户、医疗储蓄账户和特别账户，医疗储蓄账户的存款最高额为19000新元，超出部分自动转入普通账户。医疗储蓄主要用于支付雇员及家人的住院费用，其中包括病房费、医疗费、手术费、检查费等。④ 混合型医疗保险，以美国为典型。美国实行医疗救助与医疗保险制度相结合的模式。具体来讲，对于在职的雇员实行医疗保险制度，而对于65岁以上的老年人、贫困者和严重的残疾人员，实行政府资助的国家医疗救助制度。

(3)工伤保险权。工伤保险权是指劳动者享有的因在生产、工作过程中由于意外事故造成的负伤、致残、死亡或者罹患职业病造成本人及家庭收入中断时，从工伤保险基金中获得医疗费、康复费、生活费、经济补偿等必要费用的权利。工伤保险是工业社会发展的产物，在各项社会保险中是最为悠久、实施范围最为广泛的社会保险制度。工伤保险的发展经历了从雇主责任到工伤保险的转变。通过工伤保险的建立，设立工伤保险基金，既可以使发生工伤的劳动者获得及时、必要的医疗救助和补偿，也能够有效地分散企业的风险，保证企业不至于在发生多人、多次工伤的情况下，因面临巨额的赔偿而影响正常经营。

与其他社会保险项目相比，工伤保险具有以下特征：① 实行“无责任补偿”原则，在工伤发生时，无论事故的责任主体是雇主、雇员还是第三人，受伤害的雇员都可以获得法定的补偿。而且，在计发受伤害雇员的补偿时，即使雇员对工伤的发生有过错，也不能因此而减少对雇员的补偿，即不适用民事赔偿领域的过错相抵原则。② 保险费由雇主独自承担，雇员不需要缴纳。从各国的社会保险实践来看，绝大多数国家的工伤保险采用了雇主单独缴费原则，这主要考虑了雇主是劳动行为的主要获益者，因此，这符合公平原则的追求目标。③ 按照所受损害进行补偿。工伤保险待遇的高低按照雇员所受损害的程度而确定，一般法律会根据损害程度的不同规定相应的补偿标准。通常，工伤保险补偿标准会高于因病或非因工伤害的补偿标准。④ 补偿、预防和康复相结合。这体现了工伤保险制度的全方位设计理念。通过工伤保险预防制度的建立，有效预防工伤事故的发生；通过对受伤害者的康复治疗，使其恢复为“完整人”，实现生产力的保全；通过对伤残者及伤亡者遗属的补偿，体现社会的公平、合理及人文关怀。①

---

①林嘉：《社会保障法的理念、实践与创新》，中国人民大学出版社2002年版，第234页。

(4)失业保险权。失业保险权是劳动者享有的由失业保险基金支付的对因失业导致的暂时生活来源中断进行经济补偿的权利。失业保险权的享有者为失业的劳动者,即有劳动能力和劳动意愿,但无劳动岗位的人。享受失业保险待遇有一定的期限,这一方面取决于失业现象客观上一般呈现为短期性,另一方面待遇期限的有限性能够促使劳动者积极寻找工作岗位,实现再就业。

失业保险出现的时间相对较晚,20 世纪初期的 1905 年世界上第一个《失业保险法》在法国颁布,根据这一法律法国建立起了非强制性的失业保险制度。目前,从失业保险制度在世界各个国家的实施情况来看,主要包括以下类型:① 强制性失业保险制度。这种模式被大部分建立失业保险制度的国家所采用,具体做法为由政府通过立法形式强制推行失业保险制度,要求劳动者必须参加失业保险,我国实行的也是强制失业保险制度。② 非强制性失业保险制度。国家立法不强制性要求劳动者必须参加失业保险,而是由劳动者自愿选择参加失业保险。③ 双重失业保险制度。这种制度下的失业保险既包括强制性失业保险,即强制性地要求劳动者参加失业保险;又有政府提供资金的补贴制度,当然政府的补贴需要以调查得出的经济状况为依据,即在劳动者的失业保险金也无法满足基本生活需要时,政府才将提供资金对其进行失业救济。④ 附条件的失业救济制度。这一制度运行中的主要特点是:只向符合一定条件的失业者发放失业救济金,而并不是所有的失业者都能够获得失业补偿金。除以上几种类型之外,各个国家施行的失业保险制度还包括全部由政府负担费用的失业援助制度、储蓄性失业保险制度等。①

(5)生育保险权。生育保险权是妇女劳动者享有的在生育子女从而暂时中断劳动时,从国家和社会获得物质帮助的权利。生育保险权的确立和实现,有利于保障生育妇女的合法权益,使其获得基本生活保障,尽快地恢复身体健康,同时有利于下一代的成长,充分体现了国家和社会对妇女、儿童的保障、关怀。

生育保险的立法最早出现在 1883 年德国《疾病保险法》中,当时生育保险只是作为疾病保险的一部分,而并未成为一个独立的险种。之后的很多国家规定了生育保险。但就生育保险的立法来看,有些国家单独立法,但更多的国家将其与疾病保险制度规定在一起,或者将生育保险的一些内容作为家庭津贴的一部分。②

---

①林嘉:《社会保障法的理念、实践与创新》,中国人民大学出版社 2002 年版,第 183 页。

②林嘉:《社会保障法的理念、实践与创新》,中国人民大学出版社 2002 年版,第 246—247 页。

2. 社会救助权

社会救助权是社会成员享有的在遭受灾害、丧失劳动能力或者低收入的情况下,获得国家物质救助,以维持其最低生活需求的权利,是生存权的直接体现。社会救助是最古老的保障形式,1563 年亨利八世颁布了《伊丽莎白济贫法》,此后《伊丽莎白济贫法》经过多次修订,但这种传统的济贫制度建立在慈善、施舍的基础上,还没有形成为人们的一项权利。直至 19 世纪末 20 世纪初,学者们提出贫穷的原因不在于个人或家庭,而在于社会,济贫不应是施舍、慈善和恩惠而应是政府的责任,至此社会救助逐渐被人们认可为是人的一种权利。因此,现代社会救助制度与传统济贫制度有本质的不同,它是基于保障公民的生存权思想发展起来的,确认了国家对社会贫困群体的救助责任。

社会救助权与社会保险、社会福利等其他社会保障权比较而言,具有以下特征:(1)社会救助的资金列入国家总的预算支出,其主要来源为国家财政和地方财政,社会成员不需要缴纳任何费用,符合救助条件的人即可获得社会救助。(2)社会救助的对象覆盖全体社会成员。与一般社会保险以劳动者为对象主体不同的是,社会救助面向所有符合条件的社会成员。(3)获得社会救助的前提是出现自然灾害、生活水平低于最低生活标准等法律规定的需要救助的客观情况。因此,有关部门对申请救助的对象的具体生存状况进行必要的调查是获得社会救助的前提,调查结果达到法定救助标准时才能够获得救助。(4)社会救助达到的救助效果为满足救助对象的最低生活需求,即向其提供维持最低生活标准所需的费用、物资、服务等,而社会保险和社会福利的标准一般会更高。[①]

社会救助主要包括城市居民最低生活保障、灾害救济,农村救助与扶贫等内容。社会救助权的实现有利于保护社会成员的基本生活,促进社会经济的发展和繁荣,并有利于稳定社会秩序。

3. 社会福利权

社会福利概念的界定存在较大的争议,广义的社会福利概念涵盖了社会保障的内容,包括政府和社会为国民提供的各种服务及社会保障的各项内容,不仅满足人们基本的生存需要,还满足人们较高层次生活品质的需要;狭义的社会福利是与社会保险、社会救助、社会优抚等的并称,除它们之外的由国家和社会团体举办的各项福利事业和公共服务。我国的社会福利概念采狭义说,认为社会福利属社会保障的一部分,是国家和社会向社会成员提供的在满足基本生

①林嘉:《社会保障法的理念、实践与创新》,中国人民大学出版社 2002 年版,第 254 页。

活需要基础上提升生活品质的制度设计。因此,社会福利权是社会成员享有的要求国家提供改善生活状况的社会服务的权利。

社会福利权的实现形式大致可以分为四种:(1)现金形式。例如,鼓励生育的国家采取的按月向多子女家庭提供的子女补助;日本对无父儿童提供的无须偿还的义务教育贷款等。(2)实物形式。例如,英国公私立中小学学生获得的免费午餐;丹麦向残疾人提供免费假肢等。(3)社会服务形式。例如,日本设立的专门收容6岁以上受虐儿童少年的"儿童之家";丹麦对体弱多病的老人提供的电话传呼服务——"老人电话服务网"等。(4)教育与职业训练形式。例如,学龄前儿童教育、残疾儿童教育、大学生贷款、大学生奖学金、在职业务培训等。[①]

社会福利权的具体内容会随着社会的不断发展、进步而调整,社会成员享受与社会发展水平相适应的社会福利待遇,是人们分享社会经济发展成果的必然要求。从社会福利的实践发展来看,它主要包括老年人福利、未成年人福利、妇女福利、残疾人福利、社区福利及教育福利、住房福利等内容。

4. 社会优抚权

以我国为例,社会优抚权是军人及家属享有的由国家和社会向其提供的各种优待、抚恤、养老、就业安置等待遇和服务的权利。因此,社会优抚是社会保障中比较特殊的一种制度,其主要对象为军人及其家属,包括现役军人和武警官兵,退伍、复员、转业军人,军籍离退休人员,牺牲或者病故军人家属,革命伤残军人,现役军人家属等。

二、社会保障立法的几种主要模式

人类社会进入20世纪以后,绝大多数国家都建立起了自己的社会保障制度,为其成员提供了不同程度的社会保障服务,有些国家甚至加入了福利国家行列,但由于社会发展程度的不同、文化的差异及历史背景等原因,不同国家的社会保障制度在设计时存在着差异。依据社会保障资金筹集和供给方式等的不同,我们可将社会保障制度主要归纳为四种模式:自保公助型立法模式、福利国家型立法模式、自我积累型立法模式、国家保险型立法模式。

(一)自保公助型立法模式

自保公助型立法模式,又被称为传统模式,或社会保险型模式,是最早出现的社会保障模式。此种模式起源于19世纪80年代的德国,后来被许多国家所效仿,包括美国、德国、法国等在内的发达国家及一部分发展中国家采用此种制

---

①穆怀中主编:《社会保障国际比较》,中国劳动社会保障出版社2007年版,第30页。

度类型。

自保公助型社会保障制度是社会化大生产及经济发展的产物,随着社会经济的不断繁荣和发展,无论是国家还是单位及个人,均进行了一定程度的资本积累,各方主体的经济承受能力和支付能力都得到了提升,自保公助型社会保障制度在这一社会发展背景下被创制出来。这一制度的核心关注点是劳动者的生活保障问题,通过向处于年老、疾病、失业、伤残等状态的劳动者提供一系列的基本生活保障,并且针对因婚姻关系、生育或死亡等原因而需要特别援助的社会成员提供及时援助,从而保障公民的基本生活需求。

从各国社会保障的实践来看,自保公助型社会保障制度模式的特点可以主要概括为以下几个方面:(1)将社会保障制度的主要服务群体确定为劳动者。最为典型的部分是社会保险制度,在社会保险制度中其保险对象主要为劳动者,具体制度设计也是围绕劳动者的年老、疾病、工伤、失业等困难状况进行保险项目的设置。(2)社会保障制度中的受保障者不仅享有权利,还承担相应的义务。比如享受社会保险待遇的前提是缴纳相应的社会保险费。(3)从社会保障资金筹集渠道来看,由包括个人、雇主、国家在内的各方主体共同分担,从而形成一种风险共担的社会保障机制;具体来看,由雇主与劳动者个人在社会保险费的缴纳中分担缴纳,而国家财政给予适当补贴。(4)体现全体社会成员之间的互助共济。社会保险基金的总额是由各个劳动者与其雇主共同缴纳的社会保险金来构成的。当某个别劳动者遭遇社会保险事件时,便从大家共同积累的社会保险基金中向其支付相应的社会保险待遇,使得社会保险基金实际上在各个社会保险成员之间进行调剂使用,这无疑体现了社会成员间的互助互济、风险共担。(5)社会保险基金的筹集与支付呈现出以现收现付为主的样态。

德国是世界上最早建立自保公助型社会保障制度的国家。德国强调市场效率与高水平的社会保障之间的结合,确立了经济效率与社会公平兼顾的发展目标。德国的自保公助体现为社会保险待遇的获得者需要自己按法定比例缴纳社会保险费,在此基础上每个符合规定条件的公民均可以享受相应的社会保险待遇。政府明确禁止滥用社会保险基金。德国政府将社会保障制度作为国家的重要治理制度之一,将之与其他经济、政治措施相结合,共同完成促进社会发展的目标。比如,为实现保持稳定的经济秩序的发展目标,德国政府把"自助"的社会保障同保持货币的长期稳定联系在一起,以防止消费和投资的过度膨胀。从社会保障的内容上来看,其包括:第一,以养老保险、医疗保险、工伤保险、失业保险、护理保险等为主体的广泛的社会保险体系,以及社会抚恤、社会救济及青少年救助和住房补助等保障制度;第二,雇员保护政策体系,包括劳动安全保护和"共同决定权"等内容。第一部分是德国社会保障制度的核心,而且在五大保险制度中养老保险和医疗保险的开支最大、覆盖面最广。德国在社会保障制度的管理方面,采用了雇主与劳动者高度自治、政府加以监督的管理体制,其管理社会保障的责任主体包括不同保险机构、基金会和部分地方机构;失业保险以外的其他社会保险形式的社会保险管理均由劳资双方共同参与管理,政府不进行干预,但政府承担对社会保险机构运行的监督责任。

美国的社会保障制度与德国的有些区别,但也可归入自保公助模式。通常认为 1935 年美国总统罗斯福签署的《社会保障法》是美国社会保障制度建立的标志。《社会保障法》的出台是当时各种社会力量共同推进的结果,其中罗斯福总统的社会保障社会化和政府责任主张的被认可,成为社会保障立法的理论和政策依据。《社会保障法》颁行以后又经过了多次修订,逐渐形成了包括社会保险和社会福利在内的较为完备的社会保障制度体系。其中的社会保险制度的种类主要包括养老保险、残障保险、医疗保险、工伤保险、遗属社会保险、失业保险等;社会福利则又可根据发放形式的不同划分为"现金福利"和"非现金福利"两大类,其中现金福利主要包括"补充性保障收入"和"家庭补助"两个具体项目,而非现金福利则包括"食品补贴""儿童营养""医疗补贴""住房补助""就业培训""贫困家庭子女教育"六类具体项目。在各种保障项目中,老年、残障、遗属社会保险是美国社会保障制度中开支最大的项目,甚至美国官方及一些人士通常将其等同于"社会保障"。此外,私人保险制度是美国社会保障制度的一个重要特点,可以说其在美国社会运行过程中的作用是非常突出的,保险公司在人寿保险、医疗保险等领域提供的商业保障在实际的社会生活中一定程度上很受欢迎。美国的非营利组织发育得比较成熟,各种非营利机构也在发挥着重要作用。在社会保障管理方面,美国联邦政府、州政府、各地方政府、社会组织及团体分层次设有管理机构,在管理过程中各层级的管理机构协调合作,且尽可能地把权限下放到地方和基层,从而提高效率,更大程度上发挥社会保障制度的作用。

日本是亚洲国家社会保障制度中比较有代表性的自保公助型模式。日本现行社会保障制度的基本内容包括:面向一般国民的环境政策、公共卫生政策、儿童补贴、属于社会福利范畴的儿童福利、残疾人福利、生活保护和老人福利、面向一般高龄者的老人保健，以及属于社会保险范畴的养老保险、医疗保险和失业保险制度。其中社会保险制度是日本社会保障制度的核心与主体。在社会保障管理方面，日本采取了行政与业务分开，管钱与管事分开的原则。日本社会保险分别由立法、行政管理、监督执行，社会保障基金管理运营等机构分管。立法由参议院负责，中央一级行政管理由劳动厚生省等机关负责。①

自保公助型模式适应了工业社会的要求，同时避免了福利国家的某些缺陷，从而被很多国家所采纳。但由于社会发展程度及国家的一些自然特征的不同，使得即使同为自保公助型社会保障，也存在较大的差异。每个国家和地区都在努力寻找和调试适合本国国情的社会保障制度。

（二）福利国家型立法模式

福利国家型立法模式以保障公民权利为其核心意旨，在制度建构的过程中首先确立了福利普遍性和保障全面性的原则，将国家确定为直接的社会保障责任主体，以国家为全体国民提供全面保障为基本内容，以充分就业、收入均等化和消灭贫困等为目标，以政府与公民之间的责任关系取代了建立福利国家之前的雇主与雇员、领主与农奴及社团伙伴之间、家庭亲属之间的责任关系。②

英国在颁布实施一系列的社会保障法律制度，建立起相对完善的社会保障制度体系后，于 1948 年第一个宣布建成福利国家。此后，西欧、北欧的很多国家也宣布建立福利国家，欧洲之外的澳大利亚、加拿大等国也走向了福利国家。自此，福利国家模式作为社会文明进步的象征，在世界范围内风靡一时，到 20 世纪 60 年代达至鼎盛时期。具体而言，福利国家模式的政策、措施主要反映在以下几个方面：（1）普遍覆盖、全民共享。福利国家模式的一个基本原则为“普遍性”“全民性”，其保障的目标不仅仅在于满足公民的基本生活需要，使其在遭受贫困、疾病、失业等特殊困难时能够渡过难关，还在于要维持其社会成员一定标准的生活质量，从而提升个人的安全感和归属感。而且各种保障制度的运行不仅保障了被保险者本人的生活，同时还将保障推及他的其他家庭成员；种类丰富的社会保障制度间的通力合作，使得凡维持合理生活水平有困难和经济不安定的所有事件都能够得到合理应对，从而力求做到以最适当的方式向社会成员提供最合适的保障。（2）政府负责、全面保障。在采用福利国家型立法模式

①郑功成编著：《社会保障》，高等教育出版社 2007 年版，第 94—98 页。

②郑功成：《社会保障学——理念、制度、实践与思辨》，商务印书馆 2000 年版，第 145 页。

的国家中,其政府全方位负责社会保障事务,不仅承担着传统上政府对社会保障制度的管理、监督职责,还承担起直接的财政责任。而且,福利国家型社会保障制度设置了众多的保障项目,且各项社会保障的待遇标准也相对较高,实践中政府所设计出的保障项目几乎涵盖了每个成员"从摇篮到坟墓"的一切福利保障需求,且福利开支主要由政府和企业负担。(3)高税率与累进税制。为了维持福利国家高水平的福利支出,高税率成为福利国家的财政基础,也是其重要特征。此外,国家采用累进税制对国民收入进行再分配,使社会财富不过多地集中于少数人手中,实现一种相对公平的保障环境。

在采用福利国家模式的各福利国家中还拥有比较类似的社会制度及社会环境背景,即构建了相对健全、完善的法律制度体系,且各种社会保障制度均依法实行,制度执行状况良好,并设有多层次的、效果良好的社会保障监督体系;另外,各国都通过消灭各种导致失业的因素来实现充分就业的目标,采取各种措施促使人人都有就业机会。

英国是世界上第一个福利国家,其政党曾在竞选中宣示"使公民普遍地享受福利,使国家担负起保障公民福利的职责"。英国的福利国家内涵十分丰富,涵盖了全民医疗保健、社会保险和社会服务等方面的内容。全民医疗保健的服务对象包括所有英国公民及在英国居住一年以上的外国人,基本上由国家负担;社会保险的内容则主要包括发放养老金、失业金和家庭补贴,养老金有基本养老金和补助养老金,失业金分为失业救济、失业者额外津贴和额外补助三个部分,家庭补贴包括低收入家庭补贴、儿童补贴、孕妇补贴、住房补贴和圣诞节奖金等;社会服务项目呈现为一个发达的个人生活照料系统,用以满足社会成员的各项生活服务需要。

瑞典是福利国家的另一典型代表。瑞典具有长期稳定的政党体制,工会组织高度发达,注重通过政治妥协和阶级合作解决各种经济社会问题,这些都为瑞典高福利社会保障制度奠定了坚实的经济社会基础。"二战"后,瑞典社会保障制度飞速发展,福利型国家社会保障制度全面确立,与经济社会发展形成良性互动,受到高度评价,被誉为"瑞典模式"。但在20世纪70年代后受经济危机的威胁,该模式备受质疑,瑞典社会保障制度进入了改革时期。经过多年的发展和完善,瑞典构建起了较为完善的社会保障制度体系,为其国民提供着比较完善的社会保障服务。当前瑞典的社会保障制度包括基本生活、医疗、养老、失业、住房和教育保障以及社会服务等一系列制度,各种社会保障既自成体系,又互相交叉融合,为国民提供了全面系统的生活保障。可以说,瑞典的社会保障制度具有项目多、标准高、覆盖广、公平性强的总体特征。①

(三)自我积累型立法模式

自我积累型立法模式,又称为强制储蓄模式,是一种与传统社会保障模式和福利国家模式区别很大的社会保障模式,甚至因为它缺乏传统社会保障制度的互济功能,曾长期得不到国际社会保障界的认可。但随着新加坡、智利等国在化解人口老龄化给政府带来的巨大的财政负担的制度实效的显现,该模式受到了重视,并成为世界范围内社会保障制度发展的一种新思路。自我积累模式体现效率和激励原则,是由国家立法强制规定雇主、雇员的一方或双方必须缴纳社会保障费用,形成基金以应对养老、医疗等风险支出的一种制度安排。

自我积累模式建立在国家规范立法和政府严格监管的制度背景之下,此外还具有以下显著特征:(1)建立个人积累账户。参加保障的每一个劳动者都设有一个个人账户,个人账户中记录着雇主与劳动者缴纳的费用情况,个人账户中的数额逐年累积,直到劳动者年老退休时再进行领取。因此,这一模式的运行体现了劳动者个人一生中收入与负担的纵向平衡。(2)政府承担监督责任。在自我积累模式中,政府通常不直接进行资金缴纳,而是对个人账户积累基金的投资运营情况进行监督。(3)积累基金的运营与资本市场有机结合。为保证因逐年累积而不断增长的个人账户中的保障基金的保值增值,从而抵御因经济发展而产生的贬值风险,进而保证保障制度的有效实现,采用自我积累模式的国家均建立了积累基金与资本市场相结合的制度。(4)从保障内容上来看主要是养老保障。这一模式主要适用于具有长期积累性的养老保障。因此,可以说并不能将这一模式等同于该国家的整个社会保障制度,它只是整个制度的一部分。(5)缺乏传统保障制度的互济性特征。自我积累模式的基金来自于雇主和劳动者的定期缴纳,资金缴入个人账户后逐年累积,其最终只能用于缴费劳动者的自己养老,因此不存在劳动者相互之间的互助共济,这一点与其他社会保障模式的制度基础及追求目标有明显差异。

自我积累模式在激励劳动者自我负责、限制政府责任及应对人口老龄化等方面是有成效的,但因其缺乏互济性,不能够有效分散风险,从而并未被多数国家所采纳。迄今为止,采取此模式的比较典型的国家是新加坡,另外智利采用养老保险等个别项目。

新加坡将自我积累型社会保障制度具体化为建立公积金制度,也就是通过

---

①粟芳、魏陆等编著:《瑞典社会保障制度》,上海人民出版社2010年版,第1—2页。

国家立法的形式,强制要求所有的雇主及雇员依据法律规定的工资收入的一定比例向中央公积金局缴纳公积金,然后由中央公积金局将雇主和雇员缴纳的公积金和利息一并记入会员的个人公积金账户,以专户储存的形式进行管理,劳动者能够享受的待遇水平限定在其账户存续期间累积的公积金额度范围内。新加坡的公积金最初只是一种简单的养老储蓄制度,随着社会经济的发展和收入水平的提高,逐步发展为包括养老、住房、医疗等在内的综合性的社会保障制度。劳动者除可以在达到法定退休年龄时享受养老金待遇以外,还可以选择为购买住房、支付教育费、支付医疗费等支出,当然这些支出必须符合法律规定的特准范围。新加坡的公积金制度鼓励劳动者自食其力、自我保障,资金来源于工资收入的一部分,并按照法律规定在征收后记入个人账户。资金的筹集由雇主和雇员按规定比例分担,政府根据经济发展、工资收入及公积金储蓄比例等作相应调整。

与新加坡相比,智利制度的主要特点为:第一,雇主不缴纳保险费而只由劳动者个人缴纳。职工按工资收入的10%按月缴纳保险费,并存入个人退休账户,企业不缴费。第二,由私人机构管理养老金基金运营。由相互竞争的养老基金公司负责管理个人账户基金,强调通过对基金的投资运营保证基金在总量上的保值增值,以保障基金的安全。第三,记录于个人账户上的强制性储蓄的金额只能用于个人的养老性支出,而没有采用像新加坡制度那样的可用于医疗与住房等开支的设计。为了保证基金的安全,政府加强了宏观调控的职能:第一,通过立法,规范指导商业经营性年金基金公司的运作;第二,由政府保证实现对低收入劳动者的最低限度保障及对公司营运的最低担保;第三,政府出面通过发行认购退休债券的方式由政府承担部分原有体制下未决债务,使新、旧模式顺利转换。[1]

(四)国家保险型立法模式

国家保险型立法模式在20世纪中期由苏联所首创,后来被其他社会主义国家所效仿采用。这种模式是在高度集中的计划经济体制下产生的,具体运作中以生产资料公有制为基础,由政府对全体国民的社会保障进行统一包揽。这一立法模式所确定的制度目标是:向无劳动能力的社会成员提供最基本的生存保障并且对劳动者的健康予以保护,以维持其工作能力。

国家保险型立法模式在实践中形成了以下几方面的特征:第一,将社会保

①郑功成编著:《社会保障》,高等教育出版社2007年版,第104页。

障制度确定为一国的具有宪法地位的重要制度,这一重要制度在实现的过程中有生产资料的公有制作为经济后盾和支撑。国家的一系列经济政策是保证社会保障制度得以实现的重要手段,通过社会经济政策的推行,使得社会成员获得相应的社会保障供给。第二,社会保障资金承担者是政府和企业,具体做法是由国家统一在全社会的公共资金中进行事先的预留和扣除。也就是说,在这种模式下个人不需要直接缴纳任何社会保障费。第三,社会保障的覆盖面极为广泛,平等地保障全体公民的基本生活。第四,在社会保障制度的建构、运行及社会保障事业的管理方面,工会都起到了重要的作用。

国家保险型立法模式作为许多社会主义国家曾经采用的模式,因为其超越了国家财政的承受能力,逐渐被调整和摒弃。从 20 世纪 80 年代开始很多国家开始对国家保险型社会保障制度进行改革,逐渐形成了与市场经济体制相适应的社会化的社会保障制度。

三、社会保障权的新发展

随着社会政治、经济水平的发展变化,社会保障权的内涵及外延发生了适应性的改变。从 20 世纪的 80、90 年代开始,包括英国、美国在内的很多西方国家开始变革自己的社会保障制度;社会保障制度处于建设时期的发展中国家也在借鉴和吸取发达国家制度的经验和教训的基础上,建立起符合本国国情的、具有本土特色的社会保障制度。虽然由于政治、经济、社会发展水平的差异,历史、文化、社会结构等因素的不同,世界上不会存在采用完全相同制度的两个国家或地区,但是全球化的发展趋势及人类社会追求的一些共同的价值和目标,使得社会保障权在不同的国家和地区间呈现出一些较为相近的发展态势,可以概括为以下几个方面:

(一)社会保障权利主体更加广泛

社会保障权利作为一项现代社会公民享有的基本权利,其权利主体的范围呈现扩大的趋势,不仅覆盖正式就业的劳动者,还覆盖着非正式就业及灵活就业的劳动者;不仅向有工作者提供社会保障,还覆盖无职业者;不仅覆盖城市居民,还将农民纳入社会保障的对象范畴。总而言之,社会保障制度在发展过程中逐渐实现了社会成员间的平等保护,体现了社会制度运行中的公平性追求;它也是现代国家对人的基本权利的尊重和认可,是国家为降低现代社会风险所作的努力。社会保障权利主体的广泛覆盖在养老和医疗保险领域尤为突出。

很多发展中国家和进行制度改革的转型国家都在努力拓宽养老保险的适用范围。比如一些发展中国家考虑到城乡发展的不平衡问题,为应对农村居民收入较低的现实情况,为保障低收入群体的社会保障权的实现,对其采取非缴费办法,也就是将社会救助补贴的办法运用于养老保障领域,这一尝试取得了积极的效果,使得养老保障的覆盖率得到了明显的提高,这已经被巴西、阿根廷等国的社会保障实践所明证。将医疗保障覆盖于全体社会成员更是全世界在社会保障实践发展过程中逐渐形成的一个共识,目前世界范围内已有一百多个国家实行了全民医疗保障制度。比如,韩国从20世纪80年代开始推行全民医疗保险。我国2003年以来,加快推进覆盖全民的医疗保险工作,2006年起进一步提高了新型农村合作医疗的补贴力度,2007年起试点推进了城镇居民医疗保险。目前我国城乡统筹、覆盖全民的医疗保险制度正在稳步建设及完善之中。

(二)社会保障权利关系更加复杂、多元

各国的社会保障权在发展演进中呈现出权利关系的复杂、多元特征,这主要源自社会保障权利关系主体更加多元的发展趋势、社会保障权利内涵随着社会发展及人民生活品质需求的提高而进一步丰富,及社会保障管理制度的进一步规范、完善等。

实行公共服务与私人运营并存的社会保障机制在很多国家社会保障改革中被采纳,比如意大利政府尝试逐步把社会保障制度的规划、管理和监督等各项职能转向由社会承担,国家只就最基本的社会保障和服务提供最低限度的公益福利;超过限度的,公民或社会团体可以自己选择或组织由集体加以协商和管理的服务。联邦德国在社会保险制度的管理上,也实行了国家与私人机构合作并行,强调加强私人社会保险机构作用的做法。除此之外,丹麦、比利时、葡萄牙等国政府也将原本由政府统一管理的某些保险项目交给了私人保险公司管理。可以说公私合作在社会保障领域中呈现出普遍化的趋势。

社会保障管理机构按照权限可以划为四个层次:(1)高层管理机构,也可称为中央级别的管理机构,主要职责为领导和决策,负责参与社会保障立法,完成社会保障政策的制定、实施、监督及保障社会保障基金的全国性统筹和调剂使用等工作。(2)中层管理机构,即地方政府的社会保障主管部门,为实施综合管理职能而建立,具体负责制定地方性实施细则和补充规定,贯彻执行社会保障的相关立法和政策,及时反馈和总结社会保障法律法规的实施效果及在实施过程中出现的问题及经验等。(3)基层管理机构,为实施社会化服务而建立,属社会保障制度直接实现机构,具体负责各项社会保障费用的收缴、社会保障待遇的支付、保障档案的建立、管理以及其他保障服务工作等。(4)特殊管理机构,为实施特殊功能而建立,比如智利设置的私营养老金管理公司为个人账户养老基金的管理人。

前述的社会保障管理机构根据其性质不同又可分为:政府组织、社会组织、金融组织和私人组织。政府组织是依据政府组织法及相关法律组建的组织,包括政府机关和事业单位。社会组织是依据社团法人法律组建的公共组织,包括营利性社会组织和非营利性社会组织,但一般为非营利性组织,如一些国家建立的"社会保障基金管理委员会",美国医疗保障领域的"蓝十字"和"蓝盾"协会及德国各行业建立的社会保障理事会等。金融组织是依据公司法和有关法律建立的专门从事金融工作的机构,比如银行、基金管理公司、保障公司等。私人组织指依法建立的专业社会保障基金管理公司,如智利的养老金管理公司。

综上,多层次的社会保障机构相互配合,共同承担起社会保障制度的行政管理,社会保障基金的运营管理、监督、监管等职能。

(三)社会保障权利实现过程的管理制度逐步健全

各国政府逐渐认识到公民社会保障权的实现即是国家向社会成员提供社会服务的一种体现,为了使社会保障权的实现更为便捷,应该进一步提升权利实现的服务水平和服务效率;为了使社会保障权的实现更加公平、公正,则应该进一步完善社会保障权的管理制度,使其更加规范化、透明化。比如,在社会保障制度的管理中为社会保障权利人制作并配发电子磁卡身份证,或者通过安装被保障人指纹识别系统准确确认社会保障权利人的身份。这些努力在降低伪造身份证件、冒领错领保障金的潜在风险方面起到了很重要的作用,同时还提高了社会保障管理的效率,大大加快了各种社会保障金的申请和领取速度。还有一些国家将竞争机制引入社会保障服务领域,用以提高社会保障服务的效率及质量,比如美国社会保障管理局开展了社会保障绩效评定工作,将客户满意度作为评价社会保障服务机构的服务质量的重要指标。①

(四)社会保障权利的可持续发展受到重视

经历了高福利国家制度对国家财政造成的沉重负担和对经济长期发展能力的影响的体验后,许多曾经采用福利国家制度的发达国家和社会保障制度正在建构和完善中的发展中国家都更加重视社会保障权利的可持续发展,在社会保障权设置及实现的过程中更加注重公平与效率的均衡发展。基于以上认识,不同模式的国家在社会保障改革中采取了相应的措施:

---

①张晨光:《国际社会保障发展趋势及北京的战略选择》,《城市问题》2011 年第 3 期。

1. 福利国家模式的调整

福利国家模式在社会保障改革中对于社会保障权的可持续发展追求是显而易见的，其社会保障制度改革的总体发展方向是增加社会保障资金的收入总额，同时通过收缩社会保障供给项目，扩大社会保障制度的私有化运营范围，实现削减社会保障支出，从而实现收入与支出的总体平衡的目标。具体改革措施包括：(1)为实现社会保障资金的增加采取了提高职工缴纳的社会保险费的上限的措施，并且开始向公民普遍征收社会保险收入所得税。(2)在开源方面还出台了提高医疗保障服务个人缴费标准的措施，与此同时降低疾病补贴的标准。(3)为使养老金的发放能够适应社会的发展变化节奏，还对社会保险的计发办法进行了调整，具体而言是改变原来养老金增长机制，由与工资挂钩的做法转而采用将养老金的增长机制与消费物价的变化轨迹相联系。(4)缩减国家直接提供的社会保障的范围和项目，转而把一些项目交由非政府的社会团体组织或私人机构运营，从而缩小国家在社会保障领域的支出范围，并节省国家的社会保障管理成本，同时鼓励和恢复作为社会细胞的家庭及有着较为悠久的保障历史的慈善组织等主体在社会保障方面的作用。(5)对社会保障的管理机构进行精简和优化，特别强调管理效率的提升，力求实现以更为精干的行政机构提供更有效率的社会保障管理、监督服务。

英国作为福利国家模式改革的典型代表，从20世纪70年代末开始进行社会保障制度的改革，1979—1997年的保守党政府的改革方向是降低国家在提供社会保障财政支持方面的具体作用。其主要措施包括：(1)从1980年开始将补贴增长的机制由原来的与工资调整挂钩转而改为与物价变动相联系。调整的实际效果得到了实践的认证，1978—1987年，一对夫妇所获的补贴数额因为上述增长机制的调整从占人均个人可支配收入的61%下降到53%，这在一定程度上缩减了政府的财政支出，缓解了政府在社会保障领域的支出压力。(2)为进一步限缩保障对象的范围，出台政策增加受保障者享受补贴的资格条件。比如，申请失业补贴的人必须满足“积极寻找工作”和签署“求职协议”的要求，才可能获得失业补贴，这两项便是改革对受保障者提出的新要求。(3)通过限缩所满足的保障需求的范围，减少受补贴的权利内容，从总体上减少政府的社会保障供给容量，同时鼓励更多的公民选择私营的商业保险来满足自身的保障需求。1997年5月工党重新执政，1998年1月其便以执政党身份公布了下一阶段推进社会保障制度改革的一系列原则：(1)政府的社会保障供给仅针对那些真正需要帮助的人，即政府社会保障的边界将进行适当限缩。(2)有工作能力的适龄公民必须参与工作，只有工作才能为劳动者提供独立的经济能力、广泛的交际网络和有尊严的社会生活，因此，工作才是最好的福利形式。(3)要充分承担个人在社会保障方面的责任，这有助于个人自我供给，进而降低社会的整体风险。以上原则是新政府构建新型福利国家的基本准则，也可称为"工作福利"新体制，其努力的方向是将传统的一元化的失业补贴制度转变为由就业服务、积极的就业培训和工作补贴相结合的立体化的就业补贴机制，从而促进失业人员再就业，发挥劳动力的社会生产力的作用。

2. 保险主导型模式国家的调整

美国作为保险主导型模式国家的代表，社会保障制度模式改革中非常明显地刻上了政党主张的烙印。20 世纪 90 年代执政的克林顿政府施行的社会保障政策主要包括：第一，将补充社会保障基金作为政府财政支出的重要内容，具体做法是将财政预算余额的很大比重用于此。经济的发展使得美国政府自 1998 年开始摆脱了近三十年的财政赤字状况，克林顿总统在这种向好的财政状况下于 1999 年的国情咨文和 2000 年度的财政预算报告中，"慷慨"地、前瞻性地提出计划将未来 15 年财政盈余的 62% 用于社会保障，这大量的财政支出将主要用于补充"普遍储蓄账户"和医疗保险资金，从而解决美国 1946—1964 年间，也就是所谓的"婴儿潮"时代大量出生的人口的社会保障问题。但事实上因为执政党的更迭，共和党政府在上台后采取了削减税收的财政政策，这使得美国政府的财政状况重新转为赤字，这一财政状况的变化使得民主党政府提出的以财政盈余的大比重资金补充社会保障基金的主张失去了赖以存在的经济基础，无法得到实际兑现。第二，着重发展社区福利。1993 年和 1997 年相继出台的《联邦受援区和受援社区法案》和《美国社区振兴法》规定了有利于发展社区福利的若干政策。2001 年共和党小布什当选总统，小布什政府的社会保障改革内容包括：第一，推行减少征税的一系列政策。比如，在 2001 年共和党政府就启动了减少征税 13500 亿的一揽子计划。第二，对养老金制度进行调整和改革。在建立养老保险统筹账户的基础上，鼓励增加个人账户储蓄，具体做法是提高免征所得税的养老保险个人账户存款限额，并且取消了限额内职工和雇主为职工个人账户存款的比例限制等。第三，推行社会保障运营私有化，提高社会保障私有化的比例，在社会保障领域推进公私合营。建议个人把由政府管理的退休保险金的 2.25% 转移到个人投资账户，交给私人退休管理公司运营。

日本为应对老龄化对经济增长和社会保障制度的冲击采取了一系列改革措施，内容主要包括：第一，扩大养老保险金的征缴面，增加社会保障收入。第二，削减社会保障供给水平，从而将社会保障支出的增长控制在可承受的幅度内。第三，改革社会保障基金的管理和运营方式。通过重新组建年金经营基金会等方式对社会保障基金的管理机构进行调整，为获得更加丰厚的投资收益回报，实现社会保障基金的保值增值，扩大年金经营基金会的经营范围，并且引入市场竞争的机制。

德国的高福利制度同样无法维持，社会保障制度的改革势在必行，但也同样遇到了很多困难和阻力。德国社会保障改革的尝试也主要包括开源和节流两个方面：其中开源方面的努力包括通过征收退休金所得税，将汽车保险税由6%提高到12%（增收部分用于补充医疗保险）等手段扩展社会保障基金的来源；通过努力扩大就业来降低失业率，从而增加社会保障缴费覆盖面；而节流方面的主要努力比如规定取消提前退休，养老金领取者的年龄不得小于65周岁等。

3. 传统计划主导型制度模式的根本变革

20世纪末期发生的东欧剧变以后，相关国家的政治、经济及社会发展都进入了一个新的阶段。在社会保障制度方面，俄罗斯和东欧各国也纷纷开始了制度改革的尝试。俄罗斯的制度模式改革主要体现在：第一，改革传统上社会保障由单位包办的状况，转而逐步推行社会化的社会保障管理机制，动员多方主体参加社会保障的运行和供给。第二，强调个人在社会保障中的义务，改变原本由国家单独承担社会保障经费的单一筹资渠道模式，实现社会保障基金筹集方式的多元化，从而将国家从巨额的社会保障经费的负担中解放出来。第三，大力发展社会保险，普遍建立社会保险制度。到21世纪初期，俄罗斯已经初步建立起了包括养老保险、医疗保险和其他社会保险内容，并以此为主要支柱的社会保障框架体系，逐步转变为社会保险主导型模式。其他东欧国家的社会保障制度改革与俄罗斯的改革方向大同小异，大多呈现为向社会保险主导型模式演进的趋势，并且经历了从无序到逐步有序的过程。但由于各国的政治经济条件不同，在具体制度的设计上还存在着细微的差异。

（五）社会保障权利承载着公正、共享的社会价值理念

社会保障权利发展的初期以“济贫”为主要目的，在手段的设计上也呈现出更多的“施舍”意味，但随着社会的进步、文明状态的进一步演进，人们逐渐认识到“贫穷”与“富有”之间的转换在现代社会中频繁上演，社会保障是为全体成员提供的保障。作为社会成员无论其掌握的财富有多少，均具有共享社会资源的资格与权利，对于特殊情况下领取社会救助金等社会保障金的社会成员并不是一种“施舍”，而是社会成员公平负担社会风险的一种体现。此外，各项社会福利的提供更是反映了社会成员共享社会发展成果的理念。

第三章
国家社会保障的义务

第一节　社会保障的义务主体概述

在人类社会步入工业化和现代化之前，社会保障的主要责任是由家庭、社区、教会或民间慈善团体来承担，国家很少对公民提供直接的生活帮助。从19世纪末20世纪初开始这种传统的社会保障模式受到了社会发展所带来的诸多社会问题的挑战，特别是从20世纪30年代开始，政府逐渐取代家庭和社区，开始扮演社会保障提供的重要角色。自1948年英国第一个宣布为“福利国家”起，其社会保障制度成为西方国家标榜和追求的一种理想制度；政府成为社会保障的主要承担者，保障范围“从摇篮到坟墓”无所不包。20世纪70年代中期，西方各国经济普遍衰退，福利国家的全面社会保障制度面临危机。这迫使人们开始反思政府在社会保障制度中的角色，提出社会保障的责任应该由公共部门、营利部门、非营利部门和家庭社区共同负担；政府应该与民间进行合作，共同提供社会保障的各项内容；社会保障的开支将不再是完全由政府来提供和分配，而是由政府和其他组织机构一起通过合作来提供。其间有很多社会保障改革措施出现，主要内容包括：(1)政府紧缩财政支出；(2)社会保障分权化与社区化；(3)社会保障科层体系的削减；(4)社会保障管制的开放；(5)社会保障供给的民营化、社区化、小型化与家庭化。

政府逐渐从社会保障领域撤退，允许各种力量的介入，从而构建组合式的社会保障提供模式。这些措施背后所隐藏着的价值理念就是所谓的“福利多元主义”。福利多元主义的两个主要概念是分权化与参与，所谓分权化不仅只是将社会保障服务的行政权由中央政府转移到地方政府，同时要从地方政府转移至社区，由公共部门转给私人部门。所谓参与是指希望社会保障提供者(社区、非营利组织等)和社会保障消费者共同参与社会保障服务的制度决策及服务输送过程，即将政府的社会保障义务分散到市场、邻里与小型组织中，使社会力量介入与修补社会服务的制定与传输过程。① 两者交织并行，实现了政府范式向治理范式的转型：分权是减弱中央政府权力的有效途径，也是社会成员成功参与的前提条件；而参与是社会保障供给者与消费者在社会保障服务决策与传输过程中的共同介入。从一个角度上来讲，减少中央政府和地方政府在社会保障

①范健：《福利多元主义视角下的社区福利》，《华东理工大学学报》(社会科学版)2005年第2期。

中的影响,是为政府减轻其包袱的适宜对策。这使得服务的法定责任转移,社会培育出自助的精神从而避免过度依赖政府,同时被弱化的家庭照顾角色得到回归。而从另一角度上来说,除政府外,私人市场并非福利供给体系中的最大供给者,参与型的自愿部门能够更加快速而灵敏地回应人们的需求,形成更为合理和成熟的社会保障体系。需要注意的是,"福利多元主义"并非倡导"小政府",而是希冀形成由多元力量介入和参与的多元福利主体。尽管政府在福利供给方面的作用降低了,但它仍然扮演着积极且重要的角色。

1978 年,英国沃尔芬德报告《志愿组织的未来》中较早使用了"福利多元主义"这一概念,主张把志愿组织纳入社会保障的供给者行列。与此相似的观点出现在 1984 年欧洲中心举办的"社会工作培训与研究"会议上,该会议提出新生力量进行大规模的社会参与,比如互助组织、自助组织、自愿组织和社区中有社会工作者介入的正式或非正式的助人组织。这一现象充分反映了研究者们与决策层对混合社会保障体系的共同预期与展望。但值得注意的是,这一时期的"福利多元主义"还没有形成精确的界定,所以也常以"混合福利经济"的形式出现,有学者将其阐释为"社会照顾与健康照顾可由四大不同部门供给——政府部门、自愿部门、商业部门和非正式部门",反映出国家在社会保障供给过程中与其他主体间的合作关系。

罗斯是对"福利多元主义"进行清晰界定的第一人,在他看来社会中的福利来源于家庭、市场和国家三个部门,三者所提供的福利形成了社会的福利整体,也称为"福利三角"。伊瓦斯将福利三角置于文化、社会经济与政治情境中,将三者具体地解构为对应的组织形式、投射的价值意涵和内生的关系结构;基于不同的组织形式,三者分别提供了选择与自主、平等与保障、团结与共有的价值内涵 。在伊瓦斯的研究基础上,约翰逊进一步融入了非营利机构这一主体,即将福利主体分解为非正式部门、自愿部门、商业部门和政府部门。非正式部门的主要组成为亲属、朋友与邻居;自愿部门则包括自助或互助团体、睦邻组织、压力团体、为"案主"群体提供服务的组织、主攻医疗或社会研究的团体、关注协调他者群体并为其提供资源的"伞状"型斡旋组织等。此后,伊瓦斯在其原有的研究及他人的后续研究基础上对福利多元主义进行了内涵更为丰富的界定。他从"公共—私人"和"正式—非正式"两个角度构造了社会保障主体的网络结构图。在这一网络结构图中,每一主体通过自身的特定位置向个体提供有效福利,若所有主体均实现各自的功能,整个结构就能够呈现出稳固的合作状态。

随着福利多元主义理论的日趋成熟，它被逐步推广应用到西方国家之外的实证研究中。比如，韩国学者以社会保障支出为焦点，以社会保障五边形框架——国家、市场、企业、第三部门和家庭检视了韩国社会的社会保障组合，发现自 1997 年金融危机以来，非政府部门已成为韩国社会保障体系中非常重要的组成部分。①

福利多元主义对我国的社会保障制度的建设与改革同样具有借鉴意义。我国社会保障制度历经了由家庭保障的传统保障模式到计划经济时代的国家一单位统包的保障体制，再到由计划经济体制向市场经济体制转型过程中的新型社会保障制度的发展历程。在市场经济环境下，社会保障对于市场的依赖不言而喻，但传统的家庭、社区、新兴的志愿组织和民间团体在社会保障中应该怎样发挥作用，还需进一步探讨。我国尚未具备西方福利国家那样丰厚的经济基础，不同国情也决定了国家提供社会保障的模式不能照搬西方的经验。可以说，福利多元主义给我们提供了一个可以借鉴的理论模式，即平衡不同的社会保障提供者的作用，避免国家在社会保障提供中负担过重，进而也避免社会保障依赖问题的出现。我国必须立足于本国文化与社会的结构，考虑到西方福利国家的危机以及福利多元主义对福利国家发展的意义，将福利多元主义嵌入我国社会保障制度结构中，在该理念的指导下发展适合我国国情的社会保障制度体系，建设一个能够提供稳定的社会保障及和谐发展的社会。

第二节　国家的社会保障义务主体资格

国家或政府是社会保障供给中最为重要的主体，在当今世界上，任何一个国家或政府都不能忽视其在社会保障实施中的主体和主导作用。从 1883 年肇始于德国的《劳工疾病保险法》，到 2010—2011 年轰轰烈烈的法国《退休改革法案》的制定，再到美国两党（民主党、共和党）围绕《医疗改革法案》旷日持久的“斗争”，纵观世界各国社会保障的发展过程，国家行为都如影随形。在各国社会保障制度建立、发展、完善和改革过程中，政府都是“一马当先”。这一方面是源自政府的性质和职能，另一方面也是因为政府掌管着社会资源，当然更取决于社会保障本身对政府行为的客观需求。尽管后福利国家时期“福利多元主

①韩央迪：《从福利多元主义到福利治理：福利改革的路径演化》，《国外社会科学》2012 年第 2 期。

义”更多地被人们提及,但是在众多社会保障主体中,政府的责任和作用仍然是主要的。

一、社会保障制度的社会性决定了国家应为义务主体

在近代强调国家的权力源于公民的权利,国家绝对不得干涉公民的个人自由权,国家仅充当“守夜人”的角色,其公共职能被限定在公安、国防、税收等几个有限领域。但19世纪末20世纪初,自由资本主义走向了垄断资本主义,社会贫富分化加剧,大量社会问题出现,人们已经很难凭借个人或家庭的力量来抵御市场和社会的风险,进而要求政府积极干预社会事务以保护社会成员的生存权和发展权。这便是近代社会保障制度产生的社会基础,这决定了社会保障权的社会权属性,同时也决定了需要政府通过行政权力广泛地干预社会,为弱者提供就业、住房、培训、医疗、养老等社会保障资源,责任政府被时代推向了前台。

现已推行社会保障制度的国家,都毫无例外地把提供社会保障列入了政府的职责范围,从而使社会保障活动与宗教团体、民间慈善机构所举办的救助活动区别开来。《中华人民共和国社会保险法》第2条就明确了国家建立社会保险制度的义务,规定:“国家建立基本养老保险、基本医疗保险、工伤保险、失业保险、生育保险等社会保险制度,保障公民在年老、疾病、工伤、失业、生育等情况下依法从国家和社会获得物质帮助的权利。”

二、现代国家的性质及产生基础决定了其应为社会保障的义务主体

众多的人类宏著已论述过,从国家或政府产生的终极根源上看,人们创设政府是为了过上更好的生活。因此,国家的根本目的是创造和保护公民或社会的“公止幸福”(公共利益)。国家及其公共权力产生于人民直接或间接的授权。虽然人民授权的具体方式和过程在体制不同的国家有所不同,如美国的总统制,其行政权力源于公民的直接授权;而英国的内阁制,其政府权力源于人民通过代议机关实现的间接授权;在中国则是由人民代表大会选举产生对它负责的政府。当然,授权方式的不同,并不影响政府产生于人民授权的本质,这一点从根本上决定了政府的公共行政活动必须遵循和体现人民的意愿,对人民负责。以这种政治理念为基础,边沁对政府在社会保障方面的作用进行研究后提出,政府唯一应该追求的目标是社会最大可能的幸福——个人的享受基本上应由他自已去考虑,政府行动的原则是保护个人免受痛苦。孙中山先生在《民生主义》中谈道:衣食住行是人的基本需求,一定要国家来担负这种责任。如果国

家做不到这一点,任何人都可以向国家要求。可以说,满足人民基本生活的需要,是政府不可推卸的责任。

我国是人民民主专政的社会主义国家,政府是代表人民行使权力并为人民谋福利的机关,因此更应该为人民提供生活的各种保障,以保障人民的生存权与发展权。邓小平同志说过,社会主义国家要消除两极分化、走向共同富裕。保障所有人的基本生存权与发展权,是社会主义国家努力追求的目标,也是社会主义优越性、先进性的表现。社会保障制度,是向社会成员提供基本生活需求保障的制度,是国家保障所有社会成员基本需要的重要手段,因而,国家在社会保障中必然负有首要的责任。

三、国家的社会资源调动能力能够保证其社会保障义务的履行

社会保障的供给需要大量的物质性资助,仅仅依靠民间组织和慈善机构,是远远不能解决供给问题的,这需要通过政府的力量,调动和运用社会资源,动用政府财力,才可以很好地解决社会保障的供给问题。在工业化和现代化的社会,国家有广泛的税源,这使得政府有较为充足的财力能够为民众提供社会保障。传统社会中的个人、家庭等主体形式已经无力应付现代市场环境给人们生活带来的不确定性危机,只有国家运用手中的权力才可能保护人民抵御各种社会风险。社会保障实践也已表明,无论一个国家采用了什么性质和类型的社会保障制度,无论其社会保障水平是高还是低,政府的主体和主导作用是不可动摇的。

社会保障资金的转移支付制度为社会保障的实现提供了制度支撑。所谓社会保障资金的转移支付是政府为缓解社会保障资金纵向和横向不平衡问题,中央政府将其掌握的资金转移给地方政府(主要是省级政府)专门用于发展和建设社会保障事业,从而缩小地区间社会保障水平差异,逐步实现各地区社会保障均等化的一种财政政策。为保证转移支付的实际效果,要求转移支付的过程科学、透明、规范。各地区间经济发展水平的差异,导致其社会保障的支出水平存在差异,消解这种地区差异势必要求由一种能够俯视全局的宏观制度进行调控,尤其像我国这样幅员辽阔、地区差异明显的国家,转移支付更是成为了社会保障实现过程中必不可少的制度形式。可以说,社会保障转移支付是中央政府运用其调动社会资源的能力为构建不同地区间平衡的社会保障水平所做的努力。同时,应当注意的是,这种大规模的、影响全局的社会保障资金的转移支付也只可能由政府来完成,其他任何形式的主体均不具有这种能力。

四、国家的公平价值偏好为社会保障的提供奠定了理念基础

公平与效率是公共政策的价值追求，平衡公平与效率的关系更是公共政策领域的一个永恒难题。随着市场经济的不断发展和完善，市场在追求效率方面的作用已被人们充分认识，在这种时代背景下，国家的众多公共政策则更应关注公平价值。当然，效率与公平并非截然对立，公平是一种与效率相协调的平等，二者相辅相成。不论是中国还是西方各国，公共政策价值选择均立足于公平，强调从公平原则出发的效率，及在效率基础上的公平。政府在对社会资源进行调整和分配的过程中必然要求公平，因为公平是国家行为的本质性要求。同时，作为解决市场失灵问题的手段，国家行为欲实现其追求公共利益的目标、发挥其各项社会功能，就必须立足于公平。公平也是民主政治的内在体现，民主必然要求公平；公平又最大限度地实现了稳定，从而为民主政治的进一步发展提供良好的社会环境。因此，可以说国家具有公平的价值偏好。而社会保障制度正是一种以追求公平为目标的社会制度，其实质是对利益的重新调整和对国民收入的再分配，这一过程如果缺失了政府强有力的组织和不折不扣的执行，是根本不可能实现的。由此可见，政府在建立公平的制度方面有着不可替代的作用。

社会保障的主要对象是社会中的弱势群体及在社会生活中因种种原因陷入生活困境的人群。这一群体的形成，一方面有客观上不可控制的自身和自然的原因，比如艰苦的自然环境或者个人先天资质的不足，使个人难以改变贫困的现状，或者由于人为不可控制的生老病死、天灾人祸等，使人们陷入生活窘迫状态，等等。但值得注意的是，现代社会中除上述个人因素和自然因素对人们生活的影响外，社会生活中来自各主体的社会行为对社会成员的境况变化产生着重要影响。市场经济是一种鼓励竞争、崇尚竞争的经济体制，竞争即意味着优胜劣汰，从而产生贫富分化的现象。为整体利益之考量，政府即有义务出面消解贫富分化产生的负面影响，通过社会保障保证社会成员的生存权和发展权，从而为社会的发展进步奠定基础。

我国制度运行中的一些“本土特色”也成为了贫富分化的原因。在计划经济时代，我国的收入分配采平均主义，社会成员处于普遍贫穷的状态，因而并没有形成明显的弱势群体。改革开放后，市场经济得到发展，这使得一部分有竞争力的人越来越富。从公共政策角度来看，我国率先在基础较好且具有开放优势的东南沿海地区实行了特殊的优惠政策，从而加速了该地区的经济发展，但这扩大了地区之间的经济差距，特别是东西部地区之间的收入差距。

此外,“按生产要素分配”的原则作为收入分配的主要原则之一,使得一些个体或群体凭借在计划经济时代占据的有利优势,在市场经济放开搞活的条件下抢先一步完成了资本的原始积累,处于优势地位。人们实际拥有生产要素数量及其价值的不同,导致了人们收入水平悬殊,而且差距越来越大。行业的垄断性经营也造成了收入差距的拉大。处于垄断经营的电力、电信、烟草、金融保险、民航、铁路等行业,在极力维护垄断经营地位的同时,把其垄断所获的一部分利润以各种形式分配给自己的职工,促使了不同行业之间人们收入差距的拉大。

社会主义市场经济在发展生产力的同时,追求共同富裕,追求物质文明和精神文明的共同发展。但是,如果没有社会保障制度对收入分配加以调节,弱势群体与强势群体的贫富差距将会日益扩大,社会矛盾和社会冲突将不可避免,最终将影响到社会的稳定和经济的持续发展。从伦理学的角度来说,一个社会出现严重的贫富分化,一边是陷入生活困境得不到救助的弱者,一边是日益强大对弱者却无动于衷的强者,这样的社会缺乏基本的公平、正义与人道精神,说明其政府没有尽到应尽的责任。社会保障作为调节公民收入差距、增进社会公平的政府行为,必须得到政府的重视。[①] 这已经成为现代国家的立国之本。

五、国家对安全的追求与社会保障的价值目标不谋而合

安全需求,包括人身安全、生活稳定以及免遭痛苦、威胁或疾病等需求。这类需求是人类最基本的需求之一。人们希望工作是安全的,生活是稳定的。人们希望免于灾难,希望未来有保障。对于数以亿计的作为劳动者的社会成员而言,安全需求即意味着安全的工作环境和稳定的收入,以及有医疗保险、失业保险、工伤保险和退休福利等。而所有的社会成员都希望,自己在陷入疾病、伤残、年老、灾害、贫困等境况时能够获得来自社会的帮助。这种帮助不仅能够帮助社会成员摆脱困境,同时也能够为国家和社会消解不安全因素。

在现代市场经济环境下,每个人所面临的风险不同,其抵御风险的能力也各不一样,因此,每个人对社会支持的要求也不尽一致。少数人由于财富积聚较多,有可能对社会福利没有过多的要求,而大多数人则不能在社会和市场中规避和抵御风险,因而对社会保障的要求比较迫切。作为政府,必须代表广大

---

①张利平:《论社会保障中的政府责任》,《公共管理科学》2005 年第 2 期。

民众的利益,为他们的福祉努力,推行社会保障。事实上,不管是以福利型为主的国家,还是以社会保险型为主的国家,其社会安全制度都是建筑在法律基础之上的,这也足以说明政府在社会保障中的主体地位。国家对安全的追求是毋庸置疑的,而国家安全的实现需要以社会成员的安全实现为细胞和前提。国家为人民提供的完善的社会保障能够帮助社会成员抵御各种社会风险,保证其有尊严的生活,而一个人人安居乐业的社会,其国家才能长治久安。因此,国家对安全的追求与人民对安全的渴望共同决定了国家在社会保障中的不可推卸的主体义务。

第三节 国家的社会保障义务内容

社会保障作为政府干预市场分配结果的重要手段,是国家的一种资源再分配制度。为弥补市场本身的缺陷,解决因市场失灵带来的社会问题,进而实现社会公平,维护社会稳定,政府需要承担起满足公民社会保障需求的责任。虽然在传统上采不同社会保障模式的国家,其政府在社会保障领域的具体责任有所不同,但随着社会保障理念的不断完善和社会保障制度的成熟,不同国家的社会保障制度在相互借鉴。结合我国的发展阶段与本土特色,笔者认为国家的社会保障义务应该主要包括以下几方面内容。从我国《社会保险法》的相关规定中可以看出,作为社会保障权的义务主体,国家应当承担的义务,主要是社会保障制度的设计(供给)、运行、改革(完善)与监督义务,具体表现为:制度的设计和供给、社会保障事务的管理与监督、整合社会保障资源(协调各主体间的关系,使其充分发挥各自职能)以及财政兜底等。

一、社会保障法律制度体系的架构与完善

(一)宪法层面的社会保障权的确认

宪法作为一个国家的根本大法,具有最高的法律效力,因此,宪法中对某项权利的明确规定,便构成了该权利的最高法律渊源,同时赋予该权利宪法基本权利的属性,该国的法律制度体系将以此为逻辑起点构建该权利体系,以最终保证该权利的实现。我国宪法中对社会保障权的内容有相应的规定,然而遗憾的是,我国现行宪法中没有明确使用“社会保障权”概念,也没有对其进行明确、全面地界定。

我国宪法中涉及社会保障权的条款包括第 14 条第 4 款:“国家建立健全同经济发展水平相适应的社会保障制度。”第 44 条:“国家依照法律规定实行企业事业组织的职工和国家机关工作人员的退休制度。退休人员的生活受到国家和社会的保障。”第 45 条:“中华人民共和国公民在年老、疾病或者丧失劳动能力的情况下,有从国家和社会获得物质帮助的权利。国家发展为公民享受这些权利所需要的社会保险、社会救济和医疗卫生事业。”宪法的上述条款奠定了我国社会保障权的权利基础,成为我国制定社会保障法律、行政法规、规章、地方性法规的重要原则和根本依据。

从上述条文可以看出,我国宪法文本中将现在人们所熟悉的社会保障权表述为“物质帮助权”。该种表述的产生与当时的历史背景、社会保障权的理论发展水平息息相关。不可否认的是,宪法中的“物质帮助权”的相应规定,为改革开放以来我国相关社会保障制度的生成提供了宪法依据,是我国现行社会保障制度的基础,具有历史进步性。但是,随着经济、社会的发展及社会保障权理论的成熟与实践的丰富,我们逐渐意识到我国宪法中的“物质帮助权”条款中蕴涵的权利内容已无法涵盖当今中国社会保障权的实践内容,已不能完全适应时代的要求,其表现可归结为:第一,从法律理论层面上讲,“社会保障”与“物质帮助”反映出的是不同的权利理念和权利关系。“社会保障”明确了国家与公民之间的权利义务关系,它表明了公民的社会保障权利及国家的社会保障义务和责任。而“物质帮助”则不能正确地反映出现代国家与公民之间的法权关系,因此也就难以正确界定公民与国家的权利义务内容。第二,从语义学的角度来讲,“社会保障”与“物质帮助”属于不同的范畴和层次。“社会保障”的内涵与外延均比“物质帮助”更为丰富,或者说“物质帮助”仅是“社会保障”的一个内容。除此之外,社会保障还包括能力培训、保障设施的提供、引导公民合理分配个人资源等多方面的内容。第三,“物质帮助”与世界通行的概念使用不相符。国际人权公约使用的是“社会保障”,国外宪法中也大多使用“社会保障”。因此,应该整合我国宪法第 14 条、第 44 条、第 45 条的规定,丰富其内容,改“物质帮助权”为“社会保障权”。

我国宪法对社会保障权的明确规定,将确认社会保障权的基本权利属性,从根本上明确国家在社会保障领域的义务和责任。这不仅可以拓展和补缺公民权利体系的内容,还为保障公民权利、解决现实问题提供强大的法律支持。社会保障权载入宪法,为社会保障立法提供了强有力的宪法依据,这有利于提升我国社会保障法的法律效力,推进我国社会保障法治化的进程。

(二)法律制度层面的社会保障权利体系的建构

从各国社会保障制度的产生和发展过程来看,社会保障权均是以相关的立法来推动其发展的。比如,英国在 1601 年和 1834 年先后两次颁布了《济贫法》,由政府对贫民进行救济,此后相继颁行了一系列法律。到 1948 年,英国政府已出台了《国民保险法》《工业伤害法》《国民补救法》《国民医疗保健服务法》等法律,形成了一套几乎包括所有社会保障项目在内并覆盖全体国民的完整的社会福利制度体系。伴随着社会保障法律的不断颁布与实施,政府逐渐构建起该国的社会保障制度,可以说,法律的拟定过程即是一个国家设计并构建其社会保障制度的过程。在这个意义上来讲,法律的拟定与出台会涉及一国的社会保障理念、政策、内容和落实等一系列的问题,在这过程中政府必须从宏观层面作出关于社会保障制度的顶层设计,确定该国社会保障的基本理念,并以此为基础逐渐形成一套相对完善的社会保障制度。例如,当初瑞典的福利理念确定为建立“人民之家”,在既定理念的指引下,其福利体系之内容无所不包,建立了“从摇篮到坟墓”的社会福利体制。就我国而言,虽然 1986 年社会保障制度改革以来政府已经出台了很多法规、规章及其他规范性文件,并于 2010 年颁布《中华人民共和国社会保险法》,但是,我国还没有出台“社会保障法”,并且这一领域中的有些法规和文件带有临时性和局部性的特征,甚至存在着相互抵触和冲突的现象,在权威性、规范性、统一性、层次性等方面还存在很多缺陷,致使国家的义务主体的内容还不是十分明确,可以说还远远没有形成一套统一、完善的社会保障制度。为此,完善立法,进一步积极、科学地设计我国的社会保障体制,是我国政府目前应该做的重要工作。

二、社会保障制度运行的实现

社会保障作为一系列社会制度的组合,发生其制度设计效果的必要前提自然是制度的良好运行,而能够保证制度良好运行的主体非国家莫属。因为,这一制度运行需要大量社会资源的投入与整合,除国家以外再无其他主体有能力这样全方位地调动社会资源。社会保障制度的运行包括相关组织的设立、制度的启动、各设计环节的开展及制度设计目标的实现等内容,这是现代国家社会制度的重要组成部分,其个体运作也主要由国家来实现。基于社会保障制度又可具体分为社会救助、社会优抚、社会保险、社会福利等制度,而各子制度又有其特点,归纳起来在社会保障制度的运行中国家的义务又可主要体现为以下几个方面内容:

（一）社会救助制度的运行

社会救助属于最基础的社会保障制度，根据《中华人民共和国社会救助法（草案）》①第 3 条规定，社会救助是指“国家和社会对依靠自身努力难以维持基本生活的公民给予的物质帮助和服务”。现代社会中国家成员在符合法定条件时享受社会救助是一种基本权利，国家则是义务的承担者。现行社会救助制度中，政府行为贯穿于制度始终，包括建立社会救助实施机构并提供相应的组织保障、开展具体的社会救助事务、向成员提供相应的服务等。而社会救助的具体事务主要包括对救助申请的登记、审查，对社会救助者档案的管理，社会救助金的使用、调剂和运营等。从行政程序的角度而言，社会救助的程序主要包括：（1）启动程序。具体又可分为申请给付程序和职权给付程序，社会救助实践中采取申请给付为主、职权给付为辅的原则。（2）审查、决定程序。这一程序用以保证社会救助的公平性。一般社会救助机构收到申请人的申请后，应依据法律标准及时对申请人的情况进行审查，对于符合法律要求的申请人应及时决定给予救助，对于经审查不符合要求的申请人，应当及时告知并说明理由。（3）救助发放程序。救助决定作出后，决定机关或者其委托的组织向被救助人发放救助财物或者提供相关服务。此外，为保证社会救助的公平性，在社会救助中应设听证程序，这不仅有利于鼓励公民对公共政策制定进行参与和监督，同时也有利于防止政府的专断、恣意和推卸责任。

（二）社会保险制度的运行

社会保险制度是现代社会保障制度中极其重要的组成部分，在一个拥有较为完善的社会保障制度的国家和地区，这一制度关涉几乎全体公民的切身利益。这一制度的社会互济性比较充分地诠释了社会保障的制度内涵。根据社会保险法的规定，我国目前的社会保险制度具体包括养老保险、医疗保险、失业保险、工伤保险、生育保险这五个险种。而我国现阶段正处于社会保险制度及整个社会保障制度的建构完善期，需要国家大力推进社会保险制度的进一步落实，切实实现公民的社会保险权。社会保险制度的运行主要包括以下几个主要环节，同时这也是政府在制度运行中发挥作用的环节。

1. 社会保险登记程序

社会保险登记是社会保险经费征缴的前提，从而也是社会保险制度运行的

---

①参见《中华人民共和国社会救助法（草案）》2009 年 4 月 3 日修正稿，资料来源：http：/ / fzb. j. l gov. cn /gg l/200904 /t20090427_571166. Htm。

首要环节。根据国务院第259号令颁布的《社会保险费征缴暂行条例》第7条的规定,缴纳社会保险费的单位必须向当地社会保险经办机构办理社会保险登记。此后劳动和社会保障部颁布的《社会保险登记管理暂行办法》第2、3条明确规定:凡依据《社会保险费征缴暂行条例》第2条、第3条、第29条的规定应当缴纳社会保险费的单位,应当按照本办法的规定办理社会保险登记,领取社会保险登记证。县级以上劳动保障行政部门的社会保险经办机构(以下简称社会保险经办机构)主管社会保险登记。此外,《社会保险登记管理暂行办法》中还明确了从事生产经营的缴费单位自领取营业执照之日起30日内、非生产经营性单位自成立之日起30日内,应当向当地社会保险经办机构申请办理社会保险登记。

2. 社会保险费的申报缴纳

社会保险费的申报缴纳是社会保险基金积累从而实现社会互助的基础,因此也是社会保险制度的重要环节。根据中华人民共和国人力资源和社会保障部颁布实施的《社会保险费申报缴纳管理规定》第3条规定,社会保险经办机构负责社会保险缴费申报、核定等工作。省、自治区、直辖市人民政府决定由社会保险经办机构征收社会保险费的,社会保险经办机构应当依法征收社会保险费。社会保险经办机构负责征收的社会保险费,实行统一征收。《社会保险费申报缴纳管理规定》第8条规定,用人单位应当自用工之日起30日内为其职工申请办理社会保险登记并申报缴纳社会保险费。未办理社会保险登记的,由社会保险经办机构核定其应当缴纳的社会保险费。用人单位未按照规定申报应缴纳的社会保险费数额的,社会保险经办机构暂按该单位上月缴费数额的110%确定应缴数额;没有上月缴费数额的,社会保险经办机构暂按该单位的经营状况、职工人数、当地上年度职工平均工资等有关情况确定应缴数额。用人单位补办申报手续后,由社会保险经办机构按照规定结算。从上述规定可以看出,社会保险费的接受申报及核准的工作由社保经办机构来具体完成,从而为社会保险费的足额缴纳打下基础。关于社会保险费的缴纳,《社会保险费申报缴纳管理规定》第10、11条中亦有具体的规定,用人单位应当持社会保险经办机构出具的缴费通知单在规定的期限内到其开户银行或者其他金融机构缴纳,或者通过与社会保险经办机构约定的其他方式对社会保险费进行缴纳。社会保险经办机构、用人单位可以与银行或者其他金融机构签订协议,委托银行或者其他金融机构根据社会保险经办机构开出的托收凭证划缴用人单位和为其职工代扣的社会保险费。职工应当缴纳的社会保险费由用人单位代扣代缴。

3. 社会保险经费的征缴

用人单位不按时足额缴纳社会保险费时，社会保险基金的积累将面临着挑战，如果这一现象普遍存在，最终将导致社会保险制度的瘫痪。可以说社会保险费的按时足额缴纳是社会保险制度良好运行，并发挥其制度价值的必要前提和基础。因此，在用人单位没能按时足额缴纳社会保险费时，制度赋予社会保险行政部门对社会保险费进行征缴的权力，以保证社会保险费的按时足额缴纳，从而实现社会保险基金的有序积累，为社会保险制度的顺畅运行提供保障。

具体内容包括：用人单位有未按规定申报且未缴纳社会保险费，申报后未按时足额缴纳社会保险费，或者因瞒报、漏报职工人数、缴费基数等事项而少缴社会保险费的情形之一的，社会保险经办机构应当于查明欠缴事实之日起 5 个工作日内发出社会保险费限期补缴通知，责令用人单位在收到通知后 5 个工作日内补缴，同时告知其逾期仍未缴纳的，将按照社会保险法第 63 条、第 86 条的规定处理。用人单位未按照规定的期限补缴的，社会保险经办机构可以向用人单位开户银行或者其他金融机构查询其存款账户，并可以根据查询结果向所属的社会保险行政部门申请作出划拨社会保险费的决定。社会保险行政部门接到社会保险经办机构划拨申请后，应当按照行政强制法的规定，及时作出划拨社会保险费的决定，并书面通知用人单位开户银行或者其他金融机构予以划拨。当然，社会保险行政部门作出的划拨社会保险费的决定，应当按照《行政强制法》的规定送达用人单位，并抄送社会保险经办机构。经查询，用人单位账户余额少于应当缴纳的社会保险费数额的，或者划拨后用人单位仍未足额清偿社会保险费的，社会保险经办机构可以要求用人单位以抵押、质押的方式提供担保。用人单位应当到社会保险经办机构认可的评估机构对其抵押财产或者质押财产进行评估，经社会保险经办机构审核后，对能够足额清偿社会保险费的，双方依法签订抵押合同或者质押合同；需要办理登记的，应当依法办理抵押登记或者质押登记。社会保险经办机构与用人单位签订抵押合同或者质押合同后，应当签订延期缴费协议，并约定协议期满用人单位仍未足额清偿社会保险费的，社会保险经办机构可以参照协议期满时的市场价格，以抵押财产、质押财产折价或者以拍卖、变卖所得抵缴社会保险费。延期缴费协议期限最长不超过 1 年。用人单位有经责令仍未补缴且有经查询，用人单位开户银行账户余额少于应缴纳的社会保险费数额且未签订担保合同；经划拨，用人单位仍未足额清偿应缴纳的社会保险费且未签订担保合同；或者延期缴费协议期满，因担保财产的市场价格或者权利状况发生变化，用人单位仍未足额清偿应缴纳的社会保险费的情形之一的，社会保险经办机构可以向所在地有管辖权的人民法院申请扣押、查封、拍卖用人单位财产，以拍卖所得抵缴应缴纳的社会保险费、滞纳金。强制执行申请书应当由社会保险经办机构负责人签名，加盖社会保险经办机构的印章，并注明日期。用人单位未按时足额代缴职工应缴纳的社会保险费的，社会保险经办机构应当责令其限期缴纳，并自欠缴之日起按日加收0.5‰的滞纳金。①

4. 社会保险基金的管理

社会保险基金管理是为保障社会成员的基本生活，以国家和个人的经济承受能力为依据，而开展的围绕社会保险基金的筹集、待遇支付、基金保值增值等行为和过程。社会保险基金管理主要包括：社会保险基金的收支管理、社会保险基金的预算和决算管理、社会保险基金的投资运营管理、社会保险基金的稽核和监督等。社会保险基金是一种专项的社会公共基金，是各项社会保险制度得以顺畅运行的经济资源，也是支撑社会保险制度的物质基础。社会保险基金，是整个社会保障基金最重要的组成部分。社会保险基金的筹集、运用及规模，决定着社会保险制度实施的广度和深度。社会保险基金的健全管理，是达成基金安全有效的前提。鉴于该基金的性质和特征，社会保险基金一般都由政府部门及政府委托的有资格的机构管理运作。我国社会保险基金就是由人力资源和社会保障部门所属的社会保险经办机构管理，实行属地管理和分账管理。

（三）社会福利制度的运行

社会福利是一个争议很大的概念，广义上的社会福利涵盖了整个社会保障制度，此处所述的社会福利是狭义的，主要指由国家和社会团体举办的，除社会保险和社会救助以外的各种福利事业和社会服务，是为社会成员提供基本生活保障并不断改善其生活状况的一种社会保障制度。从这个意义上讲，社会福利是社会保障的一部分，包括由国家和社会团体举办的以全体社会成员为对象的公益性事业，如教育、科学、文化、体育、卫生、环境保护等设施，也包括一些针对特殊群体举办的福利企业，如为老人举办的老人院，为孤儿举办的孤儿院等，还包括国家发放的各种福利性补贴，如为城镇居民发放的副食品价格补贴等。

在公共教育领域，我国颁行了义务教育法，实施了九年义务教育制度，初步

①《社会保险费申报缴纳管理规定》第11条及第四章。

形成了教育结构基本合理、科类比较齐全,基础教育、职业教育、成人教育、高等教育相互沟通、协调发展的教育体系。在老年人保障方面,国家对无儿女、无依靠的老人实行了保吃、保穿、保住、保医、保葬的“五保”制度,并在很多地方建立了敬老院。在残疾人保障方面,我国颁行了《残疾人保障法》,对残疾人的权利、康复、教育、劳动就业、文化生活、福利等方面作出了规定,使得残疾人的生活状况得到改善。在社区服务方面,我国主要依托街道办事处和居委会,发动社会力量开展具有社会福利性质的居民服务业,包括社区福利服务业和便民利民服务业两种。

(四)社会优抚制度的运行

社会优抚制度是为军人及其家属建立的一种社会保障制度,是国家和社会对军人及其家属所提供的各种优待、抚恤、养老、就业安置待遇和服务等保障制度的总称。我国宪法第 45 条第 2 款规定:“国家和社会保障残废军人的生活,抚恤烈士家属,优待军人家属。”此外还有兵役法、《军人抚恤优待条例》、《烈士褒扬条例》等法律、法规作为社会优抚的制度来源,对军人这一特殊群体进行保障。社会优抚与社会保险、社会救助和社会福利不同,它是专门针对军人及其家属所设立的综合性的社会保障,内容一般涵盖社会保险、社会救助和社会福利等,具体包括抚恤、优待、养老、就业安置等多方面的内容。优抚工作是政府的一项重要行为,优抚优待的资金多由国家财政投入,还有一部分由社会承担,只有在医疗保险和合作医疗等方面由个人缴纳一部分费用。

三、社会保障制度运行的监管

监督管理是保证社会保障制度体系良好运行的必要条件。健全的监督机制可以保证制度全面、有力地贯彻执行,能够有效激发社会保障专职人员的工作热情,还可以通过惩戒处置违法和不当行为,来约束和促使相关人员恪尽职守、勤勉廉洁,因此,政府必须加强对社会保障的监管力度。政府监督检查各项社会保障规章制度的落实情况,对社会保障领域出现的基金贪污挪用行为、执行不到位现象等各种违法行为进行事前监督和事后严惩。结合《劳动保障监察条例》《社会保险费征缴监督检查办法》《社会保险稽核办法》等相关规定可以看出,政府应当在社会保障监察制度运行的全过程进行监管,主要包括以下几方面的内容:

(一)宣传社会保障法律、法规、规章,督促用人单位等社会保障主体贯彻执行

我国正处于社会保障制度建设、健全的时期,经常有新的法律、法规、规章

等法律文件的颁行、实施，制度的运行即是各层级的法律文件得以执行的过程，但繁杂的制度并不易被一般的社会保障主体所轻易知晓和了解，因此，制度内容的宣传、推广便成为制度运行监管中的重要环节。政府需要通过各种手段宣传相关的社会保障法律制度，使有守法和循法义务的主体明确自身的法律义务，并督促其履行义务，从而保证制度的良好运行。

（二）检查用人单位等社会保障主体遵守社会保障法律制度的情况

社会保障制度效果的实现需要依靠各义务主体对义务的履行，而社会保障的社会互济及转移支付特点又决定了义务主体履行义务时并没有即时的利益回报，因此，社会保障的义务主体对于该义务的履行有一种天然的回避与排斥心理。在还没有培育出严格的规则意识的中国现阶段，社会保障的监管变得异常重要，对社会保障主体遵守社会保障法律制度情况进行适度的检查是监管制度的一个方面。这种检查可以分为日常检查及受理投诉、举报后的专项检查。

（三）受理对违反社会保障法律、法规、规章行为的投诉、举报

法律关系中的权利义务状态发生变化时，或者法律关系中的义务不履行、权利受侵害时，最有动力将权利义务内容调整到正常状态的无疑是法律关系中的权利主体。在社会保障法律关系中国家并不是这一法律关系的直接受益人，因此，在某一具体的社会保障法律关系中，义务主体不履行义务导致该关系中的某权利主体的权利受损时，国家很难第一时间知晓法律关系的情况；而权利受损的某主体则有意愿改变法律关系的现状从而维护自身的权益，因此，接受投诉、举报并进行调查纠正便成为了社会治理过程中的一个有效手段。社会保障行政部门便会受理违反社会保障法律、法规、规章，侵害其他社会保障主体权益的行为。作为对社会保障制度运行情况监督的主体，社会保障行政部门在受理各种违反社会保障法律、法规、规章行为的过程中不但保护了相关主体的权利，同时对于违法行为的威慑作用还有助于督促各社会保障主体遵守法律、法规、规章等规范性文件的规定，从而有利于社会保障制度的运行。

（四）依法纠正、查处违反社会保障法律、法规、规章的行为

在所有的监管行为中，纠正、查处违法行为是最后环节，也是最有威慑力的一个环节。换言之，如果社会保障的监管行为中剔除了对违法行为的纠正查处，则其他的监管行为也将无法发挥作用。依据我国社会保险法、《劳动保障监察条例》等的规定，社会保障行政部门对违法行为的纠正、查处行为主要体现为行政处罚，对主要负责人还将采用处分的方式进行惩处。比如，用人单位不办理社会保险登记的，由社会保险行政部门责令限期改正；逾期不改正的，对用人

单位处应缴社会保险费数额一倍以上三倍以下的罚款,对其直接负责的主管人员和其他直接责任人员处五百元以上三千元以下的罚款。用人单位未按时足额缴纳社会保险费的,由社会保险费征收机构责令限期缴纳或者补足,并自欠缴之日起,按日加收万分之五的滞纳金;逾期仍不缴纳的,由有关行政部门处欠缴数额一倍以上三倍以下的罚款。社会保险经办机构以及医疗机构、药品经营单位等社会保险服务机构以欺诈、伪造证明材料或者其他手段骗取社会保险基金支出的,由社会保险行政部门责令退回骗取的社会保险金,处骗取金额二倍以上五倍以下的罚款;属于社会保险服务机构的,解除服务协议;直接负责的主管人员和其他直接责任人员有执业资格的,依法吊销其执业资格。以欺诈、伪造证明材料或者其他手段骗取社会保险待遇的,由社会保险行政部门责令退回骗取的社会保险金,处骗取金额二倍以上五倍以下的罚款。社会保险经办机构及其工作人员有未将社会保险基金存入财政专户、未履行社会保险法定职责、克扣或者拒不按时支付社会保险待遇、丢失或者篡改缴费记录、享受社会保险待遇记录等社会保险数据、个人权益记录及其他违反社会保险法律、法规的行为的,由社会保险行政部门责令改正;给社会保险基金、用人单位或者个人造成损失的,依法承担赔偿责任;对直接负责的主管人员和其他直接责任人员依法给予处分。社会保险费征收机构擅自更改社会保险费缴费基数、费率,导致少收或者多收社会保险费的,由有关行政部门责令其追缴应当缴纳的社会保险费或者退还不应当缴纳的社会保险费;对直接负责的主管人员和其他直接责任人员依法给予处分。违反相关规定,隐匿、转移、侵占、挪用社会保险基金或者违规投资运营的,由社会保险行政部门、财政部门、审计机关责令追回;有违法所得的,没收违法所得;对直接负责的主管人员和其他直接责任人员依法给予处分。社会保险行政部门和其他有关行政部门、社会保险经办机构、社会保险费征收机构及其工作人员泄露用人单位和个人信息的,对直接负责的主管人员和其他直接责任人员依法给予处分;给用人单位或者个人造成损失的,应当承担赔偿责任。国家工作人员在社会保险管理、监督工作中滥用职权、玩忽职守、徇私舞弊的,依法给予处分。①

四、健全社会保障权的司法救济渠道

社会保障权的司法救济渠道还需进一步健全。司法救济作为权利救济的最后屏障,在权利制度体系的建构中是不可或缺的重要组成部分。我国处在社

①参见《中华人民共和国社会保险法》。

会保障制度的建立、健全、完善的重要时期,宣示权利的制度与保障、救济权利的制度在陆续出台,但司法救济的渠道还需进一步完善。从现行的诉讼制度来看,当事人会因受侵害的社会保障权的种类不同而选取不同的诉讼渠道:第一,如果当事人认为其社会救助权、社会优抚权受到侵害,即没有获得应得的社会救助或社会优抚,应当可以提起行政诉讼。这一点可以在2014年修改的行政诉讼法第12条中找到依据:"人民法院受理公民、法人或者其他组织提起的下列诉讼:……(十)认为行政机关没有依法支付抚恤金、最低生活保障待遇或者社会保险待遇的;……"第二,当事人认为其社会保险权受到侵害的,可以提起劳动争议仲裁,对仲裁结果不服的可以提起民事诉讼,在因社会保障行政部门的行为使其权利受侵害时也可提起行政诉讼。劳动争议调解仲裁法第2条规定:"中华人民共和国境内的用人单位与劳动者发生的下列劳动争议,适用本法:……(四)因工作时间、休息休假、社会保险、福利、培训以及劳动保护发生的争议;……"社会保险法第83条第3款规定:"个人与所在用人单位发生社会保险争议的,可以依法申请调解、仲裁,提起诉讼。"可以看出,因社会保险产生的纠纷可以启动劳动争议处理程序,进而进入民事诉讼程序。此外,社会保险法第83条第1、2款规定:"用人单位或者个人认为社会保险费征收机构的行为侵害自己合法权益的,可以依法申请行政复议或者提起行政诉讼。用人单位或者个人对社会保险经办机构不依法办理社会保险登记、核定社会保险费、支付社会保险待遇、办理社会保险转移接续手续或者侵害其他社会保险权益的行为,可以依法申请行政复议或者提起行政诉讼。"第三,当事人的社会福利权利受侵害时,目前还没有制度可以支持其提起任何诉讼以保障权利的实现,或者说无法确定在何种情况下属于社会福利权受侵害及侵害程度的情况。因为社会福利的提供是国家无偿给予社会成员的各种服务,其提供的具体内容和水平需要以社会发展的水平及政府的支付能力为依据,可以说社会福利水平是一个浮动变化的指标,而不是一个确定的、可预期的权利,因此无法进行司法救济。这也是世界各国的普遍情况。

从上述内容的介绍中可以看出,我国现行制度中对于社会保障权的司法救济主要有两种路径:一是针对社会优抚、社会救助纠纷的行政诉讼;二是针对社会保险纠纷的民事诉讼、行政诉讼。就司法实践的实际情况来看,鉴于社会保障案件专业性较强、法律关系复杂,而且事关社会弱者的生存权益,国外普遍设立专门法院专职审理社会保障侵权案件。在我国设立专门的社会保障法院难度较大,因此,部分法院已经设立了劳动社会保障法庭。2007年,南京市白下区人民法院在行政庭内成立了劳动和社会保障合议庭,专职审理政策性和专业性强、法律关系和案件事实复杂的劳动和社会保障行政案。2004 年,河南省新野县人民法院成立了劳动和社会保障案件巡回法庭,办公地点设在该县劳动人事和社会保障局内,巡回法庭的主要任务是负责审理涉及劳动和社会保障的各类行政诉讼案件。我国应当在总结社会保障个案审理经验的基础上,结合我国社会保障制度的建设及实行情况,制定相关规范,完善司法救济制度,形成一套完整的社会保障案件法院审理制度。我国可在人民法院内部设立专门的劳动和社会保障法庭,由职业法官并配备其他专业人士负责审理劳动和社会保障争议案件,便于当事人在社会保障权受到不法侵害时获得及时而有力的司法救济。①

五、社会保障权实现的财政支持

社会保障资金的来源主要有政府、用人单位和个人,但三者承担的资金比例不尽相同。从世界上实行社会保障制度的国家来看,尽管各国政府承担的社会保障资金的比例有很大的差别,但国家在社会保障运行中总会承担或大或小的财政支出责任,第一种政府承担社会保障中的大部分费用,如丹麦、新西兰、加拿大、澳大利亚,政府负担比例在 60% 以上;第二种政府承担一部分费用,如美国、意大利、阿根廷,政府承担 5%—30%;第三种政府只承担少部分费用,一般在 10% 以下。当然,这种比例也并非一成不变,一旦出现了特殊的需要,政府会适时相应提高财政支出。如当社会保障基金出现危机时,政府应支出大量的资金给予救助,这是政府义不容辞的责任,也可称为政府在社会保障领域的“财政兜底”责任,即除承担相对固定比例的社会保障资金支付责任外,在社会保障资金出现危机,社会保障制度运行遇到困难的情况下,政府必须进行财政支持,以避免社会保障制度走向瘫痪。

在不同的保障形式中,政府承担资金的比例也是不同的。社会救助通常被视为政府的当然责任和义务,在资金提供方面,政府负有完全责任,而且这种救助还是无偿性的;在社会保险(养老、医疗、工伤、失业保险)中,由个人和用人单位提供大部分的资金,政府仅承担小部分费用;在社会福利中,对于各种福利设施建设,如福利院、福利工厂等,政府承担着相应的拨款补贴责任。② 在中国的社会保障制度中的社会救助、社会福利和社会优抚所需的资金,主要是由国家

---

①李磊:《社会保障权的宪法保护问题研究》,《河北法学》2009 年第 10 期。

②周沛:《福利国家和国家福利——兼论社会福利体系中的政府责任主体》,《社会科学战线》2008 年第 2 期。

财政拨付的;而社会保险所需资金,虽然一部分通过企业和个人缴费筹集,但其缺口也需要国家财政予以补充。在中国农村,经济发展相对落后,农民个人财力极其有限,政府财政对农村社会保障的投入、专项支持以及转移支付等,是农村社会保障资金获得的主要渠道。因此,可以说没有国家财政作为经济后盾,很难建立、健全社会保障体系。社会保障权实现的财政支持也就成为国家的一项重要责任。当然,与社会保障权相关的各项财政支出均需要制度进行行政规范,以保障该支出的合法性。

第四节　国家的社会保障义务边界

一、社会保障义务边界演进轨迹

从"社会保障是政府的责任"这一理论出发,西方的学者得出了社会保障就是政府保障的结论。现代西方国家社会保障中政府充当了极其重要的角色,特别是第二次世界大战后,西欧各国的社会保障制度尽管发展并不同步,具体形式也有区别,但有一个共同特点:社会保障都由政府直接参与管理、干预和协调,政府几乎包揽了一切社会保障项目,对公民实行"从摇篮到坟墓"的高福利政策。这一时期的政府在社会保障领域几乎充当了全能政府的角色,世界上出现了以英国为首的一系列"福利国家"。

20 世纪 70 年代中期以后,随着西方资本主义世界严重的经济危机的爆发,巨额的社会保障开支使得国家财政面临巨大的挑战,单独依靠政府来支撑的"高福利"的社会保障制度陷入了困境。一个极其现实的问题摆在人们面前:在社会保障的规模和水平不降低,社会保障项目也不减少的情况下,社会保障将何以为继?在这种社会背景下,盛极一时的"社会保障是政府的责任"理论遭到了质疑,"福利危机"成为人们讨论的一个热点话题。人们逐渐达成一种共识:社会保障可持续发展的焦点是合理界定政府在社会保障中的责任问题。一个合格的政府就应该尽到保障公民基本生活的责任,这是毋庸置疑的;把社会保障看成是政府的责任,也是传统社会保障向现代社会保障过渡过程中具有划时代意义的观念转变。但是政府在社会保障中的责任是无限的责任,还是有限的责任呢?这是一个值得探讨的问题,也是一个核心的问题。从理论上来讲,社会保障作为社会公共管理活动,政府既承担有限责任,又承担无限责任。政府在社会保障管理运营中的目标定位是保障对象和保障供给的最大化。但是,社会保障作为公共管理活动的一种,又必然需要以国家财力作为支撑。因此,保障供给最大化的管理目标在实现的过程中有一个现实的约束条件——国家财政的负担能力。社会保障对象和保障供给的最大化目标使得政府承担无限责任,但同时财政负担能力决定着保障供给最大化目标值的实际实现程度,因此,在这个角度上政府只能承担有限责任。

实践也已经证明了,政府超越自己的财政负担能力,无限扩大其在社会保障中的责任范围,人为地提升社会保障水平,最终将导致社会保障支付危机,造成政府赤字和债务增加,进而危及社会保障制度的生存与发展。西方发达国家在 20 世纪 70 年代后出现的所谓“福利危机”的主要原因就在于政府承担了社会保障给付中的无限责任,巨大的社会保障资金开支大大超过了政府财政的负担能力,使政府财政支出出现巨额赤字,不得不靠发行国债予以弥补。如意大利 1995 年财政赤字高达 130 万亿里拉,国债为 2060 万亿里拉;法国 1995 年债务高达 3.3 亿法郎;瑞典人的纳税税率是世界之最,即使如此,政府还将大量举债,1995 年国内生产总值为 14949 亿法郎,而国债高达 14000 亿法郎。国债不断增加,又加重了国库每年需要支付的利息负担,而利息负担的增加又会进一步扩大政府的财政赤字。如果政府采取增发通货的办法来弥补财政赤字,则又会引起和加剧通货膨胀。因此,20 世纪 80、90 年代开始的福利国家的改革中更多强调个人、家庭、社会组织在社会保障中的责任,将政府从社会保障的“泥沼”中慢慢解放出来,逐渐确立起从政府无限责任到有限责任转变的制度框架。①

二、比例原则在国家保障义务领域的适用

比例原则,又称过度禁止原则,是法治国家原则中一个重要的内涵原则,是为调和公私利益之间的冲突,达到符合实质正义理念的一种理性思考法则。这一原则要求国家为达到公益目的所采取的手段必须与其所侵害的私益之间有相当程度的比例关联性。它是在德国公法上发展出来的理论,后被大陆法系的诸多国家认为属公法上的一般原则之一。

比例原则的具体内涵可以通过以下三个原则进行说明:其一,适当性原则,所采取的方法需要能够达成目的;其二,必要性原则,在众多可以达到目的的方法中,应当选择对人民权益损害最小的方法;其三,狭义的比例原则,为达到目的采取的方法所造成的损害不能够与要达成的目的利益之间显失均衡。比例原则作为一项宪法性原则,应具有拘束所有国家行为的效力,尤其在国家行为

①陈树文:《社会保障中基本主体的责任分析》,《科研管理》2003 年第 1 期。

侵害人民基本权利的合宪性判断时,比例原则应当是一个重要的检验标准。需要特别注意的是,比例原则在行政法领域的基本原则地位更是被诸多国家的行政法理论及实践所确认。

在传统上人们更多是在衡量侵益行为时使用比例原则,那么作为人权保障手段的比例原则,能否适用于一般被认为不产生权利侵害的授益性行为,比如社会保障给付行为,这一问题的答案应该是肯定的。在19世纪自由法治主义思潮的影响下,国家机能被认为应该尽可能限缩,以免侵害人民的权利自由,即使国家依据法律授权得以侵害人民权利自由时,也需要注意不得逾越必要的程度。这是比例原则生成时的思想基础与时代背景。因此,比例原则要求国家机关在行使职权(尤其是行政权)时必须自我抑制。然而,盛行于20世纪的社会法治主义却要求国家必须通过提供给付的手段,积极保障并增进人民的福利。在这一思想背景下,人们对于国家自我抑制的原则在授益行为领域是否适用发生了疑问,因为其与国家必须积极追求公益的目的似有冲突。然而,这种论述实际上忽略了国家资源是有限的这一客观事实。在资源有限的前提下,国家对公民甲进行给付时,往往即意味着对竞争者乙不能进行给付或者只能进行不足额的给付。这时授益行为就同时具有了侵益性的双重效果,也因此明证了比例原则的适用正当性。即使在无竞争者存在的场合,若国家将人力、物力资源过度投放于A领域,则不但将对国家在B领域的施政造成排挤效应,而且违反政策制定者和执行者必须以善良管理人的立场力求节约并有效率地达成公益目的的义务。因此,在诸如社会保障这样国家授益行为存在的领域自应当有比例原则的适用。

三、“担保国家”理念的兴起对国家义务边界的影响

20世纪90年代以后在德国逐渐出现“担保国家”“担保行政”“担保责任”等概念,这些概念均指涉“国家角色的转变”。早期国家的角色仅是一个“夜警”,国家的责任在于消极保护人民不受他人干预与侵害其自由权利。后来国家的角色又进入所谓“福利国家”,也就是国家不仅有消极的责任,而更应该积极地为人民“谋最大福利”,所以一切有关人民生存照顾的责任均应由国家承担。最后,因为国家角色及能力所限,则进入所谓的“担保国家”的阶段。在担保国家下,有关人民的生存照顾任务,不再均由国家承担,国家只承担一部分,且国家承担的部分也不一定由国家自己亲自履行。因为在担保国家的阶段下,明确区分公共任务与国家任务,前者指基于公共利益的制度事项,而后者指只限于国家须履行之公共任务。公共任务也可借由民间私人社会力量去完成或

执行。因此,更重要的是公共任务能否被有效履行,至于任务是否由国家完成则并不重要。国家在不亲自执行公共任务时,仅负责“担保”该公共任务的结果达成。这种国家角色的转变或者演进,被德国学者称为国家角色演变的“第三条道路”。在现代社会中法定公共任务过多,而国家财源有限,担保国家的概念不仅能够解决实际问题,而且有利于国家社会的可持续发展。与福利国家和夜警国家相比,担保国家更适合当今的时代背景。担保国家一方面在结果上能确保公共任务被有效履行,另一方面也因为借用了民间力量,产生“官民合作”,增强私部门的活动,创造出双赢的附加价值,所以担保国家也可称为“市民社会的国家”。因此可以说,担保国家是介于最小的国家(自由主义下所认为的最小的国家就是最好的国家)与最大的国家(提供公民最大生存照顾的国家)之间的折中国家角色类型。

需要注意的是,担保国家概念出现的前提是公共任务的民营化,而且这种公共任务的民营化理论上并不排除核心的公共任务,例如监狱行政或飞航安全、军事设施经营等公共任务。国家在担保国家的概念下,最重要的任务并非由自己去履行公共任务,而是确定私人提供给付的机会和地位,从而确保私人履行公共任务。所以,担保国家最重要的特色是国家与私人将公共利益共同具体化。

综上,担保国家是指私人参与公共任务履行时,国家对该公共任务(非国家任务)的确实完成所应负担的担保责任。此处的公共任务有别于国家任务,凡是国家自己履行的公共任务,包括依行政委托、行政助手或者公营事业去完成的公共任务则称为国家任务,在国家任务履行时,并没有担保国家概念适用的余地。①

四、“有限政府”理论要求国家在社会管理的各领域承担“有限责任”

发端于西方国家的“有限政府”理论,其目标是从个人权利与自由至上的理念出发,谋求建立一种权力受到严格限制的政府形态。“有限政府”实际上是一种试图通过限制国家权力对社会生活的干预,来协调个人权利与政府权力的关系,在公民个人自由与政府权力的边界之间寻求平衡的政府理论。20世纪以来,随着市场经济的不断繁荣,政府权力和行政职能也在不断扩张,随之而来的腐败、权力寻租现象加大了行政成本,降低了政府的效率,继“市场失灵”后人们再一次关注到了“政府失灵”的现象。在寻求解决之道时不再把目光仅局限在政府和市场身上,而是转向了“第三部门”,以期在政府和市场之间寻找一种缓

---

①林明锵:《担保国家与担保行政法——从2008年金融风暴与毒奶粉事件谈国家的角色》,载《政治思潮与国家法学》,台湾元照出版公司2010年版,第579—580页。

冲力量,促使政府、市场与社会三者形成良性互动。在这种背景下,政府的治理理念和价值取向发生了重要的变化,开始转向寻求使公共利益最大化的社会管理过程,它是政府与市场、政府与社会对公共事务的互动合作管理,是国家与公民社会的一种宽容为本、合而不同、合而共生的互促互进关系,是两者的最佳状态。它使国家的权力向社会回归,是追求实现国家与社会良性互动的正和博弈关系的一种努力。①

"有限政府"是相对于"无限政府"而言的,它是指在确保增强政府治理能力,不断提高政府宏观调控水平的前提下,政府要有所为、有所不为,在提供公共产品、公共服务以满足公众利益诉求和市场经济发展客观需要的同时,又受到社会各界监督制约,避免滥用职权。② 有限政府的内涵主要包括以下几个方面的内容:

第一,强调政府功能上的谦抑行政。谦抑行政要求政府在治理原则上应当承认个人的理性、尊重社会和市场的自治,把自己当作最后的解决问题的办法。谦抑行政的一大哲学基础就是每个人都有自己的理性,正如边沁所指出的:"一般来说,没有人比你自己更了解什么是你自己的利益——没有人会如此热忱而又持久地致力于此。"哈耶克认为市场是一种自发秩序:"我们刚刚开始理解,发挥先进的工业社会的作用,要依据一个何等微秒的通讯系统。这个系统,我们叫做市场。它是一种整理分散信息的机制比人们精心设计的任何机制都更有效。"③谦抑行政的合理性来源于政府本身的局限性,正如里根总统所看到的:"政府不是解决问题的办法,政府本身就是问题。"政府由于自身的官僚作风、腐败、权力寻租、道德风险等缺陷,并不是在任何时候都能扮演个人困境和市场失灵的救世主。

第二,强调政府规模上的适度行政。适度政府要求政府的组织规模与其应当履行的职能范围相匹配,而并非一味地强调政府组织的丰腴或单薄。按照詹宁斯爵士的概括,18 世纪的政府职能仅局限于"制定和废除法律、宣战和媾和、派遣和接受使节、维持秩序、防御入侵、惩罚犯罪、解决私人之间的争端,这些是 18 世纪政府的基本职能"④。但是随着社会关系的复杂化、社会分工的加强和各种不确定因素的增加,不论是个人还是市场都需要更多的政府服务。市场经济虽然是人类业已找到的最为有效的经济制度,但它并不像古典经济学家所鼓

---

①董明:《善治视域里的中共执政合法性探微》,《长白学刊》2005 年第 1 期。

②曾国平、郭峰:《论"有限政府"的"有限"内涵》,《武汉理工大学学报》(社会科学版)2004 年第 4 期。

③转引自胡代光编:《西方经济学说的演变及其影响》,北京大学出版社 1998 年版,第 564 页。

④【英】詹宁斯:《法与宪法》,龚祥瑞、侯健译,生活 · 读书 · 新知三联书店 1997 年版,第 20 页。

吹的那般完美。福利经济学家庇古指出："在缓和不平等、抵消垄断扭曲以及纠正外部经济效果方面，政府是必要的。"哈耶克也承认："凡是能够减轻个人既无法防范、又不能对其后果预作准备的灾祸的公共行动，都无疑是应当采取的。"事实证明，古典自由主义理念下的"小政府"犹如小马不可能驮得起现代社会这辆"大车"。但是，政府的效能也不是与它的"块头"成正比的，规模庞大的政府必然会带来人财物资源的大量浪费、官僚主义盛行、信息传递的失真，以及组织协调成本的增加。所以，与现代社会相适应的政府应当是一种规模适度的政府，它既能出色地担当社会公共服务的提供者，又能吝惜纳税人的劳动，规模维持在一个合理的限度之内。[①]

第三，强调政府运行上的依法行政。有限政府的运行目标是为其社会成员谋求利益，这种价值目标的追求决定了其必然是法治化的政府，即在运行中必须依法行政，政府权力的行使必须在国家法律的框架下进行。正如伯利克里所说："在我们私人生活中，我们是自由和宽恕；但是在公家的事务中，我们遵守法律，这是因为这种精神深使我们心服。"[②]各级国家行政机关及其工作人员必须在宪法、法律规范的职权范围内开展各项工作，对社会进行有效的管理。

五、我国的国家社会保障权义务边界

我国的经济发展水平决定了政府无力承担全部的社会保障责任。一国社会保障水平与该国的社会发展水平息息相关，或者说社会经济发展水平决定着一国的社会保障支付水平，这已是人们达成的一种共识性结论。我国属发展中国家，国家的各项制度都处于有待完善和不断完善的改革发展期，经济发展水平还有待提高，这种经济状况决定了政府在公共支出领域的制度设计时必须量力而行，必须考虑到经济、社会的可持续发展。此外，社会保障的发展规律指引着我国政府承担有限政府责任。社会保障制度的发展历程已经说明，任何一种社会保障制度都不可能单独依靠政府来支撑。政府在社会保障中不能也负担不起无限责任，只能负有限责任。因为社会保障权是一个随着社会发展而不断被调整和充实的权利，或者说社会保障权与社会发展的水平具有一种相对的同步性，因此，国家的社会保障有限责任的界限也将随着国家发展水平的变动而变化，而不可能是确定不变的。基于这种客观现实，我们主要采用上限和下限的确定原则来确定我国政府的社会保障有限责任的界限。其一，政府负有限责

---

①汤梅、叶敏：《有限政府理念的"有限性"解读》，《社会主义研究》2009 年第 1 期。

②【古希腊】修昔底德：《伯罗奔尼撒战争史》，商务印书馆 1982 年版，第 130 页。

任的上限应定位在保障水平与政府的财政负担能力相适应。将政府有限责任的上限确定为政府财政负担能力的界限是在借鉴“福利危机”的经验教训的基础上提出的。如果突破了政府的财政负担,则该国的整体经济运行包括社会保障制度的可持续发展将受到威胁。其二,政府负有限责任的下限则应定位在社会保障水平与社会保障的性质相一致。社会保障的主要功能是保障社会成员的基本生活需要,属于广义生存权的范畴,因此,对于广大社会成员的基本生存状况的保障是政府必须完成的任务。

社会保障包括维持基本生活水平的社会救助、标准较高的社会福利,还有保障对象有别、保障标准各异的社会保险项目及专门针对军人及其家属群体的社会优抚。基于社会保障具体内容上的差异,政府社会保障有限责任在社会保障体系的各项目中有不同的体现。就社会救助而言,对遭遇特殊困难的人群构成的社会脆弱群体提供无偿的物质帮助,这是一国政府的主要责任。慈善机构、社会团体提供的帮助只能是对政府责任的补充。相对于社会救助而言,社会福利是“高层次的社会保障”,是人们在满足基本生活需要的基础上,对生活环境、便利条件、舒适以及精神文化的需要。社会福利这种产品具有不可分性和非排他性,它的实现程度取决于经济发展水平,反过来它又会促进经济发展和社会进步。社会福利的提供中国家可以采取措施鼓励其他主体参与进来,共同为社会成员提供多元化的社会福利服务。社会保险主要由企业和受保障者负担,政府承担“最后付款人”的角色,即社会保险若出现入不敷出的情况,由政府负责兜底,以保障劳动者因年老、伤残、死亡、失业等事件发生后,劳动者本人及其家属的基本生活需要。军人这一特殊群体的社会优抚制度中的大部分内容应该由政府直接进行提供,比如抚恤金的发放,而其中需要由其他主体提供的内容,比如优先录用、录取的优待则需要由相关单位予以实现,政府承担监督责任。

明确政府在社会保障中负有限责任,对指导和推进我国社会保障事业的发展是十分有意义的。我国还是一个发展中国家,生产力不发达,人口老龄化加剧,无论是从国家财政的负担能力出发,还是从社会保障本身的性质出发,都不能重蹈西方发达国家的覆辙,必须把“政府保障”导向“社会保障”。政府应合理确定干预社会保障的范围和项目,鼓励非政府志愿机关、社区组织或社会团体承担相应的社会保障责任,同时恢复家庭、慈善机构、互助组织等传统社会保障机制的功能,真正实现社会的事业由社会力量来办。[①]

---

①陈树文:《社会保障中基本主体的责任分析》,《科研管理》2003 年第 1 期。

第四章
社会保障权的宪法保障

第一节 社会保障权宪法保障基础理论

一、制度性保障理论的适用

(一)制度性保障理论探源

制度性保障理论源于德国宪法学,由《魏玛宪法》时代的卡尔·施密特加以体系化,并普遍受到学界的采纳而后成为通说。该理论的产生源于化解《魏玛宪法》基本权利规范效力的两难困境。在《魏玛宪法》制定之前,德国学说在处理基本权及自由权时,总会遭逢一道难题,即关于宪法基本权利的观念的见解。这不外乎有两种立论:其一认为是"单纯的纲领",因此在实证法上不具有意义,充其量只是一种善意的声明、政治上的箴言、虔诚的愿望或者立法者的独白;其二认为基本权利被放置在"法律保留"之下,需要经法律进行实证化才能运作。这种规定可以经后来的法律进行改变,基本权利的保障也只能依靠法律,这样基本权利就可改称为请求依法行政之一般基本权利,其规范对象不能及于立法者,而仅及于适用的行政机关及司法机关,因此可以说基本权利流于空转或内涵尽失。

针对以上困境,卡尔·施密特分析认为,《魏玛宪法》在"德国人之基本权利与基本义务"的标题之下,除包含典型的自由保障之外,还有其他不同的规定。事实上,传统意义下的基本权规定只占了一小部分,其中有部分宪法规定可以在一般法律中找到,而且从其逻辑结构来看,也与通常司法部门及行政机关所适用的一般法律无差别。卡尔·施密特认为这种规定仅是一种特别法律,而不具基本权利的性质。在传统的基本权利规定与上述宪法法律规定之间,存在另类的宪法上的保障条款,特别是制度性保障与制度保障。卡尔·施密特进一步指出,制度性保障的概念,以真正宪法保障为先决条件,就《魏玛宪法》而言,也必须是一种宪法法律之保障。此外,制度性保障以特定制度存在为前提,否则无法称为"制度性保障"。这种制度通常指若干现实之物,若干被形塑且组织化了的既存及现有之物。因此,制度性保障也是一种现状及现存法律状态的保障。卡尔·施密特创制该理论的基础是其对基本权利分类的认识,其将"基本权利"分类如下:(1)原始意义的基本权利,是自由的个别人类的权利,而且是相对于国家的权利,如人身自由等;(2)个人的权利若与他人相结合,如果此个人仍属非政治的领域,且其彼此间处于自由竞争及讨论状态,则可视为纯正的基本权利,如言论自由等;(3)本质上属于民主国家的公民权利,虽然也可称为基本权利,但完全不同于个人的自由权,如选举权;(4)社会权利,即个人请求国家积极给付的权利,这种权利不可能毫无限制,因为任何请求给付的权利,均是有限制的。这些权利以国家组织的存在为前提,故其已经被相对化了,是有条件的。例如宪法上规定的"请求工作的权利",其不是原则上不受限制的权利,而只能在一套包含组织、登记、健康检查、劳动力证明、工作指派、从事被指派工作的义务等事项的体系内,再加上工作中介、失业保险等制度才能实现。从逻辑及法律上的结构而言,这种权利与纯正的基本权利是不同的。在《魏玛宪法》中,属于这种权利的例如请求照顾及救助的权利(第119条),请求免费教育的权利(第145条)。[①]

一般而言,制度性保障指宪法以一定既存的制度为前提,对制度的核心部分进行的客观保障。关于制度性保障的对象和内容,在细节方面学者们存在一些争议,但大体上的理论架构基本达成以下共识:其一,制度性保障的直接对象为制度本身,而不是个人的自由权利。其二,制度性保障的对象应当为历史传统上形成的客观性制度,因此,依据宪法规定创设的制度不属于制度性保障的对象。其三,宪法的制度性保障范围,仅及于既存制度的核心、本质部分。其四,制度性保障对立法权、行政权及司法权均具有某种程度的拘束力。因此,制度性保障与欠缺法律效力的方针性或纲领性规定不同。其五,制度性保障可以发挥人权维护的补充作用。甚至可以说,制度性保障的直接对象虽然是制度本身,但其终极目标却在于强化人权的保障。[②]

(二)制度性保障制度的二元分类

在制度性保障理论产生之后,人们又进一步将其深化为消极制度性保障与积极制度性保障两种更为具体的理论。所谓消极制度性保障即对典型特征进行保障的制度性保障,其为德国宪法实践提供了强有力的智力支持。该理论对其他国家与地区的宪法理论与实践也产生了巨大的影响,比如在日本及我国台湾地区有关地方自治制度的建构中均有其影响。尤其需要指出的是,在法国,1789年《人权和公民权利宣言》一直被认为是一个宣言性文件,直到1971年著名的44DC判决才打破了这一局面,在该判决中法国宪法委员会在借鉴消极制度性保障理论的基础上创立了"为共和国法律所确认的基本原则",从而赋予《人权和公民权利宣言》所规定的基本权利以实证效力。

所谓积极制度性保障,即对核心内容进行保障的制度性保障。二战后随着

---

①参见李建良:《"制度性保障"理论探源——寻索卡尔·史密特学说的大义与微言》,载《公法学与政治理论》,台湾元照出版公司2004年版。

②许志雄:《制度性保障》,载《月旦法学教室》(3·公法学篇),台湾元照出版公司2002年版,第78页。

德国《基本法》的制定,《魏玛宪法》所遭遇的前述困境已不复存在。因此,除地方自治、财产保障、婚姻家庭、大学自治等少数领域外,消极性制度保障几乎无用武之地。而对这种情况,德国学界在基本权利领域对制度性保障制度进行了重构,进而提出了积极制度性保障理论。Haberle 提出,宪法上的基本权利具有双重性格,既是个人权利,同时又是制度。① 因此,基本权利的制度品格决定了其制度依赖性。为了保障基本权利,立法者就必须建构相关的制度从而形塑出基本权利的内涵,为基本权利的实现提供制度性支持。

Haberle 认为,对具价值体系之宪法而言,基本权利具有双重意义:其一,基本权利本身为最高价值;其二,它又是宪法之根本构成部分,因为德国《基本法》所追求的自由秩序是市民的自由活动,换言之,是由基本上之实际行使构成的。基本权利于基本权利人角度是主观公权利,从生活关系角度则为制度。自由并不是个人恣意,基本权利对于共同体的意义在于基本权利具有社会功能,或者说基本权利在其社会功能上体现为其是宪法价值体系的构成要素。作为基本权利的自由在社会生活中需要被现实化从而具体化其社会性格,否则只是形式自由而已。各个基本权利的行使与实现,在某种意义上,就是社会的活动。基本权利的制度面,指的是自由地整序、形成生活领域中的宪法上的保障,而且这一制度不只是法律制度,更是与宪法全体相关联的生活关系、客观秩序与生活领域。基本权利的个人权利面向与制度面向是联接、补充关系和同位、平衡关系。从基本权利的社会功能角度看,作为个人权利的基本权,最初也是表现在与生活关系相关的自由,因此,制度不能被视为与自由相反的概念,而应该是个相关概念。质言之,个人自由是受制度保障的生活关系,亦即将基本权利从其制度面向及规范总体面向来理解是必要的。而此规范总体恰恰给个人自由确定了方向、尺度及保护的内容。因此,可以说基本权利的制度面向并非侵害个人自由而是强化了个人权利面向。

基本权利是由支撑其的规范总体创造出来的,或者说,自由并不是法外之物,而是在法律之中存在的,又因为规范的制定是立法者的义务,所以立法者对基本权利制度面向的展开具有决定性关系。立法者不只要为自由之限制活动,也要为自由之形成活动。因此,若没有立法者,则基本权利的理念无法在社会实践领域中被实现。这样,不只是授予立法者在基本权利实现中的保障权限,同时也是课予立法者以义务,即当各个人基本权利实现过程中因他人而受到妨

---

①陈春生:《司法院大法官解释中关于制度性保障概念意涵之探讨》,载《宪法解释之理论与实务》(第 2 辑),台湾“中央研究院”中山人文社会科学研究所专书(48),2000 年 8 月,第 276 页。

害时,要求立法者参入介入。在此限度内,制度之基本权利保障,赋予个人向国家进行积极请求的权利,构成了参与分配请求权的根据,这便是社会国家条款所要求给予个人的权利。若仅从自由主义角度来理解自由权的保障,从个人增大其对国家的依赖性,及国家与社会增大之间的交错领域的现实来看,结果市民最后可能无法实现其自由权。对此,社会国家之条款,是为保障社会现实中自由的实现而导入的,是为保护基本权利的制度化面向而规范化的,是自由理念与基本权利的制度性把握的要求。今天的社会已不只是市民之法治国家,而同时是民主国家与社会国家。基本权利中的各个法价值,并不是相互孤立的,而是相互具有固有关系的。[①] 更有德国学者指出,在广义上,所有宪法中关于组织法与程序法的规定,比如法律保留、法院审查及比例原则等法治国原则相关下,制度上能够保障基本权利的实现的,均可以视为制度性保障。[②]

社会安全体系的制度化即社会保障权的制度化归属于社会的国家目标规范。在形式的社会福利国家原则下,社会国目标是社会保障制度性设计的前提。在社会保障权的制度性保障的结果中,保障体系的设计应使其组织、功能与程序方式作出最好的安排,去实现规定的保障委托,保障社会保障权的实现。

二、宪法层面的社会保障权功能建构

(一)基本权利的功能建构

1. 基本权利功能建构的法益保护范围

宪法的基本权利规定,都有其保护领域,它指的是个人的生活中依据宪法的基本权利规定所划定出来的范围,在这个范围内,国家的干涉被排除在外,或者至少需要依据特定的宪法条件才能进行干涉。可以说,基本权利的保护领域是基于基本权而形成的受保护的个人某一层面的生活领域。基本权利的保护领域由基本权利的构成要件所决定,不同的基本权利涉及不同的生活领域。在各领域中,基本权利凭借各种作用方式,保护个人免受国家的侵害,或是要求国家的帮助或保护。反过来说,对于一个寻求宪法上基本权利保护的特定情况,也就是个人能够引用哪一项基本权利的规定来维护其权益,而其前提是必须先找出此一情况位于哪一基本权利的保护领域中。这里所说的情况,包含了作为、不作为及单纯的现状。

---

①陈春生:《司法院大法官解释中关于制度性保障概念意涵之探讨》,载《宪法解释之理论与实务》(第2辑),台湾"中央研究院"中山人文社会科学研究所专书(48),2000年8月,第276—278页。

②Bleckmann,Staattsrecht II,1997,Rdnr. 96.

基本权利的保护领域是经由对构成要件的解释来确定的，它同时是宪法所欲保障的、不受国家侵害的、个人生活领域的范围。由于对这个范围的保障，是根源于对个人自我实现的保障，因此，为了确定个人的自我实现是否确实受到保障必须更进一步找出，个人的自我实现以及与个人自我实现相关的情况是以怎样的方式显现，而可以此一保护领域所包含。对于基本权利而言，它们必须被保护的是关于个人自我实现的法益，因此被称为"保护法益"。简单地说，保护领域确定了基本权利所欲保护的、防止国家侵害的范围；而保护法益，则是保护领域的范围中更精确的指出基本权利受到怎样的侵害，而宪法上应如何加以保护。基本权利的保护法益就是保护领域或构成要件所描述的"行为、性质或状态"，是经由基本权利的构成要件而被确定的，它其实是保护领域在指出基本权利保护的主题时，所同时指出来的基本权利的保护对象。但是在基本权利构成要件规定过于简略的情况下，必须经由基本权利的功能（或作用方式），去建构并形塑保护法益。

在基本权利理论的架构上，基本权利与基本权利保护的法益不同。基本权利虽然只有一个，但是它所保护的法益可能有许多个。基本权利保护的法益是通过基本权利的主观权利功能与客观法功能所交织而成的基本权利各种不同的作用方式，而建构成的宪法基本权利最大可能实现的保护网。在主观权利功能的面向，体现在基本权作为防御权与社会基本权所建构的基本权利保护的法益。在客观法功能的面向，则体现在基本权利作为客观价值秩序、制度性保障、组织与程序的保障以及国家保护义务所建构的基本权利保护的法益。总而言之，因为基本权利规定过于抽象，所以必须通过基本权利的功能来建构其保护领域，如此一来才能具体类型化基本权利的保护领域，并进一步排除国家的干预。

2. 基本权利主观权利功能建构下的保护法益

（1）作为基本权利固有功能的防御权。每一个基本权利在发展上均是一种防御权。它防御国家对私人自由、财产等权利的不法侵害。所以，基本权利的起源，是承认人人都有一个不受侵犯的私领域，而国家就有可能是一种外来的、对该领域进行侵害的主体。因此，基本权利在其历史发展的脉络下，主要是作为人民对抗国家权力威胁的防御权，以保障个人或社会的自由。这是一种最为传统和典型的基本权利的功能。根据这种功能，基本权利构成了国家行为的界限，它可以防御国家因滥用权力而对人民自由的侵犯。由此看来，这种基本权利规定便是一种请求权的基础。当基本权利受到侵害时，可以向国家主张某种请求。这不是要求国家提供某种给付，而只是要求国家不侵犯，是要求国家的不作为。因此，防御权是人民不受国家侵害的请求权依据，并且在侵害发生时，也是排除国家侵害的请求权依据。

(2)以国家给付为核心的社会基本权利。基本权利的社会基本权利功能，是从社会国的基本权利理论出发而建构的。为了使基本权利有效化和扩张基本权利的传统保护领域，社会国的基本权利理论认为行使自由所需要的物质条件也应该同样受到基本权利的保障。因此，基本权利的内容不仅仅为对抗国家的防御权，还应该包括以国家为相对人的给付请求权。基本权利经过这样的解释以后，同时包含了自由权与给付请求，而基本权利的实现可能性的社会先决条件也一并受到了保障，并且作为直接的基本权请求权。然而，这些给付请求权的实现及履行，由于需要国家主动而积极的行为，也就是说，在很大范围内需要通过财政的手段方法，必然会产生相当大的财政花费。所以，具体基本权利的保障，取决于可支配的国家财政手段，而国家财力上的有限性，则构成这些给付请求权的必然界限。此外，因为给付请求权对国家经济上给付能力的依赖性，再加上资源的有限性，造成给付请求权适用的限制本性，给付请求权也与国家财政间形成了无法改变的紧张关系。

基本权利的具体保障，取决于可共享支配的国家财政援助及资源。因此，国家经济财政上的不可能性，成为基本权利保障的界限。但如果国家给予人民的资源已经存在，且其经济援助的实现是可能的，则所有人民对这些资源都具有共享权。也就是说，全体人民对国家已经设立的对人民某个基本权利实现有助益的公共设施或者公共资源有共享的权利。这种共享性格的基本权利保护的法益，是在国家经济财政最大可能的援助下，使每一个人自我实现的机会均等。相对于被称为衍生的给付请求的共享权，还存在一个原始的给付请求权功能。不同于共享权的是，国家并未主动地提供某种给付给人民。然而，如果人民拥有某一项给付请求时，在国家不予给付的情况下，人民即可以直接根据基本权利的规定向国家请求。因此，原始的给付请求权，是指直接由基本权利导出的，对国家财物给付或生活照顾的请求权。但是，因为基本权利是每个人均得享有的，如果每个人都能够根据基本权利向国家请求给付，国库将无法负担；所以，基本权利的原始给付请求权功能，只能在少数例外情况下被承认。

3. 基本权利客观法功能建构下的保护法益

(1)客观价值秩序功能。基本权利的客观价值秩序功能，是基于基本权利的价值理论进行建构的。基本权利的价值理论来自德国《魏玛宪法》时期鲁道夫·斯门特的整合理论。依照斯门特的整合理论，国家的整体及其存续，不只是基于制度的结构及政治力量的意思结合，它还基于文化的教养、精神上的共同性以及道德上的价值观念。国家在社会现实中的存在,是一个持续的整合过程,也就是文化、生活与价值的整合过程,在这个整合过程中基本权利作为其标准建构因素进行整合。因此,基本权利本身形成了一个价值、法益与文化的体系,并借此使国民获得实质的地位,也确立了社会整合发展的文化价值。①

(2)程序主体性的组织与程序保障。为了使基本权利在社会实际变迁的自由民主生活中履行其功能,需要组织与程序上的实证法援助加以保障和落实。因此,基本权利的主要功能之一是使个别的基本权利主体能自由参与公共事务及政治过程。就此而言,基本权利是国家组织与程序形成的标准,经过这样的组织与程序达到基本权利保障的目的。尤其是在某些生活领域上,涉及开放、多元及能促进自由开展组织与程序保障。可以说,组织与程序保障性格的基本权利保护法益,体现于国家在此生活领域需要通过相当的民主过程,并且借由人民足以信任的组织或程序,使人民在该领域有自我实现的可能性。整体而言,基本权、组织与程序之间,属于相互影响的关系,为了实现及确保基本权利,一方面基本权利需要组织与程序,另一方面基本权利也影响组织与程序。因此,为了使基本权利能够在社会实际生活中发挥其功能,不仅需要进一步的实体规范,还需要适当的组织与程序的保障来配合。

(3)拥有新生命的制度性保障。传统的制度性保障,指对一些既存的有特殊重要性的制度,立法者不能将其废止,或者对其核心内容进行改变。随着理论与实践的不断演进,人们已认识到制度性保障并非那么消极,也就是说,并非只为既有制度的保障,对于一些落实基本权利的制度,虽然只是理论上肯认制度本应存在,至于这些制度应存在而不存在时,制度性保障的功能即课予立法者某种形成制度的义务。简而言之,立法者必须有义务来落实这些保障基本权利的制度。我们应要求国家设计一套制度,使人民在这一制度中彼此行使其权利以实现基本权利的内容。

(4)以利益衡量为核心的国家保护义务。基本权利的国家保护义务功能,特别强调国家负有义务去保护人民在实现基本权利时足以对抗第三人的侵害,尤其是其他私人所造成的损害或危害法益。在此,应负保护义务的人并非为侵扰的第三人,而是国家。可以这么说,国家是基于保护人民,而立于侵犯者与被侵犯者之间。整体而言,基本权利的国家保护义务功能,通常要求一个国家的积极行为,但是其必须与前述国家在社会领域与经济领域内的给付行为进行区

---

①Rudolf Smend, *Verfassung und Verfassungsrecht*(*1928*), unverandert abgedruckt in: Staatsrechtliche Abhandlungen, 1955, S. 189 ff.

别。国家保护义务的目的,不在于一般意义上的提供给付,而在于现实生存状况的维持,因此,国家保护义务并不归类于社会国原则,而是应当归入危险的防御以及法治国原则。因为国家为维持和平的利益,而需要独占公权力的行使,所以要求国家必须保护人民去对抗第三人的侵害是合乎逻辑的结论。然而,不可否认的是,国家在履行其保护义务时,享有一定的形成自由,特别是立法者需要通过法律将保护的内容予以具体化的时候。[①] 就这一点而言,国家是站在第三人的立场上,对于一方当事人的基本权利行使和另一方当事人的请求保护,寻找一个双方均可接受的平衡点。[②]

(二)社会保障权的功能建构

1. 社会保障权主观权利功能建构下的保护法益

(1)社会保障权作为防御权的保护法益。社会保障权作为防御权的保护法益包括公民的人格尊严不受侵犯及公民生活方式的选择自由。

公民的人格尊严不受侵犯,指公民在人格尊严的问题上有排除国家高权干涉的防御请求权。人格尊严本为宪法上人的一项基本权利,但其实现需要在诸多涉及人格尊严的领域予以保障方能达成。此处社会保障权的主观功能建构中所涉及的人格尊严的防御权,是针对社会保障权历史发展中“济贫”“施舍”等理念而提出的现代宪法对于人民权利保护的理念性修正。在“济贫”“施舍”等理念下,人民欲保障基本物质生活条件则需要舍弃其人格尊严,而现代宪法文明认为对公民基本生存权及其他相关社会保障权利的保障是国家的义务,当然不能让公民以其尊严为代价来换取相关权利。故公民的人格尊严不受侵犯成为社会保障权主观功能建构中的防御请求权的内容。在这一内容下,公民有排除国家侵害的权利,并进而衍生出受侵害的救济请求权。

公民生活方式的选择自由,指公民在其社会生活中将以怎样的具体方式实现其生活内容,在这一问题上公民具有排除国家高权干涉的防御请求权。国家不能以任何救济手段强迫公民以统一方式生活。因为,生活方式是人们实现其自我的方式之一,社会生活的多样来自于人民生活方式的多样性选择,它属于人的基本自由的范畴,包括国家在内的任何主体无权对其进行干涉。因为,社会保障权会涉及对公民的基本生活条件的保障问题,所以公民生活方式的选择

---

①李建良:《基本权利与国家保护义务》,载《宪法解释之理论与实务》(第2辑),台湾“中央研究院”中山人文社会科学研究所专书(48),2000年8月,第373页。

②许育典:《基本权功能建构作为大法官解释的类型化——以教育相关基本权为例》,载《宪法解释之理论与实务》(第7辑·下册),2010年12月,第388—400页。

自由成为了社会保障权主观权利功能建构的重要内容,其决定了国家不能以任何形式的保障为名强制要求公民以统一的形式实现其生活内容。

(2)社会保障权作为社会基本权利的保障法益。社会保障权毫无疑问是社会基本权利的一个重要种类,因此,其社会基本权利的保护法益的呈现也更为充分,主要包括社会救助请求权、社会优抚请求权及社会福利共享请求权。

社会救助请求权是指公民在遭受灾害、丧失劳动能力或者低收入的情况下,获得国家物质救助,以维持其最低生活需求的权利。换言之,当社会成员陷入一种特殊困难而无法自拔并可能影响其基本生存时,便有权利向国家提出给予物质帮助的请求。比如,无劳动能力又无生活来源的人有权向国家申请给付最低生活保障金;遇洪水、地震等自然灾害的公民有权向国家申请给付生活救助等。这种请求权一般是为满足社会成员的最基本的生活要求,因此,国家在这一层面上负有作为义务。

社会优抚请求权是指军人及其家属享有的由国家和社会向其提供的各种优待、抚恤、养老、就业安置等待遇和服务的权利。这是国家对于作出特殊贡献的人群提供的保障,基于此,军人及其家属可以向国家提出相关内容的请求权,要求国家为积极的给付。

社会福利共享请求权是指对于国家已经提供的社会福利,社会成员可以向国家提出共同享有该福利的请求。一般囿于国家财力的限制,世界各国的普遍做法是对于公民提出的福利请求不予支持,而是以制度的形式予以保障;质言之,公民不能直接根据宪法向国家提出福利请求。但是对于国家财力已经可以负担且已提供福利设施的,其他公民有请求共享的权利。

2. 社会保障权客观法功能建构下的保护法益

(1)社会保障权作为客观价值秩序的保护法益。社会保障权作为客观价值秩序的保护法益包括以保障公民基本生活及生存尊严为核心的社会救助标准、社会优抚内容、社会保险种类及以保障公民共享社会发展成果为核心的社会福利内容设计。

以保障公民基本生活及生存尊严为核心的社会救助标准的确定,是指确定之社会救助标准是应遵循能够保障公民的基本生活需要及保证其生存尊严不被践踏。要求社会救助标准在设定时必须考虑社会发展的基础性情况,对于被救助人员的情况要求及救助的具体计划及给付标准的确定应以能够满足公民的基本生活要求为基础。只有这样才能保证社会救助制度追求的价值目标的实现。

以保障特定群体生存尊严为核心的社会优抚内容的设定,是指为军人及其家属能够有尊严地生活而设计的对于他们生活、工作等方面给予的优抚。保障军人及其家属有尊严的生活，是国家对军人这一特殊群体的特别保障制度。其区别于其他社会保障制度的主体普遍性，但这一制度的内容的运行与实现将在更宏观的层面上保障整个社会的安全。

以保障公民基本生活及生存尊严为核心的社会保险种类设计，是指国家在社会保险的种类设计时需要针对现代社会中公民可能面临的各种社会风险，以保障公民在困难情况下能够保证基本生活及人的尊严。包括在年老、失业、疾病、生育及工伤的情况下能够渡过难关，而不至于丧失生活基础和基本生活的保障。

以保障公民共同享有社会发展成果为核心的社会福利内容的设计，要求国家保障对社会发展进步作出贡献的公民共享其努力成果，这也是社会平等权的一种体现。具体内容可体现为适时调整社会福利内容、共享社会福利设施等。

(2)社会保障权作为组织与程序保障的保护法益。社会保障权作为组织与程序保障的保护法益包括以保障公民基本生活需要及适时改善公民生活水平为核心的组织设定及程序设计。

以保障公民基本生活需要及适时改善公民生活水平为核心的组织设定，指国家在设定社会保障提供组织时要考虑该权利实现的基本价值追求，这些组织的设定需要能够满足社会救助、社会保险、社会优抚及社会福利权实现的客观要求，能够满足保障公民基本生活的需要并且在适当的时候为公民提供应享受的社会福利内容。

以保障公民基本生活需要及适时改善公民生活水平为核心的程序设计，是指在社会保障权实现的各程序的设计中必须以其价值目标为方向，保证公民在付出较低程序成本的情况下其各项社会保障权能够公平实现。

(3)社会保障权作为制度性保障的保护法益。社会保障权作为制度性保障的保护法益包括以保障公民基本生活及适时改善生活水平为核心的社会保障运行制度、社会保障监督制度。

以保障公民基本生活及适时改善生活水平为核心的社会保障权运行制度，是指国家有义务建构起包括社会保险、社会优抚、社会救助、社会福利在内的可实现的法律制度，其制度内容的设计能够实现其目标，即保护公民的基本生活并在适当的时候改善其生活水平。该运行制度的设计必须具有操作性且其保障的内容具有科学性。

以保障公民基本生活及适时改善生活水平为核心的社会保障监督制度，是社会保障运行制度的配套制度，也是其保障制度。该制度的价值在于保障社会保障运行制度乃至社会保障权利的实现。

(4)社会保障权作为国家保护义务的保护法益。社会保障权作为国家保障义务的保护法益主要指国家强制社会保险权。强制社会保险权是指在劳动关系领域中国家强制用人单位为劳动者设立社会保障账号并强制缴纳社会保险。在此处国家介入该社会关系进行强制保护的基础是基于实践中劳动者的社会保险的实现所遇到的现实阻力,即若国家不予强制,则劳动者的社会保险权将很难甚至无法实现,而其社会保险权无法实现将导致其在面临年老、失业、疾病、生育、工伤等情况时其基本生活无法得到保障。因此,国家在这一领域具有了介入的义务和基础。

第二节　域外法律制度对社会保障权的形塑

一、外国宪法及宪法性文件中的社会保障权

(一)英国宪法

英国是典型的非成文宪法国家,它的宪法没有被列入一部"特别重要的"、统一的法律文件中,而是根深蒂固地存在于其实践与习惯中,它的许多部分由不记录于任何庄严文件中的"惯例"所组成。英国宪法意味着其实际的社会政治秩序——一整套从前代继承下来的且规范当下政府操作行为的法律、习惯和先例。[①] 这在很多国家是不可思议的,但在英国就这样真实且有说服力地存在着。当然并不是说其宪法原则没有成文渊源,相反英国的许多宪法原则来自立法机关的法令或者法院的意见。但是这些法定成分不具有优越于其他法律的特殊地位,而是像其他法律一样被修改或者被废除。英国没有关于宪法基本原则的权威和全面的陈述,英国人更偏爱逐渐发展的宪法实践。当然,英国宪法的弹性特征会使公民对他们所拥有的权利的性质和限制以及他们与国家公共机构的关系产生不确定感。[②] 在《人权法案》通过以前,英国宪法不包含一个全面列举个人权利的"权利和自由法案",也没有一个对国家施以尊重个人权利的绝对义务的宪法普遍原理。"在英国宪法下没有被保证的或者绝对的权利","对英国人自由的保护是在民众的较强的判断力与发展了的代表性的和负责任

---

①【英】沃尔特·白芝浩:《英国宪法》,夏彦才译,商务印书馆 2010 年版,第 1 页。

②李树忠:《1998 年〈人权法案〉及其对英国宪法的影响》,《比较法研究》2004 年第 4 期。

的政府体制下实现的。”①

英国对公民基本权利的保护主要依赖于自我纠正的民主政治观念,即每隔一段时间定期的选举发挥着检查和监督滥用权力的作用。此外,三权分立和法治理念与选举制相配合,保护个人权利免受国家任意行为的侵害。法治原则的核心是坚决主张没有人能够超越于法律之上,“政府权力受到法律和民主进程的限制”②。如 Griffith 教授所言:“通过‘法治’,我们的意思是我们承认依照已确定的程序而制定和解释的法律的权威性和合理性,我们否认以其他方式制定的‘专断’的法律,以及那种约束法律制定者的法律。”③因此,可以说英国宪法对社会保障权的保障主要体现在英国不同时期建构起来的社会保障法律制度体系中。下面就英国社会保障制度的建设情况作一介绍。

1. 社会保障法的初创时期

1601 年,英国颁布了世界上第一部《济贫法》,这部法律的颁布标志着社会保障制度从临时性走向制度化,意味着社会保障制度进入人类历史。但其理念与现代社会保障制度还存在很大差别,它只是社会保障制度的萌芽而称不上形成。18 世纪下半叶,工会革命引起的社会问题迫使英国政府在 1795 年颁布了《斯宾汉姆兰法案》,该法案开始将社会救助与基本生活费用的高低联系起来。1834 年,颁布的《济贫法(修正案)》将济贫由分散变为集中,奠定了现代社会保障立法的基础。④

2. 社会保障法的发展与鼎盛时期

1906 年,英国颁布《教育法》,规定学校提供免费午餐。1908 年,英国颁布了《老年年金保险法》,在历史上第一次认为政府有责任为低收入的老年人提供生活保障。1911 年,英国国会正式批准了《失业保险与健康保险法》,这是世界上第一部在全国强制推行的失业保险法。同年,还通过了《国民保险法令》。1918 年,英国通过《妇女儿童福利法》,1925 年颁布了《寡妇孤儿及老年年金法》。这些立法均是英国社会化大生产的产物,它突破了《济贫法》时代社会救济制度的局限性,体现出现代社会保障制度的国家责任特点。1934 年,英国通过新的《失业法》,将长期失业的情况从社会保险计划中分离出来单独给予救济。1936 年通过《国民健康保险法》。至此,英国社会保险法在形式上已经比

①Liversidge v. Anderson [1942] A. C. 206,261(H. L.).

②Hilaire Barnett,Constituional and Administrative Law,Cavenedish Publishing Ltd.,2000,3d ed.,p. 723.

③J. A. G. Griffith,The Common Law and the Political Constitution),Lsw Q. Rev. 117,2001,p. 46.

④参见杨思斌:《英国社会保障法的历史演变及其对中国的启示》,《中州学刊》2008 年第 3 期。

较完备。第二次世界大战后,英国社会保障制度向着更为全面和完整的方向发展。1945 年通过了《家庭津贴法》;1946 年通过了《国民保险法》,几乎每个公民都可以享有失业、生育、死亡、孤寡、退休等方面的保障;同年,英国还颁布了《国民工伤保险法》和《国民健康服务法》;1948 年颁布了《国民救助法》,标志着《济贫法》实施的终结和社会救助制度的正式建立。上述五部法律共同构筑了英国福利国家的社会保障法律体系,实现了社会保障制度的系统化和对公民社会保障权利的全面保障。英国也因此成为世界上社会保障法制最完备的国家。[①]

3. 社会保障法的改革调整时期

社会保障开支的不断增加,带来了所谓的"福利危机",因此 20 世纪 80、90 年代以后英国政府开始进行社会保障制度的改革,寻求社会保障权的可持续发展。在这段时期中英国政府颁布了大量的社会保障立法。其中涉及工资保障的包括:《法定病假工资法》《在校教师的薪酬及服务条件法》《全国最低工资法》等。退休和养老金改革立法包括:《海外退休法》《司法养老金和退休法》《退休金计划、退休金法》《警察和消防员的养老金法案》《福利改革和养老金法》等。残疾人和儿童保护立法包括:《残疾生活津贴及伤残工作津贴法》《残疾(捐助)法》《残疾歧视法》《残疾人权利委员会法》《儿童扶持法》《儿童保护法》等。不断修订的社会保障基本法包括:《社会保障法》《社会保障(会费)法》《精神健康(修订)条例》《社会保障缴款和福利法》《社会保障(按揭利息)法》《社会保障(多付)法》《社会保障(利益的回收)法令》等。就业保护领域的立法包括:《就业权利法》《工会与劳资关系(综合)法》《建设与再生产法》《就业法》《就业权利(争端解决)法令》。基本健康服务领域的立法包括:《健康服务专员法》《国家卫生服务和社会护理法》《社区护理(寄宿)法》《护理者(承认和服务)法》《国民健康服务(修订)条例》《国民健康服务(剩余负债)法令》《社区护理法令(直接付款)》《国民健康服务(基层医疗)法》《国民健康服务(私人金融)法》等。[②]

必须说明的是,英国在社会保障法律制度方面的改革与调整,是因应时代要求完善其社会保障制度的努力,而不是为了削弱或终结这项制度;英国社会保障改革中出现的"私有化"特点与市场机制、个人责任的适度引入,并没有从根本上动摇政府的主导责任;改革的措施最终是为了保证社会保障法律制度与社会经济的协调发展,从而保障制度的可持续性,更好地保障公民的社会保障权利。经过几百年的发展,英国最终形成了一个数量庞大、保障种类齐全、保障

①参见杨思斌:《英国社会保障法的历史演变及其对中国的启示》,《中州学刊》2008 年第 3 期。

②王霄燕:《英国法治现代化研究》,法律出版社 2012 年版,第 255—256 页。

面普遍的完善的社会保障体系。

（二）德国宪法

1.《魏玛宪法》时期的社会保障权规定

第一次世界大战战败后，德国国民议会于1919年2月6日在德国魏玛召开，制定了《德意志联邦宪法》，又被普遍称为《魏玛宪法》。1919年8月11日，《魏玛宪法》正式生效，它的诞生被认为标志着世界现代宪法史的开端。之所以有如此殊荣，原因在于《魏玛宪法》中规定了广泛的公民基本权利，并全面开启了现代宪法对于公民社会基本权利予以规范的大门。《魏玛宪法》中关于基本权利条款的规定，具有历史性和世界性的意义，它对“二战”后德国宪政原则的确立以及对世界各国宪法的制定都产生了渊源性的影响。

《魏玛宪法》第二编为“德国人民之基本权利与基本义务”，共设置了五章内容，分别为：个人、共同生活、宗教及宗教团体、教育及学校、经济生活。其中除了规定公民享有广泛的人身、政治基本权利之外，更具时代意义的是还规定了公民的社会基本权利，主要集中于第五章“经济生活”中。比如，第151条规定：“经济生活之组织，应与公平之原则及人类生存维持之目的相适应。在此范围内，各人之经济自由，予以保障。”这关注到了人类的生存维持问题，而不是单纯地追求经济自由。第157条规定：“劳力，受国家特别保护。联邦应制度划一之劳工法。”第161条规定：“以保持康健及工作能力，保护产妇及预防因老病衰弱之生活经济不生影响起见，联邦应制定概括之保险制度，且使被保险者与闻其事。”这是确立国家创立保险制度以保护劳动者健康与工作能力，保护妇女、老人、弱者等社会保障制度的宪法基础。此外，第162条规定：“关于工作条件之国际法规，其促使世界全体劳动阶级得最低限度之社会权利者，联邦应赞助之。”这一条比较明确地阐明了当时德国对于公民社会权利保护的重视。

19世纪德国形式主义法治国理念一直延续到魏玛共和国时期，《魏玛宪法》制定时的理论基础仍然是个人主义、自由主义以及启蒙思想中的三权分立、国民主权、社会契约等理论，看重由实质法所带来的规范国家的法秩序。比如《魏玛宪法》开宗明义地指出：“德意志国民团结其种族，一德一心共期改造邦家，永存于自由正义之境，维持国内国外之和平，促进社会之进化，爰制兹宪法。”总而言之，当时立法者规定如此详细、先进的基本权利，主要是想彰显法律的明确性，从而便于治理国家。尽管《魏玛宪法》中规定了众多的公民基本权利，却没有赋予这些基本权利至高无上的地位和直接的效力，即没有规定基本权利可以直接约束立法权、行政权和司法权，也没有规定如果公民的基本权利受到侵犯可以直接提起诉讼、申请保护和救济。因此,基本权利处于极端不确定的状态,基本权利的实现必须得靠其他法律加以具体化。

2. 德国《基本法》对社会保障权的保障

德国的社会保障制度由以德国《基本法》为首的一个具有规范等级的法律制度体系来进行保障,在这个体系中严格遵循上位法决定下位法的原则,即与上位法相违背的下位法原则上是无效的或者至少是不适用的。《基本法》第100条第1款规定:当法院确信普通法律违背了宪法并因此而无效,并且其判决结果取决于法律是否具备有效性时,必须将此宪法问题呈报联邦宪法法院。因此,《基本法》中与社会保障密切相关的规定,为立法者、行政机关及法院构造和运用社会保障法提供了不可违反的预先规定。又因为联邦宪法法院是《基本法》的实际解释机关,因此,联邦宪法法院的判例也成为了宪法层面社会保障权制度保障的重要组成部分。实际上《基本法》中几乎没有对社会保障权的具体规定,而主要是依赖联邦宪法法院的判例来型构宪法层面社会保障权维护制度的。

(1)《基权法》中对社会保障权预先规范的内容梳理。《基本法》中对社会保障权进行预先规范的规定可以从以下角度进行分类:其一,根据法条的设计目的,分为专为社会保障权作的特别规定及不专为社会保障权而规定,但与社会保障权密切相关,后一种又被称为框架性规定。其二,根据规定的影响,分为构造个人主体性权利规定(主观权利)和仅构成对国家机构的客体性指令或禁止的规定(客观价值秩序),在客体性规定中还可以进一步分为关于组织的规定和对国家行为设定一般性原则的规定。根据以上分类可以将《基本法》中关涉社会保障权问题的规定进行有逻辑的梳理。需要注意的是,因为《基本法》的内容实现还有赖于联邦宪法法院以判例进行解释,因此下述宪法规定并不总是《基本法》中的明确规定,而可能是联邦宪法法院发展出的特定的规范,这些规范部分地被归入《基本法》中不同规定的内容。

《基本法》中关于社会保障权的预先规定

	对社会保障权的特殊规定	框架性规定
主观权利	与社会福利国家原则相关的,从基本权利中导出的权利: 第1条第1款和第2条第2款第2句:最低生活保障和健康照顾; 第3条第1款和第6条第1款:履行社会保险责任义务时重视对儿童的抚育。	基本权利: 第2条第1款:普遍的行为自由; 第3条第1款:普遍的平等对待原则; 第12条第1款:职业自由; 第14条:财产保障。

续表

		对社会保障权的特殊规定	框架性规定
客观价值秩序	一般性原则	社会福利国家原则： 制定与维护社会保障体系的义务； 保持社会平衡的义务。	法治国家原则： 法律变革时的信任保护； 法治国家与民主原则： 授权制定自治规章的要求。
	关于组织的规定	第 74 条第 1 款第 7 项和第 12 项： 联邦的立法权限； 第 87 条第 2 款：间接的联邦行政中的社会保险机构。	

以上列举的《基本法》中关于社会保障权的预先规定，并不是所有的可能与社会保障权相关的规定，但是框架性规定中的那些虽然并不特别指向社会保障，但是却经常地以一定方式与社会保障相关联。

(2)《基本法》对社会保障权的保障机制评介。通过对德国《基本法》及相关制度的梳理可以看到，其对社会保障权保障的实现主要通过赋予联邦广泛的立法权及实践社会福利国家原则来完成。

联邦对社会保障的广泛的立法权可以作出以下解读：

第一，根据《基本法》第 74 条第 1 款第 12 项的规定，联邦享有对社会保险的立法权。在德国，联邦仅在《基本法》授权的范围内享有立法权，如果没有特别授权，则立法权归各州所有。但事实上特别授权非常普遍，尤其在社会保障领域并没有联邦立法者因为缺乏权限而不能调整的对象。在社会保险的立法权方面包括所有由国家负责组织并筹措资金的针对社会保险的预先防范制度，且与此范围相关的边缘性问题都由联邦宪法法院解释。立法者凭借社会保险的立法权可以定义新的社会风险以通过社会保险系统保障社会安全，统一规范财政，也可为履行社会保障义务的个人和企业制定职业规则。

第二，根据《基本法》第 74 条第 1 款第 7 项的规定，联邦对社会救助享有立法权。该权力不仅限定于对贫困者的最低保障，而且是一种总危机及风险预防政策，是社会保险立法权的后盾。

在社会保险立法权与社会救助立法权的结合中，应该不存在被认为是社会保障问题却不能被立法调整的对象。另外，《基本法》的上述规定在赋予立法机关立法权限的同时，亦对其在社会保障领域的立法行为作出了要求，即该类主体亦有义务进行立法,构建制度。

《基本法》中对于社会福利国家原则(社会国国家目标)的规定及具体权利的规定共同构成了社会保障领域的立法基础与依据。当然,社会国国家目标的落实含括了社会安全、正义的社会规范,与社会正确之保证、保障以及委托,这决定了它必须持续不断地有新的具体化内涵,其演进也必须与现实相呼应:社会国国家目标是一个持续性的具体化委托。每一个具体的实现化均需要透过各主管的国家权责主体政策上的事先决定。除此之外,《基本法》的社会国国家目标自身显现为一个有秩序的程序:它是一个在立法、行政与司法方面,职权上完全结构化而且持续落实的进程。关于对立法者有拘束力的国家目标规定的概念及其与相关宪法规定的不同之处,Derlef Merten 有清晰的说明可供参考。其指出,国家目标规定是国家的纲领性指令,国家应尽力求其实现,其行为并应取向于目标,且因其属行为义务,国家是否取向于目标,并不容许国家权力自由决定。这一类规定是有拘束力的、规范性的纲领,与政治的宣示不同。然而,宪法规范拘束立法者的前提是:它必须足够精确,以便可以据以衡量、审查下位阶的法规范。此类国家目标规定与结构性规定不同,后者包含国家建构法则,指出国家秩序的根本支柱,其静态性格与国家目标规定的机动性、指示国家未来途径的性格,迥然有别。国家目标规定与基本权规定亦截然不同。其并未赋予国民主观的权利,最多只能通过平等原则推导出派生的请求权;再者,国家目标通常必须经过转化、具体化的过程,基本权规定则大多自行实现,只是偶然地需要组织性或程序性的形塑。

至于立法者执行此类国家目标规定时何以享有较大的形塑空间,Merten 指出,虽然这些规定都具有拘束力,但因其概括性与不明确性,其经常有待立法者配合相关情境作进一步的具体化。此外,立法者就履行此等宪法义务享有广泛形成空间的根据还来自民主国原则的要求。联邦宪法法院指出,社会国原则指示国家以任务,但未规定其如何执行任务的方法;如若不然,就会和民主国原则相违背——假使确定不移的宪法义务就这样先存于政治意志形成流程之前的话,作为自由政治流程之秩序的基本法的民主秩序就会受到局限。

此外,因立法者系受宪法委托实现社会国的要求,在审查其相关措施的合宪性时,是否应有不同的考量是需要解决的又一问题。Friedrich E. Schnapp 指出,通过社会福利国原则的宪法要求,立法者不仅有权去影响社会;依一般见解,社会国条款还具有价值强调的特色。在这个意义上,机动的社会国条款的形塑应该取向于对弱者的扶助、促成可以接受的生活条件、促进机会平等,以及确保符合人性尊严的生活方式。就此大致的方向基本已达成共识。但这一目标如何通过个别法规定来实现,是原则本身不能直接给出答案的问题。就此,Hans F. Zacher 明确要求,从 19 世纪以来,社会不平等的意识越来越集中在两个现象上——贫穷与劳动阶级,对此立法者必须有所回应。至于回应的方式,Ernst Benda 强调,基本权不只是为有权力者而存在,为衡平社会上的不平等,国家应致力于创设实际上得以运用此等权利的事实条件。就此,如前所述,立法者固然拥有相当大的形塑空间,但仍应始终取向于"社会平等"的目标;立法者在为确保国民的社会安全创设相关制度时,有义务在个别具体内容上作符合此一目标的形塑。此外,立法者不能为追求社会的(sozial)目标而放弃国家与社会(Gesellschaft,指人民的自由活动空间)的对立;社会福利国条款只赋予国家"社会性"地调整、补充人民自由活动所生的不利后果,并不要冲击社会的独立性,影响人民自行达成前述社会目标的能力,应当追求的是"自由的社会国"。总之,社会福利国原则的宪法委托一方面强调国家调整社会不平等的任务,赋予其衡平措施以宪法上的正当性根据,另一方面则要求立法者在形塑相关制度时必须始终追求这一目标,并且不得危及自由社会的存立。①

(3)因应时代变化的《基本法》保障变革。欧洲一体化进程的影响及"福利危机"的产生都迫使《基本法》的社会福利国家原则及相关的社会保障制度进行适时的变革,社会保障体系的改变显得无法避免。当然社会福利国家原则长久以来的发展历史显示,社会保障的发生与持续的条件一再地在改变,在新的条件中随时需要一个相应的社会保障体系的调整,作为"社会保险"必须去保护劳动的国民对抗疾病、伤残、年老、死亡及失业的风险。但这些风险一再从劳动关系"逃出",移置到广大的连带共同体之上。以此方式在 1960 年代及 1970 年代开始社会给付扩张之后,增长出现的社会政策的财务问题,作为一个改变经济成长的结果,也被限制给付的法规克服了。在这种情况下,立法者当时就有意识地"制造"着现在的资源分配的社会国。在个人的自由请求权与社会连带责任的要求之间的紧张关系的背景下,按照社会国固有的变动的动态性去发展社会的国家目标,作为规范性的法律制定与适用的理念,及作为一个"社会的"法律保护规范。为数众多的判决作为社会福利国家原则的具体解释,型构一种正义、安全的社会秩序。特别是立法者,完成一个持续的具体化的委托。其中没有改变的是,国家对每一个人最低生存保障的义务,作为一个社会国,在尊重社

①陈爱娥:《社会国的宪法委托与基本权保障》,载《公法学与政治理论》,台湾元照出版公司 2004 年版,第 275 页。

会平等的理念下，在程序、形式与法治国限度内形塑和实现其社会保障权。[①]

（三）美国宪法制度中的社会保障权探源

美国联邦宪法中并未对社会保障权作出明确的规定。美国1787年宪法中并未包含权利法案的内容，1791年12月15日通过的宪法前十条修正案被通称为《权利法案》，但因当时人们普遍关注的是权利免受权力的侵害与挤压的问题，其内容更多体现为对政府权力的制约，主要使用了“禁止”“不能”的字样。因为代表们担心如果以肯定式的宣言在宪法中罗列公民的基本权利，在实施上极不现实，并会束缚政府手脚。[②] 可以说，《权利法案》中规定的主要是消极权利，用以保护个人的权利不受侵害，社会保障权的入宪问题还没有进入人们的视野中。实践上社会保障权的司法审查案例也不多见。

1905年著名的“洛克纳诉纽约州案”开启了美国宪政史上的“洛克纳时代”，此后在司法审查判例中出现了一系列关涉社会福利权的案例，否定了劳资关系领域中劳动福利权利。“洛克纳诉纽约州案”中最高法院宣布纽约州限制面包工人最高工时的法律违宪。之后1923年判决的“阿德金斯诉儿童医院案”中，最高法院撤销了妇女儿童最低工资法，法院的意见认为：“如果最低工资法所固定的工资数额超过了雇员所提供的服务之合理价值，它就构成了为支持贫困工人而对雇主的一项强制性征收（compulsory exaction），但是雇主对于贫困工人的境况并没有特殊的责任，因此，在事实上，是专制地在雇主的肩上施加了一个重担，如果说这一重担应该属于谁的话，它应该属于整个社会。”[③]1937年的“西滨旅社诉帕里什案”中法院支持了一项妇女最低工资法，一般意味着洛克纳时代的终结。法院的意见认为：工人阶层在谈判能力方面处于不平等的地位，从而，对于雇主拒绝支付其赖以生存的工资也缺乏相应的防卫能力，雇主对于他们的压榨……导致了在援助他们时给社会施加了直接的负担。工人们失去的工资正是要求纳税人所纳的税赋……社会没有义务为贪得无厌的雇主提供事实上的补贴。[④] 1937年的重大转折后，州和联邦的经济立法几乎不再受到最高法院的实质性审查，这也为后来各州的社会保障权立法提供了空间。[⑤]

20世纪30年代的经济大萧条带出了罗斯福新政的出台，当政者力图打造

---

①参见Rainer Pitschas：《欧洲化社会国的社会安全体系》，李玉君译，载《德国联邦宪法法院五十周年纪念论文集》（下册），台湾联经出版事业公司2010年版。

②参见王希：《原则与妥协：美国宪法的精神与实践》，北京大学出版社2000年版，第132—134页。

③Adkins v. Children's Hospital，261 U. S . 557-558（1923）.

④West Coast Hotel v . Parrish，300 U. S. 399（1937）.

⑤【美】凯斯·孙斯坦：《洛克纳的遗产》，田雷译，《北大法律评论》2004年第6卷。

一个“开明的福利行政国家”,开始对社会经济权利进行主动的保护,国会于1935年通过了《社会保障法》,1944年罗斯福总统发表的被称为《第二权利法案》的演说中指出:每个人都应有受良好教育,挣足够钱得到足够食物、衣裳和娱乐,获得足够医疗保障,有像样家居,独得有用和有报酬工作以及免于老龄、疾病、事故和失业之忧的权利。[①] 最高法院也出现了审查新政政策的新局面,在之后的判决中对一系列的社会保障予以支持,比如前述的作为“洛克纳时代”终结者的“西滨旅社诉帕里什案”中对妇女最低工资法的支持,法院开始承认国家确有义务援助贫穷者、年老者和失业者。社会保障被看作自由内容的扩张,是普遍的公民权利,而不再被认为是一种慈善事业或者特权。[②]

20世纪60年代,民权运动的勃兴使得当政者更加重视社会权利的发展,在肯尼迪总统的“向贫困宣战”的口号和约翰逊总统的“伟大社会”的纲领指引下,1965年美国颁布了医疗照顾和医疗援助两个法案,并在住房、教育与城市发展等多个领域中推行了多项福利计划,并促使国会通过了三项民权法案。在这种制度建设背景下,美国的公法学者也开始试图从宪法中寻找推演福利权的可能性。例如,考克斯教授和本迪斯教授都分别论述了正当程序条款下的积极权利,认为正当程序要求政府有为公民提供最低限度需要的义务。米勒教授则认为,联邦宪法的整个结构都包含了积极权利。[③] 最高法院的判决中在沃伦法院时代(1953—1969年)和伯格时代(1969—1980年)的早期,也开始以正当程序、“新平等保护”条款等为依据支持福利案件中的请求。比如,1970年“戈德伯格诉凯利案”中,法院认为福利津贴是有资格领取人的权利而非特权,应当受到正当法律程序的保护。[④] 但在其后的一些案例中法院又出现了否认以宪法条款可以保障社会福利权的情况,比如1972年的“林赛诉诺麦特案”中,法院认为政府没有提供一定质量住房的宪法性义务;在1975年的“拉维因诉米尔因案”中,法院认为福利权益不是基本权利,也不是州或者联邦政府的义务。[⑤] 尤其在20世纪80年代以后,人口老龄化与医疗水平的提高带来了社会保障财政赤字加剧,

①胡敏洁、宋华琳:《美国宪法上的福利权论争——学理与实践》,《政治与法律》2004年第3期。

②【美】埃里克·方纳:《美国自由的故事》,王希译,商务印书馆2002年版,第292页。

③Archibald Cox, The Supreme Court, 1965 Term-Foreword: Constitutional Adjudication and the Promotion of Human Rights, 80 Harv. L. Rev. 91 (1966); Albert M. Bendich, privacy, Poverty, and the Constitution, 54 Cal. L. Rev. 407 (1966); Arthur Selwyn Miller, Toward a Concept of Constitutional Duty, Sup. Ct. Rev. 199 (1968).

④Goldberg v. Kelly. 397 US 254 (1970).

⑤Lavine v. Normet, 405 U. S. 56, 74 (1972); Lavine v. Milne, 424 U. S. 577, 585 n. 9 (1975).

为解决这种困局，1996 年颁布了《个人责任和工作机会协调法案》，也被称为“福利改革法案”，旨在探索通过更为市场化的进路解决社会保障问题。在这一背景下，最高法院的一系列判决否定了福利权的存在。例如 1997 年的“布莱斯因诉富瑞斯通案”中，法院认为《社会保障法》第Ⅳ-D 部分对儿童抚养扶助的规定没有赋予个人可执行的联邦权利。①

虽然在美国联邦宪法中并未对社会保障作出明确规定，但各州和地方政府对于穷人负有首要的保护义务，因此，各州法及地方立法中经常看到关于社会保障权的明确规定。比如纽约州宪法第 17 章第 1 节规定：“对穷人的资助、关怀和支持是公共问题；应获得州政府和分支机构的解决。同时，立法机构可以随时确定其方式和手段。”在阿拉斯加、阿尔巴马、蒙大拿、堪萨斯和怀俄明等州的宪法中，则将积极权利明示为政府义务，其表述为“应当提供”。州法院的某些判决对积极权利进行了支持，如“北卡罗来纳州人类服务部案”中，法院判决州机关有责任给无家可归者以住所；“马萨诸塞州无房者联盟诉人类服务部案”中，法院判决要求当 AFDC 资金不足以提供未成年子女父母住房津贴时，应告知立法机关。

从美国社会保障权的形塑过程可以看出：其一，虽然美国联邦宪法中并未对社会保障权进行明确规定，但是通过宪法判例及州宪法的规定已建立起美国社会保障制度宪法保障框架；其二，社会保障权的发展状况与该国社会、经济发展状况息息相关，或者说在某种程度上取决于社会、经济的发展状况；其三，基于以上两点，美国的社会保障制度是一个开放的体系，具有变动性，但人们也逐渐达成了共识，即国家在社会保障中应当负有责任。当然责任的大小、承担的具体方式需要根据社会发展中的现实状况进行适时调整。美国社会保障权的新近发展体现为通过社会力量解决社会问题，已基本形成了在保障贫困人群生存权的同时有效促进其就业权实现的相对完整的法律机制。

（四）日本宪法中的社会保障权规定

1.《明治宪法》时期的状况

《明治宪法》所保障的权利与自由都是作为天皇的恩赐，社会保障权类的权利是不受保障的。这一点无论是从《明治宪法》1889 年的制定时间，还是从其承 1850 年的《普鲁士宪法》而成的经过来看都是极其自然的。在《明治宪法》中设置了“法律保留”的构造，以此保证在天皇不想赐予时，任何时候都可以加以

①Blesssing v Freestonf，520 U. S. 329（1997）.

限制或者剥夺该项权利。连自由权也处于这样的状态下,因此,当时即使是学术界倡导的与社会保障权相关的权利思想和理论在现实中要通过法律等手段来进行保障,也是完全不可能的。国家对生活贫困者的救济,是以救贫制度的观点来实施的,其救助的目的在于维持治安和保障公共卫生,而决不是承认生活贫困者的保障请求权。贫民的救济应由其亲属或近邻负责,是当时的一项原则,而国家的救济属于慈善行为,只作为贫民救济的一种例外。从 1874 年的《救恤规则》和 1929 年的《救护法》中可明确看到上述原则。

2.《日本国宪法》中的社会保障权内容

《日本国宪法》是为履行《波茨坦宣言》而制定的。这部以和平主义与民主主义为基础的宪法,其第 25 条为著名的生存权条款,对社会保障权问题进行了规定:“所有国民均享有维持健康且文化性的最低限度生活的权利。国家必须在一切生活方面,努力提高与增进社会福利、社会保障以及公共卫生。”该条款主要是依据德国《魏玛宪法》第 151 条第 1 款的规定“经济生活的秩序必须符合保障所有人过上值得人过的生活这一正义原则”制定而成的。随后,将第 25 条加以具体化的一系列立法相继出台,包括:《生活保护法》、《身体障碍者保护法》、《儿童福利法》、《优生保护法》及《社会福利法》等。

宪法草案还在国会进行讨论的过程中,作为日本基本社会保障制度的《生活保护法》也进入了国会的立法程序。对于那些急需救济的失业者和贫困者来说,《生活保护法》似乎比生存权条款更具实际意义。但是战前否定基本权利的《救贫法》的思想依然残留,因此,现代社会保障权的权利意识一时之间很难被普遍且深刻地接受。因而 1946 年的旧《生活保护法》对需要者的生活保护请求权不予认可,政府仍从依职权保护的角度出发,认为即使国家负有生活保护的责任,国民也只不过因此享有反射的利益,并无诉讼的请求权。后来在占领当局民主化改革的压力下,1950 年的新《生活保护法》明确了接受生活保护是国民的权利,还专章规定了不服申诉制度,从而确立了对保护请求权的法律救济途径。新《生活保护法》被认为是宪法第 25 条理念的制度化保障。以此为契机,生活保护请求权争议及受侵害时的救济权利也开始受到了保障。对此,法学家我妻荣予以过高度评价,他将宪法从第 25 条到第 28 条的与社会保障相关的基本权利,当作可以由国家权力的积极干预而得到补充的权利,由此明确了其与自由权的异质性;并认为在宪法上获得保障,这给基本权利体系的性质带来了“重要的质的进步”。其思想基础是将国家作为一个协同体,即国家和个人是内在地、有机地结合在一起,被确认和保障的基本人权应当由国家积极照顾和国民积极努力相互协力来实现。[①] 但是他同时又主张生存权并非具体性权利,以此否定了其在法律上的权利性。[②] 他认为,当国家没有进行相关的立法和设置相关配套措施时,国民并没有直接的请求权。1948 年的违反《粮食管理法》被告事件的判决中就采纳了这一理论。[③] 这一判例成为了把第 25 条看作纲领性规定的判例。之后各种学说和判例均简单地承袭了这样的主张,导致其后十年的理论研究完全停滞。"纲领性规定论"形成通论且得以判例化的主要原因在于:第一,当时的社会背景。第二次世界大战战败带来的资本主义体制的弱化使得日本生产力显著下降,国民生活极端贫困,粮食供应情况非常紧张,在这种国民最低限度的生存条件都受到威胁的情形下,希望国家来保障"健康且文化性的最低限度生活"几乎是不可能的。第二,当时国民社会保障权利意识过低,也是加速该理论形成的原因之一。第三,毫无批判地对《魏玛宪法》第 151 条第 1 款所保障的关于生存权的古典"纲领性规定论"的简单继承是又一原因。

3."朝日诉讼"案件与社会保障权理论的发展

20 世纪 50 年代以后,日本经济的发展日益加快,雇用机会大大增加。但国民收入水平依然很低,未有很大的改善。为此,生活保障基准仍然比较低,对生活需要救济者的救助,也仅仅是提供最低生存的供给而已。但是战后民主化政策和运动的开展,极大地提高了民众的权利意识,在自由和平等的领域内效果较为显著,社会保障权逐渐被推崇。在这样的社会背景下,1957 年在东京地方法院发生了"朝日诉讼"案件——一位病重的肺结核患者,以福利事务所所长采取的保障变更决定处置违反了《生活保护法》甚至违反了宪法为理由,向地方法院提起了请求取消该处置的抗告诉讼。最后该诉讼突破了一般诉讼价值,成为了重新审视社会保障权的基本意义的宪法诉讼。

"朝日诉讼"是战后首次提出的与社会保障权相关的诉讼,在这个角度上具有划时代的意义。此案起因于病人因为疗养所免费提供的伙食太差,病人要求每月的伙食补助费增加到低得不能再低的 400 日元。"朝日诉讼"案件的争议焦点在于:法院是否有权直接依据宪法上规定的"所有国民均享有营构在健康

---

①转引自凌维慈:《历史视角下的社会权——以日本生存权理论的发展变革为视角》,《当代法学》2010 年第 5 期。

②【日】我妻荣:《基本人权》,《国家学会杂志》第 60 卷第 10 号,第 63 页。

③日本最高裁判所 1948 年 9 月 29 日判决,参见《最高裁判所判决刑事判例集》第 2 卷第 10 号,第 1235 页。

和文化意义上最低限度生活的权利”，对厚生大臣制定的生活保护基准是否满足“健康和文化意义上最低限度生活”进行违宪审查，即宪法上的生存权是否具有请求权权能的问题。东京高等法院在二审判决中认为，厚生大臣制定的基准在司法审查的范围内，但由于健康、文明的最低限度生活水平是不固定的，要综合考虑和把握很多不确定的因素，所以对基准的具体判断应该由厚生大臣来进行裁量，法院的审查范围只是限定于行政机关的判断是否逸脱了法律规定的抽象要件。三审中最高法院大法庭的多数意见也认为最低限度的生活水平是抽象的、相对的概念，对基准的判断应委任于厚生大臣进行合目的性的裁量，而不能直接依据宪法上的生存权规定对基准进行实质的审查，除非制定基准的行政机关存在滥用裁量的行为。① 该案在东京地方裁判所一审时胜诉，但是在东京高等裁判所的二审及最高裁判所审理时却是败诉。但是从宪法的角度来看，其至少有以下几重意义：

第一，一审判决后的生活保障基准比原先有所提高是不言而喻的，在审理的过程中保障基准实际上已开始得到提高，得到了大幅改善。当时，这一基准影响下的低收入者及需救济者达数百万以上，且这一基准实际上还决定着各种各样的社会保障、福利以及最低工资的标准，因此，该基准调整的影响面非常巨大。可以说，“朝日诉讼”案件对社会保障权内容的扩大具有重要的意义。

第二，一审胜诉判决对社会保障权的法的权利性质作了肯定，批判了“纲领性规定论”的主张，认为“最低限度生活”的基准在一定的时期和场所是可以确定的，积极主张宪法第 25 条在审判中的规范性。这当然与后来的二审、三审的判决不同，但这一观点已引起了人们的关注。

第三，“朝日诉讼”案件激起了学界对宪法上的生存权是否可作为裁判规范问题的热烈讨论。在积极论证宪法第 25 条法的效果的过程中逐渐形成了“抽象性权利论”。该说认为宪法第 25 条第 1 款采用了“享有权利”的用语，因此具有赋予权利的性质。但是“抽象性权利论”并不承认生存权是法上的具体的权利，不能够直接根据宪法第 25 条第 1 款来审查国家立法和行政不作为的违法性，而只能在已有法律规定的基础上，在针对该具体化规定的诉讼中，才允许主张该法律违反宪法第 25 条第 1 款的规定。② 这一学说虽然仍然停留在把第 25 条具体化的立法范围内，但这个旨在承认生存权在宪法中的具体权利性的学

①凌维慈：《历史视角下的社会权——以日本生存权理论的发展变革为视角》，《当代法学》2010 年第 5 期。

②【日】野中俊彦等：《宪法》（第 4 版），有斐阁 2006 年版，第 478—479 页。

说,对宪法第 25 条的审判的规范性的展开,起到了重大的作用。后来的"具体性权利论"更进一步论证了生存权的权利属性。该学说主张宪法第 25 条第 1 款的权利内容很明确地拘束立法机关,因此,在缺乏实现该权利的方法的情况下,可以提起确认国家不作为的违宪诉讼。自此以后,作为法的权利的生存权不管在实体上还是程序上都有了新进展,对侵犯生存权的国家的不作为行为,还提起了实际上的"确认违宪诉讼"。①

4. 20 世纪 80 年代后立法裁量论兴起

20 世纪 60、70 年代日本经济迎来了高速增长期,"朝日诉讼"案件作为一场运动引发了日本国民对社会保障政策的热切关心,同时也迫使生活保护基准及相应的国家财政预算随之增加。80 年代福利国家主张转变为"建设有活力的福利社会",力求避免高负担、低效率及大政府,强调建立依赖国民自立、自助的福利国家。因此,在最高法院关于生存权的一系列判例中,立法裁量论被广泛采用。1982 年的"堀木诉讼案"中,最高法院放弃了对"权利说"的运用,而是采取阐明司法界限的方式进行裁判,即通过说明生存权立法中立法裁量广泛性来运用条款,以宪法第 14 条为依据,部分地修正社会福利和保障制度的缺陷,认为"健康、文明意义上的最低限度生活"是相对的、抽象的概念,在具体案例中应当根据当下的文化发展程度、社会经济条件、一般国民生活状况等因素对具体内容进行判断。因此,关于社会保障权的具体立法需结合多种社会现实因素进行判断和考量,立法机关广泛的裁量权应当被认可,除非其立法内容欠缺明显的合理性或者明显滥用裁量权,否则不应当作为法院的审查对象。正如学者指出的:"宪法第 25 条第 1 款所诉诸的权利的具体内容,宪法本身无法统一决定,而是最终由具有法律制定权的国会裁量决定。"②这样社会保障立法的合宪性问题基本消失,相关的争议被导入立法合宪前提下的行政机关具体处分是否合法的问题上。③

20 世纪 90 年代经济泡沫破灭之后,巨大的财政压力使得日本政府转而强调国民"自己努力实现福利",有意识地弱化政府责任,将福利的保障推给了民间。

(五)南非宪法制度对社会保障权的形塑

南非迄今为止共有五部宪法,分别为 1910 年通过的第一部宪法、1961 年通过的第二部宪法、1983 年通过的第三部宪法及 1993 年、1996 年通过的第四部

①【日】大须贺明:《生存权论》,林浩译,法律出版社 2001 年版,第 19—23 页。

②【日】奥平康弘:《宪法》,有斐阁 1993 年版,第 244 页。

③【日】池田政章:《宪法社会体系》,信山社 1999 年版,第 5 页。

共和国临时宪法和共和国正式宪法。1993 年之前的宪法基于当时的社会发展状况都没有任何涉及人权的条款,更谈不上对公民社会保障权的规定。直到 1993 年临时宪法将社会保障权纳入了宪法条文,之后 1996 年通过的正式宪法也将社会保障权进行了正式规定。南非共和国宪法,于 1996 年 12 月 10 日签署,1997 年 2 月 4 日生效,是南非新政府废除种族隔离制度后的第一部民主宪法,被誉为新民主南非的“出生证”。南非的制宪议会吸收了各方的意见,起草了这部“合法可信的、被所有南非人所接受的”宪法。

南非宪法借鉴了美、英、法、德等多国宪法的先进经验,并且在考量《国际人权公约》等公约内容的基础上对公民的基本权利问题进行了比较全面的规定与保障,其内容涵盖了第一、第二及第三代人权的主要内容,是一部公认的先进宪法。其关于社会保障权及其相关的社会经济权利的规定主要集中在宪法的第 26、27、28 条。其中第 26 条第 1 款规定了适足住房权和第 27 条第 1 款规定的获得医疗保健、食品、水和社会保障的权利。第 26 条和第 27 条被视为南非人权法案中最重要的社会经济权利。这些权利的实现不是唯一的生活标准,但通常被视为基本生活必需品,因此,国家要保证每一个人有权获得该有的权利。这两条的第 2 款规定了这两种权利相对应的国家义务,即国家必须采取合理的立法和其他措施,在其现有资源内,逐步实现这些权利。这些权利的重要意义在于:不仅保障每个人适足的生存条件,还保障他们获得日常生活的基本必需品。所以,这些权利必须在有最高法律效力的宪法的序言中出现,为提高所有公民的生活质量发挥必要的潜能。因此,毫不奇怪,几乎所有的南非法院尤其是宪法法院作出的有关社会经济权利案件的判决都是基于第 26 条和第 27 条的规定。此外,宪法第 28 条第 1 款第 3 项规定的关于未成年人的社会经济权利,第 29 条第 1 款第 1 项规定的关于基础教育的权利,第 35 条第 2 款第 5 项规定的关于被判刑拘留者社会经济的权利,这些基本权利所对应的是国家的积极义务,需要国家通过积极行为来实现,但是在可用资源的限制下这些权利没有得到合理的实现。

法院能否以宪法中对社会保障权的规定为依据支持公民的请求权内容,换句话说,宪法中对公民社会保障权的规定是否具有法律上请求权内容一直是各国宪法制度运行中的一个难题。在南非宪法的适用过程中出现法院对公民请求权的认可,形塑了南非的积极权利的制度。这一具有划时代意义的案例即为南非著名的“格鲁特布姆(Grootboom)案”。

案件发生在世纪之交的 2000 年,在南非沃拉斯顿的一个非正式定居点生活着由 510 名儿童和 390 名成年人组成的贫困群体,Grootboom 是该群体的成员之一。这个贫困群体的生活非常窘迫,他们没有固定居住的场所,过着长期颠沛流离的生活。后来,他们在沃拉斯顿附近找到了一块空地临时居住下来。但这块地是当地政府专门用于开发建设廉价房的土地。因此 ,不久他们就遭到了当地政府的强行驱逐,在驱逐的过程中他们搭建的临时住所被铲平或烧毁,生活用品被毁坏,他们在沃拉斯顿的住所被夷为平地,他们再次陷入无家可归的境地。在走投无路的情况下,Grootboom 等人不得不暂住于公共体育场或者附近的社区会堂。Grootboom 对政府的行为极其愤怒,认为国家应当负有保障公民住房权的基本职责,但他们的住房权没有得到保障,反而遭到政府的驱逐。于是,她将南非共和国政府告上好望角高等法院。法院受理该案后认为,依据宪法第 28 条第 1 款第 3 项的规定,儿童享有居住权,进而其父母也享有居住权。因此,好望角高等法院作出判决,判令国家和各省级政府、好望角大都市委员会、奥斯特伯格自治区立即向 Grootboom 等人提供最起码的居住条件,包括供应帐篷、便携式厕所及定期提供饮用水等。判决作出后,南非共和国政府立即向南非宪法法院上诉。2000 年 5 月 11 日,宪法法院召开了听证会,听证会上当事人各方达成了协议:政府机关承诺为 Grootboom 所在的社区提供相应的便利条件,从而缓解该社区贫困群体的生活困境。但是直到 2000 年 9 月 21 日,政府机关仍然未履行协议中承诺的内容,未提供任何便利。于是,宪法法院发出了紧急执行申请书,并于当天作出了终审判决:要求自治区政府履行承诺,为该社区提供最起码的服务设施。法官在判决书中写道:“宪法规定了政府有积极为全国范围内成千上万生活于恶劣环境中的人民改善生活困境之职责。政府必须为那些生活无着落的人们提供住房、医疗保障、充足的食物和水,以及社会保障。”①

在这一著名案例中,宪法法院提出了自己的一套理论:

首先,在社会经济权利是否可诉的问题上,法院认为核心不是可诉性问题,而是在个案中怎样强制实现该权利的问题。可以说,它关心的是如何判断政府政策是否合理,如何在具体的案例中实现社会经济权利。

其次,政府消极义务的违反。宪法法院认为宪法第 26 条规定的内容包括:任何人都有权获得足够的住房。国家和政府必须在其可利用资源的范围内采取合理的立法和其他措施逐步实现公民的住房权利。任何人都不得被从其住宅中驱逐,在没有获得法院在考虑所有有关的情况后发布的命令之前,禁止任何人损毁他人的住宅。一切法律都不得允许任意将人们从其住宅中驱逐。这

①彭小梅:《格努特姆诉南非政府案》,《中国审判》2008 年第 12 期。

表明了住房权的基本权利属性，法院认为在住房权方面国家既负有积极性义务，也负有消极性义务。所谓消极性义务即国家应“停止妨碍或损害充足住房权利的实现”，法院认为政府恰恰违反了这项消极义务。政府在最后期限期满前一天就用推土机强行铲平了 Grootboom 等人的临时居所，这种行为是野蛮的、不人道的，违反了政府的消极义务。

再次，“合理性”审查标准的确定。宪法法院认为，在住房权问题上国家的积极义务在于制定综合而有效的住房福利政策和计划以满足人们的住房需求，并且应当采用合理的措施在有限的资源范围内逐渐实现民众的住房权利。法院有权对政府的福利政策和计划是否合理进行判断。法院认为本案中政府的住房政策没有达到“合理性”标准，原因是住房计划没有满足弱势人群的迫切需要。“政府没有为那些具有迫切需要的人提供短期的、临时性的救济措施”①，“政府在其可利用的资源范围内没有为开普都市区那些没有土地、没有住房并且生活在极度困苦状况中的人们提供合理的帮助”②，因此，法院命令政府采取行动履行宪法第 26 条第 2 款所规定的义务，这些义务包括设计、资助、实施并且监督旨在为那些具有迫切住房需求的人提供救济的措施。③

最后，联合国经济、社会和文化权利委员会提出的“最低限度的核心义务”概念不适用于住房权问题。宪法法院的法官指出，尽管“最低限度的核心义务”具有非常重大的意义，但也存在很多问题，比如为了确定任何特定情况下的最低核心义务，就必然需要法院获得大量的相关信息。而对于住房存在地区和城乡差异的南非，由法院来确定获得充分住房权的最低核心义务内容是很难完成的任务。因此，宪法法院否认宪法第 26 条第 1 款包含国家应根据请求为权利人直接提供住所的最低核心义务，而认为第 26 条第 1 款应当和第 2 款结合理解，即国家只负有在其可利用的资源范围内逐渐实现的义务。即第 26 条规定的并不是所有人都享有住房权，而是强调所有人都有权得到逐步实现这项权利的方法或其他措施的保护，同时要求国家、其他组织和个人停止妨碍或侵犯拥有足够住房的权利。④

---

①Government of the Republic of SouthAfrica and Others v. Grootboom and Others. 2001 (1) SA46 (CC), Para 66.

②Government of the Republic of SouthAfrica and Others v. Grootboom and Others. 2001 (1) SA46 (CC), Para 99.

③侯宇清：《南非宪法法院判例研究》，湘潭大学 2011 年博士论文，第 30—31 页。

④韩敬：《由格鲁特布姆案透视南非住房权的司法保护》，《河南省政法管理干部学院学报》2010 年第 1 期。

（六）欧盟宪法

欧洲一体化的进程开始于第二次世界大战之后，欧洲人民在经过半个多世纪的努力之后于2009年通过了具有历史意义的《里斯本条约》，该条约开启了欧盟的又一新时代。在半个多世纪的努力中，欧洲人民签署的包括基本权利的条约性文件包括《欧洲人权公约》《欧洲联盟基本权利宪章》《欧洲社会宪章》《欧洲宪法条约》《里斯本条约》等在内的多项宪法性条约。这些文件中关于基本权利乃至社会保障权利规定的演变轨迹的梳理可以使人们清晰地看到社会保障权在欧盟的宪法保障发展路径。

1.《欧洲人权公约》

《欧洲人权公约》，全称为《欧洲保障人权和基本自由公约》，是在第二次世界大战后由欧洲委员会组织起草，于1950年11月4日在罗马开放签署，并于1953年9月3日被批准开始实施的。目前所有欧洲委员会的成员国均为本公约的缔约国之一，而且新加入欧盟的成员国也将被要求批准该公约。《欧洲人权公约》由18条正文及14项议定书共同构成，其中涉及的基本权利包括：尊重人权，生命权，免于酷刑与不人道或者侮辱待遇之自由，免于强制或强迫劳役之自由，人身自由及安全之权利，公平审判之权利，罪刑法定原则之保障，隐私权，思想、信仰及宗教自由，言论自由，集会及结社自由，结婚及组织家庭之权利，有效获得国内司法救济之权利，禁止歧视等内容。此外，其议定书中还涉及了以下权利：财产权、受教育之权利、自由选举权、免于因民事债务而受到监禁、迁徙自由、除籍之禁止、限制实施死刑、反歧视、完全废除死刑等内容。该公约起草于20世纪的50年代，因此在该公约中规定的基本权利主要集中在第一代人权和第二代人权的内容，而并未涉及第三代人权即社会权利的内容，更没有直接规定社会保障权。但是该公约仍然具有非常积极的意义，从其1号议定书第2条关于保障受教育权的规定来看，其制定者已经开始关注社会权利，也不仅限定于传统宪法上防御性权利的规定。此外，《欧洲人权公约》设立了欧洲人权法院，任何人认为其权利受该公约缔约国的侵害时，均可向欧洲人权法院提起诉讼。这无疑为基本权利的保障提供了坚实的后盾，这一创举使得个人在国际舞台上能够扮演更为积极的角色。

2.《欧洲社会宪章》

《欧洲社会宪章》于1961年10月18日由欧洲理事会成员国会议通过，1965年2月26日生效。该宪章是各欧洲理事会成员国在签署《欧洲人权公约》后为进一步保障公民的社会、经济权利所作的努力。《欧洲社会宪章》由序言、五章内容及一项解释性附录构成，共 38 条，规定了 19 项基本的经济、社会和文化权利。1987 年 11 月 26 日，欧洲理事会又于法国斯特拉斯堡签署了第一议定书，1988 年 5 月 5 日开放给理事会成员签字。议定书的内容有关劳动者就业与任职的机会平等权、参与环境的决策权、获得信息与咨询权、老年人享受社会保险的权利。①

宪章并不具有直接在成员国适用的效力，也不具有强制约束力，但其对于成员国的立法仍具有一定程度的影响力。在《欧洲社会宪章》的监督机制下，各成员国应当每年向欧洲社会委员会提交该宪章实施情况的报告，而且欧洲社会委员会定期对各成员国的实施情况撰写评价报告。虽然欧洲委员会的评价不具有强制性，但在之后的欧洲社会宪章政府委员会和欧洲理事会部分委员会上会对相关问题进一步进行介入。② 因此，各成员国在立法的过程中均会考虑《欧洲社会宪章》的规定及欧洲社会委员会对其进行的解释与案例，并尽量保持与社会宪章的一致。

3.《欧盟基本权利宪章》

《欧盟基本权利宪章》是欧洲一体化进程中将基本权利实证化的努力结果。2000 年 12 月 7 日，在欧盟理事会尼斯会议召开之际，欧盟理事会主席、欧盟委员会主席及欧盟议会主席正式批准了《欧盟基本权利宪章》，但当时的《欧盟基本权利宪章》还不具有法律效力。2001 年 3 月，《尼斯条约》在附录中以"关于欧盟未来"的第 23 号宣言确立了 2004 年欧盟改革工作议程，其中《欧盟基本权利宪章》的司法地位是一项重要内容。2001 年 12 月 15 日，Laeken 宣言明确提出制定"一部欧盟公民的宪法"。直至 2004 年 6 月 28 日，欧盟 25 个成员国最终批准通过了《欧盟宪法条约》草案最终文本。条约将《欧盟基本权利宪章》作为重要组成部分，从而实现了欧盟基本权利的宪法化。但由于《欧盟宪法条约》草案最终没有被通过，《欧盟基本权利宪章》的效力被继续搁置。直至 2009 年 12 月 1 日《里斯本条约》生效，通过《里斯本条约》第 6 条赋予《欧盟基本权利宪章》的效力，其才最终生效，并具有拘束欧盟成员国的效力。但是由于英国、波兰行使了《里斯本条约》所赋予的退出选择权，因此在其国境内《欧盟基本权利宪章》无拘束力。

《欧盟基本权利宪章》由前言及七章共 54 个条文构成：第一章人类尊严、第二章自由、第三章平等权、第四章团结、第五章公民权利、第六章司法权及第七

---

①郑贤君：《基本权利原理》，法律出版社 2010 年版，第 71 页。

②Gisella Gori, "Domiestic Enforcement of the European Social Charter The Way Forward", in Grinnede Brca and Brunode Witte (eds), *Social Rights in Europe*, Oxford University Press, 2005, p. 70.

章一般条款。[①] 其中涉及社会保障权的内容集中在第四章对欧盟公民社会权利的规定中。第四章规定的主要内容包括：信息权及被征询权、谈判及集体行动权、利用就业安置服务权、非法解雇时的受保护权、适当和公正的劳动条件权、童工及未成年工之禁止、家庭生活和职业生活的保障权、社会保障和社会救济权、健康保护权、享受一般经济利益服务的权利、环境保护及消费者保护权。其中第33条规定："保障家庭受到法律的、经济的、社会的保护。为了兼顾家庭生活和职业生活，任何人皆有权受到保护，不因为怀孕相关的理由而被解雇。并且有权要求受薪的孕产假，以及子女出生后或收养后要求受薪的父母假。"直接涉及社会保障权的条款为第34条，该条规定："根据欧洲共同体法律及国家的法律与实践，欧盟确认并尊重公民在生育、疾病、工伤、失依或年老、失业等情况下的社会保障权和社会服务权。每一个在欧盟内合法居住及迁移的人都享有社会保障权的社会服务权。为了消除社会排斥和贫困，欧盟承认并尊重社会和住房援助的权利，以确保那些缺乏足够资源的人能够体面的生活。"此外第35条规定了欧盟公民的医疗保健权利："每个人都有享有获得预防卫生保健和国家建设的医疗设施的受益权。欧盟的政策与行动应当确保人类高层次健康保护的实现。"可以看出《欧盟基本权利宪章》已经比较全面地对公民的社会保障权的问题进行了规定，在宪章与《里斯本条约》共同生效后在除英国、波兰之外的其他各成员国发生效力，约束和指引其国内法对公民的社会保障权进行保障。

4.《欧盟宪法条约》

《欧盟宪法条约》是欧盟的首部宪法，2004年6月18日，25个欧盟成员国在比利时首都布鲁塞尔举行首脑会议并通过了《欧盟宪法条约》。2004年10月29日，欧盟各成员国领导人在罗马签署了《欧盟宪法条约》。该条约必须在欧盟全部成员国依据法律规定，通过全民公决或者议会投票方式批准后方能生效。2004年11月，立陶宛议会率先批准了《欧盟宪法条约》。但法国、荷兰两国分别在2005年5月和6月全民公决中否决了该条约，因此《欧盟宪法条约》被搁浅，并最终被《里斯本条约》所取代。在法理上，《欧盟宪法条约》具有宪法与条约的双重性质。一方面，其在内容上具备主权国家宪法的一些属性与特征，其功能超越了国际组织设立的协定或宪章；另一方面，其名称仍以条约形式出现，其制定过程本质上也仍是欧盟政府间合作的产物，不过以宪法为名，将使其在效力上成为欧盟及其会员国最高位阶的基本法。[②] 虽然《欧盟宪法条约》

①洪德钦主编：《欧盟宪法》，台湾"中央研究院"欧美研究所2007年版，第2页。

②洪德钦主编：《欧盟宪法》，台湾"中央研究院"欧美研究所2007年版，第3页。

最终没能生效，但其为后来的欧洲制宪提供了很好的基础，事实上后来生效的《里斯本条约》中有很多内容沿用了《欧盟宪法条约》的规定，因此有必要对其内容进行关注。

《欧盟宪法条约》共分为四个部分：(1)欧盟的原则、功能和机构设置；(2)欧洲公民的基本权利；(3)欧盟的决策机制及实施各项政策的细则；(4)条约生效。其中第二部分关于欧洲公民基本权利的规定是全文引入《欧盟基本权利宪章》的内容，涉及社会保障权的规定，这里不再赘述。

5.《里斯本条约》

《里斯本条约》是欧盟非正式首脑会议于2007年10月19日在葡萄牙首都里斯本通过的欧盟条约，其目的在于取代迟迟不能生效的《欧盟宪法条约》。2009年11月3日，捷克斯洛伐克作为最后一个成员国签署《里斯本条约》后，该条约于2009年12月1日正式生效。

从基本权利的规定上来看，《里斯本条约》与《欧盟宪法条约》相比，没有将《欧盟基本权利宪章》全文纳入其中，而是采取了引入的方式来确认其效力。《里斯本条约》第6条规定："1. 欧盟承认2000年12月7日制定、2007年12月12日在斯特拉斯堡通过的《欧盟基本权利宪章》所规定的权利、自由和原则，并且宪章拥有和条约一样的法律效力……；2. 欧盟应加入《欧洲人权公约》，但加入不影响条约规定的欧盟权能；3.《欧洲人权公约》规定的基本权利以及来源于各成员国的共同宪法传统，都构成了联盟法律的一般原则。"可见，《里斯本条约》中关于基本权利的规定除来源于《欧盟基本权利宪章》外，还来源于《欧洲人权公约》及各国共同的宪法传统。其中涉及社会保障权的内容则主要来源于《欧盟基本权利宪章》的规定。

《里斯本条约》是欧盟的基础条约，在各成员国具有直接适用的法律效力，也是各成员国国内立法的标准。因此被引入的《欧盟基本权利宪章》也将拘束各成员国，各成员国有义务保证其国内立法与《欧盟基本权利宪章》的规定保持一致。这无疑将提高各成员国的基本权利保障立法，乃至社会保障权保障立法的程度，为构建更为完善的社会保障权制度保障体系指明方向。此外，《里斯本条约》的生效对欧盟法院对社会保障权的保护也将产生积极的影响。欧盟法院对于各成员国的社会保障权保护状况的影响主要通过以下途径实现：其一，欧盟法院可以在成员国法院要求的对国内法院正在审理的案件中涉及的欧盟法令的含义和合法性问题进行预先裁决，欧盟法院在预先裁决中阐明的意见具有约束力，提请预先裁决的不应当按照裁决处理；其二，尽管欧盟法院的预先裁决并不具有判例的性质，但欧盟法院一般会遵循先例，因而欧盟法院的案例对于成员国法院来说形成了在某一问题上的可预期的意见和立场，一般会尊重并遵照执行，因此在实践中欧盟的判例不仅仅具有“个案”的效力，在一定程度上还具有“普遍”效力。[①] 在《欧盟基本权利宪章》生效之前，欧盟关于社会保障权的法律规定很少，因此没有为欧盟法院在社会保障权的保护方面提供充足的法律资源。随着宪章的生效，欧盟宪法便可更为充分地对社会保障权予以保障。

对《里斯本条约》介绍中不能不提的一个问题是条约的保留问题。《里斯本条约》的第 30 号议定书的内容是关于《欧盟基本权利宪章》在波兰和英国适用的特别条款，“宪章并没有授予欧盟法院或任何波兰和英国的国内法院审查波兰和英国的法律、法规或行政规定、实践和行为与宪章规定的基本权利、自由和原则不一致的权力；除了波兰和英国现行国内法律已经规定的权利，宪章第 4 章的规定没有为波兰或英国创造任何可属法的权利。”通过这一保留声明，波兰和英国否认了《欧盟基本权利宪章》的强制约束力，但在保留声明之外仍有其影响力和发挥作用的空间。虽然否认了宪章的强制力，但并未否认宪章自身的有效性。也就是说，虽然不能通过审查并宣布国内法“违宪”这种方式修正国内法的规定，但成员国议会仍可以以宪章为标准自觉修正国内立法的内容。

二、国际条约中的社会保障权

（一）世界人权宣言

《世界人权宣言》是 1948 年 12 月 10 日联合国大会第 217 号决议通过的一份旨在维护人类基本权利的文献。宣言中主要从三个方面规定了社会保障权：（1）承认每个人都享有社会保障权。第 22 条规定：“每个人作为社会的一员，有权享受社会保障，并有权享受他的个人尊严和人格的自由发展所必需的经济、社会和文化方面各种权利的实现，这种实现是通过国家努力和国际合作并依照各国的组织和资源情况来完成的。”（2）免于失业的保障。第 23 条第 1 款规定：“人人有权工作、自由选择职业、享受公正和合适的工作条件并享受免于失业的保障。”（3）基本生活保障和其他社会保障。第 25 条第 1 款规定：“人人有权享受为维持他本人和家属的健康和福利所需的生活水准，包括食物、衣着、住房、医疗和必要的社会服务；在遭到失业、疾病、残废、守寡、衰老或在其他不能控制的情况下丧失谋生能力时，有权享受保障。”[②]

---

①郭文姝：《〈里斯本条约〉的生效对欧盟各国社会权发展的影响》，《法学杂志》2010 年第 4 期。

②张千帆主编：《宪法》（第 2 版），北京大学出版社 2012 年版，第 224 页。

(二)《经济、社会及文化权利国际公约》

《经济、社会及文化权利国际公约》是联合国于1966年12月16日通过的最具国际影响力的国际人权文书之一。中国于2001年加入该公约,并于2003年6月提交首次报告。该公约第9—12条对社会保障权作出了比较详细的规定,主要包括四个方面:(1)公约宣布公民对社会保障权的普遍享有权。第9条规定:“本公约缔约各国承认人人有权享受社会保障,包括社会保险。”(2)主要针对家庭、母亲、儿童等特殊群体的社会保障权。第10条规定:“本公约缔约各国承认:一、对作为社会的自然和基本的单元的家庭,特别是对于它的建立和当它负责照顾和教育未独立的儿童时,应给以尽可能广泛的保护和协助。缔婚必须经男女双方自由同意。二、对母亲,在产前和产后的合理期间,应给以特别保护,在此期间,对有工作的母亲应给以给薪休假或有适当社会保障福利金的休假。三、应为一切儿童和少年采取特殊的保护和协助措施,不得因出身或其他条件而有任何歧视。儿童和少年应予保护免受经济和社会的剥削。雇佣他们做对他们的道德或健康有害或对生命有危险的工作或做足以妨害他们正常发育的工作,依法应受惩罚。各国亦应规定限定的年龄,凡雇用这个年龄以下的童工,应予禁止和依法应受惩罚。”(3)基本生活保障,特别强调了免于饥饿的权利。第11条规定:“一、本公约缔约各国承认人人有权为他自己和家庭获得相当的生活水准,包括足够的食物、衣着和住房,并能不断改进生活条件。各缔约国将采取适当的步骤保证实现这一权利,并承认为此而实行基于自愿同意的国际合作的重要性。二、本公约缔约各国既确认人人免于饥饿的基本权利,也应为下列目的,个别采取必要的措施或经由国际合作采取必要的措施,包括具体的计划在内:(甲)充分利用科技知识、传播营养原则的知识,发展或改革土地制度以使天然资源得到最有效的开发和利用等方法,改进粮食的生产、保存及分配方法;(乙)在顾到粮食入口国家和粮食出口国家的问题的情况下,保证世界粮食供应,会按照需要,公平分配。”(4)体质和心理健康的保障。第12条规定:“一、本公约缔约各国承认人人有权享有能达到的最高的体质和心理健康的标准。二、本公约缔约各国为充分实现这一权利而采取的步骤应包括为达到下列目标所需的步骤:(甲)减低死胎率和婴儿死亡率,使儿童得到健康的发育;(乙)改善环境卫生和工业卫生的各个方面;(丙)预防、治疗和控制传染病、风土病、职业病以及其他的疾病;(丁)创造保证人人在患病时能得到医疗照顾的条件。”

(三)《社会进步与发展宣言》

联合国于1969年12月11日第2542号人权决议通过《社会进步与发展宣

言》。在宣言中有关社会保障权的规定主要包括以下三个方面:(1)对各国提出的概括性的总体要求。第8条规定:“每个国家的政府的首要任务和根本的责任在于确保其人民的社会进步和福利。”(2)基本生活保障。第10条规定:“(甲)在一切职业阶层保证人人有工作的权利以及每个人有组织工会、工人协会与参加集体谈判的权利;促进充分的生产就业以及消除失业和就业不足;为一切人建立公平和有利的工作条件,包括改善卫生和安全的条件;保证不加任何歧视地给予劳动以公正的报酬和保证一种正当而合适的生活水准所需的足够高的最低限度工资;保护消费者。(乙)消除饥饿和营养不良以及保证获得适当营养的权利。(丙)消除贫困;保证不断地改进生活水平和给以公平的收入分配。(丁)实现最高卫生标准,对全体居民提供健康保护,如果可能则免费提供。(戊)扫除文盲和保证普遍获得文化、初级免费义务教育和各级免费教育的权利;提高终身教育的一般水平。(己)为一切人,特别是为低收入的各部分人和人口多的家庭提供足够的住房和社会服务。”(3)社会保障及特殊主体的保障。第11条规定:“(甲)提供全面的社会保障计划和社会福利事业,为所有因疾病、残废或年老而暂时或永久不能谋生的人,制定和改进社会保障和保险方案,以保证这些人和他们的家庭与家属维持适当的生活水准。(乙)保护母亲和儿童的权利;关心儿童的抚育和健康;提供措施,保障妇女的健康和福利,特别是在怀孕期及其子女在幼年期工作的母亲和其收入是家庭生活唯一来源的母亲的健康和福利;对妇女给予孕产假和补助,并不使其失业和在工资方面受到损失。(丙)保护儿童、老年人和残废人的权利并保证他们的福利;对在身体或精神方面处于不利状态的人提供保护。(丁)以正义与和平和各国人民之间相互尊重与了解的理想教育青年,并在青年之中提高他们对这些理想的认识;促使青年充分参加国家发展的活动。(戊)提供社会防卫措施并消除导致犯罪和违法行为,特别是导致青少年犯罪的条件。(己)保证使一切个人在不受任何歧视的情况下了解他们的权利和义务,并在行使和保障他们的权利中得到必要的帮助。”

(四)《各国经济权利和义务宪章》

联合国大会于1974年12月12日以第3281号决议通过了《各国经济权利和义务宪章》,在该宪章中主要规定了各国在国际社会交往中的各种经济权利和义务,其中并未直接规定各国社会保障问题,但其中第7条的内容可以被认为是各国需要为其公民的社会保障权建设不断努力的要求。第7条规定:“各国首屈一指的责任是促进本国人民在经济、社会以及文化方面的发展。为了实现这一宗旨,每个国家都有权利和责任选择本国发展的道路和目标,充分动员和利用本国的资源,实行进步的经济改革和社会改革,并且切实保证本国人民能够充分参加发展的过程,充分分享发展的利益。一切国家都有义务进行个别的或集体的合作,以消除阻挡各国动员和利用本国资源的各种障碍。”这一概括性提法虽然没有直接、明确地表述为社会保障权,但已经明确地指出了各国的首要任务是为公众持续发展和改善生存环境,这无疑包含着社会保障的内容。

(五)《维也纳宣言和行动纲领》

1993 年 6 月 25 日联合国通过了《维也纳宣言和行动纲领》,其中与社会保障权有关的条文包括第 6、14、18、21、24、25、31 条,主要包括以下几方面的内容:(1)总体要求。第 6 条规定:“联合国系统争取所有人的人权和基本自由得到普遍尊重和遵守的努力,能依据《联合国宪章》促进在国与国间发展和平友好关系所需的稳定和福利,有助于改进和平与安全以及社会和经济发展的条件。”(2)对贫困群体的关注。第 14 条规定:“极端贫穷的广泛存在妨碍人权的充分和有效享受;立即减轻和最终消除贫穷仍然必须是国际社会的高度优先事项。”第 25 条规定:“世界人权会议申明,绝对贫困和被排除在社会之外是对人的尊严的侵犯,必须采取紧急措施,加强对绝对贫困现象及其成因的了解,包括与发展问题有关的原因,以便促进最贫困者的人权,解决极端贫困和被社会排斥问题,让他们享有社会进步的成果。各国必须扶助最贫困者参与他们所生活的社区的决策进程,促进人权和努力扫除绝对贫困现象。”(3)对妇女、儿童的特别保护。第 18 条规定:“妇女和女童的人权是普遍性人权当中不可剥夺和不可分割的一个组成部分。使妇女能在国家、区域和国际各级充分、平等地参与政治、公民、经济和文化生活,消除基于性别的一切形式歧视,这是国际社会的首要目标。基于性别的暴力和一切形式的性骚扰和剥削,包括产生于文化偏见和国际贩卖的此类活动,都不符合人的尊严和价值,必须铲除。这 ·目标可通过法律措施,借助于经济和社会发展、教育、安全娩育和保健,以及社会支助等领域的国家行动和国际合作来付诸实现。妇女的人权应成为联合国人权活动、包括促进有关妇女的所有人权文书的工作的一个组成部分。世界人权会议促请各国政府、机构、政府间和非政府组织加强努力,保护和促进妇女和女童的人权。”第 21 条规定:“世界人权会议促使许多国家早日批准了《儿童权利公约》,注意到世界儿童问题首脑会议通过的《儿童生存、保护和发展世界宣言》和《行动计划》确认了儿童的人权,促请各国在 1995 年之前普遍批准这项公约,并通过一切必要的法律、行政和其他措施,为此尽量调拨可用资源,有效地实施公约。在有关儿童的所有行动中应首先考虑非歧视和儿童的最佳利益,适当注意儿童的意见。应加强国家、国际机制和方案保卫、保护儿童，特别是保护女童，被弃儿童，街童，受到包括以儿童色情、儿童卖淫或贩卖人体器官进行的经济剥削和性剥削的儿童，受到包括艾滋病在内疾病之害的儿童，避难和流离失所的儿童，受拘留的儿童，武装冲突中的儿童，以及受饥荒、旱灾和其他紧急局势之害的儿童。应促进国际合作与团结，支持执行公约，使儿童权利在联合国全系统的人权行动中占有优先地位。世界人权会议还强调，为了儿童身心品质的充分和协调发展，应让他们在家庭环境中成长，因此家庭应得到更多的保护。"（4）对弱势群体的保护。第 24 条规定："必须高度重视促进和保护属于被置于脆弱地位群体的人包括移徙工人的人权，消除对他们的一切形式的歧视，加强和更有效地执行现有的人权文书。各国有义务制订和保持国家级的适当措施，特别是教育、保健和社会支助领域的措施，以争取促进和保护属其人口脆弱层次者的权利，确保其中关心解决自己问题的人能够参与其事。"（5）国际交往中对社会保障权的考量。第 31 条规定："世界人权会议呼吁各国避免采取不符合国际法和《联合国宪章》，为各国间贸易制造障碍，妨碍充分实现《世界人权宣言》和国际人权文书所列人权，特别是人人享有对其健康和福利而言所需的生活水平包括粮食和医疗保健及必要社会服务的权利的单方面措施。世界人权会议申明：粮食不应被用来作为施加政治压力的工具。"

（六）《社会保障（最低标准）公约》

国际劳工组织于 1952 年第 35 届大会通过了第 102 号公约，即《社会保障（最低标准）公约》，在公约中涵盖了医疗给付、疾病给付、失业给付、养老给付、职灾给付、家庭给付、生育给付、残障给付、遗属给付等各大社会保障领域的最低基准。下面就其部分内容作以简要介绍：

（1）医疗给付：实施公约的各成员国，应依规定向被保护人及其妻儿支付任何疾病包括妊娠及分娩中的预防性或者治疗性医疗行为中的支出。

（2）疾病给付：实施公约的各成员国，应依规定向被保护人支付规定疾病的治疗支出。为防止被保护人滥用权利，可以限定被保护人的资产标准、设定给付期限。

（3）失业给付：实施公约的各成员国，应依规定向有工作能力但未就业而导致收入中断的公民提供失业给付。为防止被保护人滥用权利，可以限定被保护人的资产标准、设定给付期限。

（4）养老给付：实施公约的各成员国对于已经完成缴费、就业一定期限以上且已达法定年龄的人应当提供养老给付。如果享有给付的人从事任何规定的有酬活动,或者其收入及其他资产合计超过一定金额的,可以减低其给付额。

(5)职灾给付:实施公约的各成员国应当以维持、恢复或增进被保险人健康及工作能力与照顾其个人需要为宗旨,向因就业而罹致灾害或一定疾病的人提供职灾给付。给付范围包括伤病医疗给付,除一般医疗照顾外还包括职业重建;还包括因职灾而全部或部分丧失收入能力的及因职灾死亡者其妻儿应获得按期给付。

(6)家庭给付:实施公约的各成员国应提供家庭给付,该给付范围包括为抚养儿童所规定的责任,按期支付,用以保障抚养儿童相关的食物、衣服、住所等。

第三节　我国社会保障权的宪法保障

一、历部宪法中对社会保障权的规范

(一)《共同纲领》

1949 年 9 月 29 日,中国人民政治协商会议第一届全体会议通过的《中国人民政治协商会议共同纲领》(以下简称《共同纲领》)。《共同纲领》总结了中国人民百余年来斗争的经验,是根据中国国情制定的国家大法,是具有临时宪法性质的重要文献。《共同纲领》的制定和颁行,拉开了新中国宪政建设的序幕。

《共同纲领》除“序言”外,分为“总纲”“政权机关”“军事制度”“经济政策”“文化教育政策”“民族政策”“外交政策”共 7 章 60 条。其中涉及社会保障权的内容为第 32 条的规定:“在国家经营的企业中,目前时期应实行工人参加生产管理的制度,即建立在厂长领导之下的工厂管理委员会。私人经营的企业,为实现劳资两利的原则,应由工会代表工人职员与资方订立集体合同。公私企业目前一般应实行八小时至十小时的工作制,特殊情况得斟酌办理。人民政府应按照各地各业情况规定最低工资。逐步实行劳动保险制度。保护青工女工的特殊利益。实行工矿检查制度,以改进工矿的安全和卫生设备。”可以看出,《共同纲领》中对于社会保障权并未进行系统的规定,而只是涉及了保险制度,且对保险制度也未进行更为明确的规定。这主要是囿于当时的社会发展阶段及我国的发展情况所限。

《共同纲领》具有明显的过渡性和临时性的特征,它由代行全国人民代表大会职权的中国人民政治协商会议制定,规定了国家制度和社会制度的基本原则及各项基本政策,内容和法律效力上具有国家宪法的特征,但是它不是由全国人民代表大会制定的,所以只是一部临时宪法。它的许多基本权原则在制定 1954 年宪法时都得到了确认和进一步发展,在中国宪政史上有着重要的历史意义。

(二)1954 年《宪法》

1954 年 9 月 20 日,中华人民共和国第一届全国人民代表大会第一次会议通过了《中华人民共和国宪法》。1954 年宪法是中国历史上第一部社会主义类型的宪法,也是新中国的第一部宪法。它以《共同纲领》为基础,又发展了《共同纲领》。1954 年《宪法》奠定了我国宪法体制的基本框架与发展模式,它所确立的人民民主原则和社会主义原则、中央国家机关组织体系、中央和地方的关系以及公民的基本权利和义务等多方面的规定都为后来的宪法所继承。

1. 1954 年《宪法》规定公民基本权利的总体特征

1954 年《宪法》规定的公民的基本权利和义务,是以《共同纲领》的规定为基础展开的。在基本权利的类型上,在保留《共同纲领》规定内容的基础上,结合 5 年社会发展的实际,进一步发展了基本权利的内容与类型。

在基本权利主体方面,1954 年《宪法》采用了公民的概念,使主体的特征与表述更为明确。在基本权利条文方面,1954 年《宪法》扩大了基本权利的范围,共设有条文十几条,与《共同纲领》相比有较大幅度的增加。在基本权利的内容上,增加了一些新条文,比如劳动权、劳动者的物质帮助权、休息权等;有些条文则在《共同纲领》的基础上进行了更为规范的表述。

2. 关于基本权利范畴的提出

1954 年《宪法》中规定的基本权利反映了 20 世纪 50 年代基本权利的文化特点。当时的学术著作中一般没有涉及基本权利概念与主体等具体问题。从当时的学术环境看,基本权利本身的定位问题还没有引起学术界必要的关注,权利与基本权利之间还没有形成合理的界限。有学者认为:“宪法中规定的基本权利是我国公民的基本权利,也就是最主要和最根本的权利,它是我国公民各种权利的法律基础,至于一般权利,则由各种法律根据宪法所制定的原则来规定。”①这里提出了基本权利的判断标准——最主要和最根本,但对于最主要和最根本并没有进行具体说明。

在学者们的讨论中,有一个值得关注的问题,即基本权利的主观性与客观性的关系问题。按照 20 世纪 50 年代的权利理论,权利意味着公民可以而且能够采取某种行为来获得自己的利益,这种行为的可能性包括了主观可能性与客观可能性因素。从主观可能性的角度看,主体要有实现利益的主观条件,而主观性价值的实现要与客观条件相结合,要通过国家的作用,特别是国家所提供

①吴德峰等:《中华人民共和国宪法讲话》,湖北人民出版社 1954 年版,第 106 页。

的物质条件得到实现。把基本权利的价值形态分为主观与客观两个方面，并以客观条件来判断实现的社会效果是分析基本权利的一般理念，反映了宪法文本与宪法理论中的基本权利之间的分离与一定程度的冲突。①

基本权利在宪法体系中的地位问题也被当时的学者们讨论。有学者认为："我国宪法上规定的公民的基本权利和义务，对每个公民都有特别重要的意义。这些权利和义务的规定，就规定了每个公民在社会生活、国家社会中的地位。"②20世纪50年代的宪法学者们特别重视基本权利实现的物质条件与社会现实的条件。如胡其安认为："我国宪法关于公民基本权利的规定的最主要的特点之一，就是在赋予公民以民主权利和自由时，不只是在形式上加以宣布，而且对实现这些权利和自由提供了物质条件。"③

3. 1954年《宪法》对社会保障权的规定

1954年《宪法》并未使用社会保障权一词，而是在历史上第一次在宪法中使用了"物质帮助权"。第93条规定："中华人民共和国劳动者在年老、疾病或者丧失劳动能力的时候，有获得物质帮助的权利。国家举办社会保险、社会救济和群众卫生事业，并且逐步扩大这些设施，以保证劳动者享受这种权利。"劳动者的物质帮助权意即劳动者在失去行动能力或者暂时失去劳动能力的时候，有权得到国家或者社会的救助，以维持其本人及其家庭的生活。可以看到，1954年《宪法》对社会保障权的规定除社会保险外还涉及了社会救助的内容，这相较于《共同纲领》而言是一种内容的充实和进步。中华人民共和国成立后，为了解决一般职工遇到生、老、病、死、伤、残而发生的实际生活困难问题，从1950年起，在有职工100人以上的企业中实行劳动保险制度。1951年2月，中央人民政府政务院公布了《中华人民共和国劳动保险条例》，并在100人以下的企业中实行参照《劳动保险条例》，通过签订集体协议，使职工享受到劳动保险待遇的办法。同时为了实现物质帮助权，国家除举办社会保险之外，还促进了社会救济事业，并对生活困难的特定主体给予了经常性的物质帮助。④ 遗憾的是，1954年《宪法》并未完全有效实施，甚至被架空，最终被修改。

（三）1975年《宪法》

新中国成立后的第二部宪法于1975年1月17日中华人民共和国第四届全

①韩大元编著：《1954年宪法与中国宪政》（第2版），武汉大学出版社2008年版，第327—329页。

②杨化南：《中华人民共和国公民的基本权利和义务》，中国青年出版社1955年版，第105页。

③胡其安：《中华人民共和国公民的基本权利和义务》，湖北人民出版社1955年版，第11页。

④韩大元编著：《1954年宪法与中国宪政》（第2版），武汉大学出版社2008年版，第339页。

国人民代表大会第一次会议通过。1975 年《宪法》是在“文化大革命”这一特殊历史时期制定的,在宪法的形式与内容上有严重缺陷。共设计了 30 条,除“序言”外,分“总纲”“国家机构”“公民的基本权利和义务”“国旗、国徽、首都”4 章共 4300 余字。其第三章“公民的基本权利和义务”共有 4 条内容,其中涉及社会保障权的内容仍然沿用了“物质帮助权”的提法,具体为第 27 条第 2 款:“公民有劳动的权利,有受教育的权利。劳动者有休息的权利,在年老、疾病或者丧失劳动能力的时候,有获得物质帮助的权利。”可见,1975 年《宪法》对于社会保障权的规定过于简单,只提到了物质帮助的权利,对于具体的权利类型并未涉及。

1975 年《宪法》是我国特定历史条件下的产物,把“文革”中的许多错误理论和做法进行了法律化、制度化,使之成为国家生活的最高准则。其条文过少、内容简单而且规范疏漏,文字上也有很多不确切、不协调之处。它在历史上只存在了三年多,且由于当时法制被蔑视,因而它在实践中并未得到重视和认真贯彻,故其作用十分有限。①

(四)1978 年《宪法》

1978 年《宪法》于 1978 年 3 月 5 日由中华人民共和国第五届全国人民代表大会第一次会议审议通过。1978 年《宪法》的出台标志着中国社会主义宪政实践倒退历史的终结。与 1975 年《宪法》相比,具体条文从 30 条增加到了 60 条,从而使得其形式更加完善。就其内容而言,在“序言”中明确了“把我国建设成为农业、工业、国防和科学技术现代化的伟大的社会主义强国”的新时期总任务;在“公民基本权利和义务”部分,纠正了 1975 年《宪法》先规定公民义务、后规定公民权利的做法;在基本权利的内容方面,增加规定:“公民对于任何违法失职的国家机关和企业、事业单位的工作人员,有权向各级国家机关提出控告。公民在权利受侵害的时候,有权向各级国家机关提出申诉。对这种控告和申诉,任何人不得压制和打击报复。”从第 48 条到第 50 条分别详细表述了公民的劳动权、休息权和物质帮助权。其中第 48 条规定:“公民有劳动的权利。国家根据统筹兼顾的原则安排劳动就业,在发展生产的基础上逐步提高劳动报酬,改善劳动条件,加强劳动保护,扩大集体福利,以保证公民享受这种权利。”第 50 条规定:“劳动者在年老、生病或者丧失劳动能力的时候,有获得物质帮助的权利。国家逐步发展社会保险、社会救济、公费医疗和合作医疗等事业,以保证劳动者享受这种权利。国家关怀和保障革命残废军人、革命烈士家属的生活。”相较于

①郑志廷、张秋山:《中国宪政百年史纲》,人民出版社 2011 年版,第 407 页。

《共同纲领》及前两部宪法而言,1978 年《宪法》在社会保障权的具体权利类型中除社会保险、社会救助之外还涉及社会优抚的内容,在内容上更为丰富和完善。

1978 年《宪法》在颁布实施后很快进行了两次修订,分别是 1979 年第五届全国人民代表大会第二次会议和 1980 年第五届全国人民代表大会第三次会议通过的修改决议,使宪法迈出了向 1954 年《宪法》传统回归的征程,主要是清算"文化大革命"时期的失误。在公民的基本权利和义务方面作出的修改也主要集中于政治权利,对于物质帮助权等社会保障类权利并未进行修改。在 1982 年现行《宪法》颁布后,1978 年《宪法》自然被时代所淘汰。

二、现行宪法中的社会保障权保障制度

1982 年 12 月 4 日,中华人民共和国第五届全国人民代表大会第五次会议通过《中华人民共和国宪法》,即为现行《宪法》。从严格意义上讲,现行《宪法》有两种指涉,狭义上指 1982 年修改颁布的《宪法》,而广义上既包括了《宪法》还包括其后的四次宪法修正案,本书从广义上使用现行宪法的表述。

现行《宪法》保留了前三部《宪法》的基本结构,由序言,总纲,公民的基本权利和义务,国家机构,国旗、国歌、国徽、首都组成,共 138 条。与前三部《宪法》相比,现行《宪法》对公民基本权利的重视程度更高:首先,现行《宪法》将公民权利的条文置于国家机构的条文之前,而前三部《宪法》则都将公民权利的条文置于国家机构条文之后,这反映了现行《宪法》对公民基本权利的重视。其次,现行《宪法》对公民权利的规定更为详细,共使用了 18 个条文,而 1954 年《宪法》为 14 条、1975 年《宪法》为 2 条、1978 年《宪法》为 10 条。可以说,相较于前三部《宪法》而言,现行《宪法》对公民的基本权利作了比较全面的规定。现行《宪法》实施后又经过了四次修订,分别发生在 1988 年、1993 年、1999 年和 2004 年。在这四次修订中直接涉及社会保障权的为 2004 年的宪法修正案,具体内容将在后文中详述。此外,在《宪法》中关于社会保障权规定的基础上,国家还出台了一系列法律、法规、政策共同搭建起社会保障权的保障体系。

(一)现行《宪法》中对社会保障权的规定

1.《宪法》修正前对社会保障权的规定

1982 年现行《宪法》通过时设计的条文中与社会保障权相关的条文包括第 14、21、42、44、45、49 条。具体内容涉及了:

第一,对人民生活的改善。《宪法》第 14 条第 3 款规定:"国家合理安排积累和消费,兼顾国家、集体和个人的利益,在发展生产的基础上,逐步改善人民的物质生活和文化生活。"这一规定为国家适时提高人民福利,使人民共享社会发

展成果提供了宪法基础。这是对国家提出的在保障人民基本生活条件的同时，在发展生产的基础上，根据发展的实际水平适时提高人民福利的要求，这一规定无疑符合现代社会法治国理念的要求。

第二，提高劳动者的福利待遇。《宪法》第 42 条第 2 款规定：“国家通过各种途径，创造劳动就业条件，加强劳动保护，改善劳动条件，并在发展生产的基础上，提高劳动报酬和福利待遇。”这一条对于国家制定相关制度保障劳动者的社会福利权利提供了宪法基础和准则。这属于社会福利保障的范畴。

第三，医疗保障事业的发展。《宪法》第 21 条规定：“国家发展医疗卫生事业，发展现代医药和我国传统医药，鼓励和支持农村集体经济组织、国家企业事业组织和街道组织举办各种医疗卫生设施，开展群众性的卫生活动，保护人民健康。国家发展体育事业，开展群众性的体育活动，增强人民体质。”这一条有关于医疗保障制度的规定，为我国的医疗保障制度的建构和完善提供了宪法基础。医疗保障属于社会保障制度的重要组成部分，各国政府都把医疗保障放在社会保障的突出位置。

第四，保障退休人员的生活。《宪法》第 44 条规定：“国家依照法律规定实行企业事业组织的职工和国家机关工作人员的退休制度。退休人员的生活受到国家和社会的保障。”退休人员的生活受到国家和社会的保障是世界公认的做法，其属于社会保障的重要内容。

第五，公民特殊情况下的物质帮助及军人的优抚、优待问题。《宪法》第 45 条规定：“中华人民共和国公民在年老、疾病或者丧失劳动能力的情况下，有从国家和社会获得物质帮助的权利。国家发展为公民享受这些权利所需要的社会保险、社会救济和医疗卫生事业。国家和社会保障残废军人的生活，抚恤烈士家属，优待军人家属。国家和社会帮助安排盲、聋、哑和其他有残疾的公民的劳动、生活和教育。”这一条是关于狭义上或者说是典型的社会保障权的规定，涉及了社会保险、社会救助及社会优抚的制度设定问题。

第六，特殊群体的社会保障。《宪法》第 49 条规定：“婚姻、家庭、母亲和儿童受国家的保护。夫妻双方有实行计划生育的义务。父母有抚养教育未成年子女的义务，成年子女有赡养扶助父母的义务。禁止破坏婚姻自由，禁止虐待老人、妇女和儿童。”从各国宪法性法律和国际条约的规定来看，家庭、婚姻、母亲、少年、儿童和老人都受到国家和社会的保障。其原因在于：其一，婚姻是社会的原组织形态，其存在状态对社会整体状况具有决定性作用。其二，老人、母亲、未成年人在生理、身体、心理等方面处于人生的特殊时期，处于相对弱势地位,在经济能力、物质生活、精神需求等方面难以自给自足。

2. 2004 年宪法修正案对社会保障权的关注

2004 年 3 月 15 日,第十届全国人大第二次会议通过了 14 条宪法修正案,其中涉及社会保障权的为第 6 条,其中《宪法》第 14 条增加一款:"国家建立健全同经济发展水平相适应的社会保障制度。"这是我国历史上第一次在宪法中使用"社会保障"的概念,也拉开了我国社会保障制度建设的大幕。在这一条中我们至少可以解读出以下几层含义:第一,国家要建立社会保障制度。既指明了国家在社会保障制度建设中的主体地位,又确定了国家建设社会保障制度的建设目标,即明确提出了建立社会保障制度的社会管理方向,进入中国的社会保障建设时代。第二,国家要健全社会保障制度。指出了社会保障制度建设的目标不仅是制度的提供,而且还包括制度的不断发展和完善,要为公民提供一种全面的社会保障环境。社会保障制度作为社会的"稳定器",全面、完善是其建设的方向,只有系统完善的社会保障制度的构建与运行才能最终保障公民的基本生活和社会的稳定发展。第三,国家建立、健全的社会保障制度是与社会经济发展水平相适应的制度。这一重含义为我国建设社会保障制度的阶段性目标的确定指明了方向。社会保障制度的建设与整个国家的发展一样是一个不断演进的开放过程,因此,阶段性目标的确定就具有了极其重要的意义。与社会经济发展水平相适应的提法,恰恰指明了每一时期建设社会保障制度均应以社会发展的客观基础条件为依据,这就为确定具体的目标提供了方向和依据,使宪法所确定的社会保障权的制度建设具有了可操作性。

(二)我国社会保障权宪法保障之不足

1.《宪法》中未明确规范"社会保障权"

前已述及,现行《宪法》对社会保障权的规定主要集中在《宪法》第 14、21、44、45、49 条的规定中,需要注意的是在数个条文中均未直接使用"社会保障权"。也就是说,现行《宪法》并未明确规范"社会保障权"。

使用"社会保障"的是第 14 条第 4 款:"国家建立健全同经济发展水平相适应的社会保障制度。"这一款设计在《宪法》第一章"总纲"中,是作为一种制度建设的目标提出,而不是在第二章"公民的基本权利和义务"中提出的。因此,我们只能将其作为建构社会保障制度的宪法基础,而不能直接作为社会保障权是宪法权利的论据。而且,该条并未对"社会保障"作出更为详细的说明,这就为"社会保障"的内涵及外延理解留下了疑问。

人们通常认为《宪法》第 45 条中物质帮助权的规定即是我国社会保障权的

原型，或者说是社会保障权在我国宪法中的称谓，但仔细分析会发现这种说法值得商榷，因为“物质帮助权”根本无法涵盖社会保障权的全部内容。第 45 条规定：“中华人民共和国公民在年老、疾病或者丧失劳动能力的情况下，有从国家和社会获得物质帮助的权利。国家发展为公民享受这些权利所需要的社会保险、社会救济和医疗卫生事业。国家和社会保障残废军人的生活，抚恤烈士家属，优待军人家属。国家和社会帮助安排盲、聋、哑和其他有残疾的公民的劳动、生活和教育。”从该条的规定可以看出：(1)物质帮助权仅限于公民在年老、疾病或者丧失劳动能力的情况下享有。这只涉及一部分社会保险及社会救助的权利，并未能涵盖包括社会优抚、社会福利等其他社会保障权的内容。(2)该条第 2 款“国家和社会保障残废军人的生活，抚恤烈士家属，优待军人家属”，毫无疑问规定的是社会优抚的内容，该条内容与规定物质帮助权的第 1 款并列设计，更是说明了物质帮助权并不包含社会优抚的内容，因此，其与社会保障权不属同一指涉的概念。

《宪法》中没有明确规范社会保障权，而是将社会保障权可能涵盖的内容分别、零散地置于多个条文中。而且各条文的表述方式、规范的内容层次并不统一，比如第 21 条规定“国家发展医疗卫生事业，发展现代医药和我国传统医药，鼓励和支持农村集体经济组织、国家企业事业组织和街道组织举办各种医疗卫生设施，开展群众性的卫生活动，保护人民健康”，对国家提出了保障人民健康的要求。第 44 条规定“国家依照法律规定实行企业事业组织的职工和国家机关工作人员的退休制度。退休人员的生活受到国家和社会的保障”，指出了公民退休生活的保障权。此外，第 49 条还规定了家庭、母亲、儿童受保障的权利。这种规范状态使得我国的社会保障权指涉范围不明确，换句话说，我国公民的社会保障权内容究竟包括哪些，我们无法从宪法中进行明确的确认。这就为我国建构一个完善的社会保障权利体系预设了一个难题。

总之，在《宪法》中没有一个明确的“社会保障权”的规范和指涉，而只是在若干条文中对社会保障权的部分内容进行规范，使得我国的“社会保障权”内涵及外延难以明确界定，就更谈不上建构一个完善的社会保障权利体系及保障公民社会保障权的实现了。

2. 现行制度渊源的规范性文件层级较低

作为社会保障权法律制度渊源的规范性文件的层级偏低。现行常用的社会保障法律制度文件共有 195 件，其中严格意义上的法律文件仅有 2 件，即《中华人民共和国社会保险法》《中华人民共和国公益事业捐赠法》；行政法规 11

件,包括《社会保险费征缴暂行条例》《工伤保险条例》《失业保险条例》《住房公积金管理条例》《城市居民最低生活保障条例》《农村五保供养工作条例》《城市生活无着的流浪乞讨人员救助管理办法》《自然灾害救助条例》《退伍义务兵安置条例》《烈士褒扬条例》《军人抚恤优待条例》;部门规章 23 件;最高人民法院的司法解释 1 件;其余 158 件均为其他行政规范性文件。而且这只是中央层面的社会保障法律制度,在各地方层面正在运行的规范性文件的层级则更低。这种较低层级的规范性文件的大量使用会给社会保障权利制度建设带来以下问题:(1)制度规范的主旨、理念无法做到统一,因此在形塑社会保障权时会发生理念性的冲突。(2)规范内容之间存在不一致,甚至冲突。比如,社会保险制度中各地的保险支付水平规定不同,程序上也存在差异,因此一直无法实现全国统筹,甚至部分险种至今还无法实现省内统筹。(3)社会保障权的实现和保障效果不尽如人意。"依法行政"要求行政机关的行为以法律、法规、规章的规定为依据,在缺乏上述依据时行政作为没有合法性。虽然理论界一直在探讨"依法行政"在给付行政领域的适用问题,但无论怎样,在法治社会国的建设中以宪法、法律、法规等高层级的规范性文件对关涉公民基本权利的社会保障权进行相对统一、完善的规范都是必要的。这将有利于形塑一国的有实现效力和保障效力的社会保障权利制度体系,为本国公民提供一个相对健全完善的社会保障权利境态。

3. 社会保障权的宪法救济路径不健全

根据我国宪法、立法法、行政诉讼法等相关法律的规定,我国公民的社会保障权的保障采取的是双轨体制。对于全国人大常委会通过的法律、国务院制定的行政法规和地方人大制定的地方性法规,由全国人大和全国人大常委会采取抽象审查的方式,审查其合宪性;对于行政机关具体行政行为的侵权,由司法机关在诉讼中采取具体审查的方式。因此,我国社会保障权的宪法救济与其他国家相比有以下两方面的问题:

(1)没有对全国人民代表大会制定法的审查制度。虽然我国宪法规范的内容上确定了全国人民代表大会、全国人民代表大会常务委员会拥有违宪审查的权力,但是没有对全国人民代表大会制定法的审查。宪法第 62 条规定:全国人民代表大会行使下列职权:监督宪法的实施,改变或者撤销全国人民代表大会常务委员会不适当的决定。第 67 条规定:全国人民代表大会常务委员会行使下列职权:解释宪法,监督宪法的实施;撤销国务院制定的同宪法、法律相抵触的行政法规、决定和命令;撤销省、自治区、直辖市国家权力机关制定的同宪法、法律和行政法规相抵触的地方性法规和决议。2000 年颁布的立法法在有关全国人大撤销或者改变全国人大常委会的不适当的决定、全国人大常委会撤销国务院制定的行政法规等方面进行了程序性的规定，但也没有提及全国人民代表大会的制定法的监督问题。立法法第 90 条规定："国务院、中央军事委员会、最高人民法院、最高人民检察院和各省、自治区、直辖市的人民代表大会常务委员会认为行政法规、地方性法规、自治条例和单行条例同宪法或者法律相抵触的，可以向全国人民代表大会常务委员会书面提出进行审查的要求，由常务委员会工作机构分送有关的专门委员会进行审查、提出意见。前款规定以外的其他国家机关和社会团体、企业事业组织以及公民认为行政法规、地方性法规、自治条例和单行条例同宪法或者法律相抵触的，可以向全国人民代表大会常务委员会书面提出进行审查的建议，由常务委员会工作机构进行研究，必要时，送有关的专门委员会进行审查、提出意见。"第 91 条规定："全国人民代表大会专门委员会在审查中认为行政法规、地方性法规、自治条例和单行条例同宪法或者法律相抵触的，可以向制定机关提出书面审查意见；也可以由法律委员会与有关的专门委员会召开联合审查会议，要求制定机关到会说明情况，再向制定机关提出书面审查意见。制定机关应当在两个月内研究提出是否修改的意见，并向全国人民代表大会法律委员会和有关的专门委员会反馈。全国人民代表大会法律委员会和有关的专门委员会审查认为行政法规、地方性法规、自治条例和单行条例同宪法或者法律相抵触而制定机关不予修改的，可以向委员长会议提出书面审查意见和予以撤销的议案，由委员长会议决定是否提请常务委员会会议审议决定。"可以看出以上规定中没有包括如何提起对全国人民代表大会制定的法律的审查，甚至都没有包括如何提起对全国人民代表大会常务委员会制定的法律的审查程序。这不能不说是宪法保障制度设计上的一种疏漏。

(2)司法审查的范围过窄。首先，对于立法机关的立法行为及法律性文件，我国法院是没有司法审查权的，也就是说法院无权受理审查法律、行政法规、地方性法规、自治条例和单行条例及规章等规范性文件的合宪性问题。

其次，行政诉讼无权对抽象行政行为进行审查。1989 年通过的《行政诉讼法》只规定了法院对具体行政行为合法性的审查权，不具有对抽象行政行为的审查权。2014 年修改的行政诉讼法第 13 条规定："人民法院不受理公民、法人或者其他组织对下列事项提起的诉讼：……(二)行政法规、规章或者行政机关制定、发布的具有普遍约束力的决定、命令；……"这就使得法院无权进行所有规范性文件的合宪、合法性审查，而其对具体行政行为的审查也仅限定于"合法性”审查,而不包含“合宪性”审查。

4. 社会保障权的程序保障缺失

在西方旧的身份共同体关系的解体与资本主义新秩序的确立这一历史过程中,有两项制度起到了神奇的作用。一个是社会或私法领域里的契约,另一个是国家或公法领域里的程序。程序与契约有异曲同工之妙,也是既可以千变万幻,又可以不离其宗。它使无限的未来可能性尽归于一己,从而提供了为形成新的规范所需要的法律体系的开放性结构、适应能力和可塑性,程序也可以理解为杜克海姆所说的契约的非契约性基础,它在控制自由的前提下保障了自由,从而使自由从意识形态变成了物质形态。①

马克思曾指出:“程序是法律的生命形式,是法律内在生命的表现。”②如果宪法对社会保障权仅有实体性规范,而没有具体的程序性保障,那么这些被规范的权利在实践中也很可能流于形式,或者无法得到公正的实现。缺少宪法程序保护的公民宪法权利,其价值功能仅仅限于政治性的“宣示”,而不具有保障公民权利的实体意义。③ 为了保障公民的宪法权利得到实现,设置必要的程序是不可或缺的;实际上,也有可能通过程序性保护来实现对公民权利的宪法保护。④ 同时,我们又必须承认,对公民社会保障权的宪法保护力度不仅仅在于宪法中所规定的公民所享有的实体社会保障权的内容,更重要的还取决于宪法对国家权力与公民权利之间关系的界定。如果宪法对国家权力与公民权利之间关系作了明确的界定,特别是规定了一般性的保护宪法权利实现的“正当法律程序”原则,那么宪法中所规定的公民宪法权利就是具有实效的,否则公民的宪法权利就很难获得宪法手段的保护,特别是得到国家权力的必要尊重。

从我国现行宪法条文上看,关于公民社会保障权的原则性宣言虽然不够完善,但倒未见得与西方的章句相去多远。问题是这些权利义务根据什么标准和由谁来确定、对于侵权行为在什么场合以及按照什么方式进行追究等程序性前提的规定,包括程序法的各项具体内容和实体法中的程序性配件等“程序要件”,却一直残缺不全。⑤ 换言之,我国宪法对社会保障权的程序性保障是缺失的。

---

①季卫东:《程序比较论》,《比较法研究》1993 年第 1 期。

②《马克思恩格斯全集》(第 1 卷),人民出版社 1956 年版,第 178 页。

③莫纪宏:《宪法程序的类型以及功能》,《政法论坛》2003 年第 2 期。

④See Geoffer Marshall, *Constitutional Theory*, Oxford at the Clarendon Press, 1980, p. 126.

⑤参见季卫东:《程序比较论》,《比较法研究》1993 年第 1 期。

三、完善我国社会保障权宪法保障的思考

(一)宪法规范保障——“社会保障权”入宪

1. 社会保障权入宪的必要性分析

(1)社会保障权入宪是保障人格尊严的时代要求。社会保障权作为一项基本权利的正当性来自人类在社会化和市场经济条件下维护自身生存和人格尊严的正当性,人们维护自身的生存和人格尊严是人作为人所应有的一项基本权利,理应受到各国政府和全社会的保护。在宪法中明确规定社会保障权将立体化人格尊严的保护内容,为公民有尊严的生活保障提供宪法、法治基础。

(2)社会保障权入宪符合社会法治国发展的目标追求。社会法治国理念是近现代国家建设中逐渐勃兴的国家理念,在该理念下国家需要向公民有序提供能够满足其生存、发展需要的社会条件。社会保障权的产生、发展及在全世界不断普及便是在社会法治国理念下完成的。因此,将社会保障权置入宪法,并在此基础上形塑出适合本国经济发展水平的社会保障权利内容是符合社会法治国发展追求的目标的。

(3)社会保障权入宪有利于完善公民的基本权利体系,提高我国的国际地位。基于历史及社会发展的原因,人权保护问题一直是我国在国际舞台上受人诟病和掣肘的主要因素之一。如果将代表着第三代人权的社会保障权在《宪法》中予以规定和确认,那么在实现我国公民的基本权利体系的国内效力的同时,还将进一步提高我国在世界上的正向影响。

2. 社会保障权宪法规范形式的几种流行做法

(1)在宪法基本权利部分规定社会保障权。很多国家将基本权利列为一编或者一章,在基本权利编(章)中对社会保障权进行规定,各国又有以下几种不同的做法:第一,将个人权利,政治权利,经济、社会和文化权利等所有基本权利规定在一编(章)中,不再分节,社会保障权规范作为其中的若干条列于宪法中。这种模式将不同类别的权利同等对待,不认为不同种类的权利之间有质的差别。这种模式主要被社会主义国家、前社会主义国家及其他少数国家所采用。①

---

①主要包括:《朝鲜民主主义人民共和国社会主义宪法》《古巴共和国宪法》《阿塞拜疆共和国宪法》《格鲁吉亚宪法》《哈萨克斯坦共和国宪法》《塔吉克斯坦共和国宪法》《亚美尼亚共和国宪法》《爱沙尼亚共和国宪法》《白俄罗斯共和国宪法》《保加利亚共和国宪法》《丹麦共和国宪法》《俄罗斯联邦国宪法》《荷兰王国宪法》《罗马尼亚宪法》《南斯拉夫联盟共和国宪法》《斯洛文尼亚共和国宪法》《乌克兰宪法》《匈牙利共和国宪法》《阿拉伯叙利亚共和国宪法》《阿根廷国家宪法》《摩纳哥公国宪法》《约旦哈希姆王国宪法》《大韩民国宪法》《日本国宪法》《圭亚那合作共和国宪法》。参见姜士林等主编:《世界宪法全书》,青岛出版社 1997 年版。

这种做法比较原始,已经被很多国家所抛弃。第二,将个人权利,政治权利,经济、社会和文化权利等规定为一编或者一章,在编或章下再分成章或者节,甚至在节之下再分为分节,分别对不同种类的权利进行规定。① 各国具体分类方法不同,从二分法到十分法不等,但一般都将社会保障权归入经济和社会权利的范畴中,并与个人权利和政治权利区分开来,较为充分地反映了各国宪法比较普遍地接受了权利二分法。采取这种模式的国家或者是为了强调经济、社会和文化权利,或者是为了将个人权利和政治权利与经济、社会和文化权利区别开来,从而否认后者的可诉性。

(2)在基本权利以外的其他部分中规定社会保障权。有些国家认为只有个人权利和政治权利属宪法基本权利,而经济、社会和文化权利不是基本权利,但是随着社会的发展,经济、社会和文化权利的地位逐渐受到重视,不得不在宪法中加以规定,这些国家在对经济、社会和文化权利进行规定时往往将其内容放置于基本权利部分之外。比如在"总则""国家政策"等部分中予以规定,并将其与其他基本权利进行区别对待,排除在司法救济之外。社会保障权作为经济、社会和文化权利的重要组成部分,当然也被规定在基本权利以外的其他部分。这种类型的宪法往往以国家政策规范规定社会保障权。

(3)基本权利在若干编、章中进行规定,社会保障权放置于社会权利部分。有些国家宪法将个人权利,政治权利,经济、社会和文化权利均视为基本权利,但将权利分类后分别规定在不同的编、章中,将社会保障权规定于社会经济权利部分。②

3. 我国社会保障权宪法规范的设计

通过对前述几种社会保障权宪法规范的介绍,可以分析出各种不同规定方式的优劣。其中将个人权利,政治权利,经济、社会和文化权利等所有基本权利规定在一章之中,不再分节,社会保障权宪法规范作为其中一条或几条的模式,体现了各项权利密不可分的关系,但囿于篇幅所限,可能导致各项权利规定的

①主要包括:《吉尔吉斯共和国宪法》《克罗地亚共和国宪法》《马其顿共和国宪法》《葡萄牙共和国宪法》《土耳其共和国宪法》《乌兹别克斯坦共和国宪法》《西班牙宪法》《萨尔瓦多共和国宪法》《意大利宪法》《委内瑞拉共和国宪法》《斯洛伐克共和国宪法》《巴拉圭共和国宪法》《尼加拉瓜共和国宪法》《厄瓜多尔共和国宪法》《秘鲁共和国宪法》《洪都拉斯共和国宪法》《海地共和国宪法》。参见姜士林等主编:《世界宪法全书》,青岛出版社 1997 年版。

②主要包括:《巴拿马共和国宪法》《多米尼加共和国宪法》《乌拉圭东岸共和国宪法》《危地马拉共和国政治宪法》《立陶宛共和国宪法》《巴西联邦共和国宪法》《菲律宾共和国宪法》《哥斯达黎加共和国宪法》等。参见姜士林等主编:《世界宪法全书》,青岛出版社 1997 年版。

粗疏,从而不利于社会保障权的保护。在基本权利部分以外的其他部分规定社会保障权的模式,其本质上是将个人权利,政治权利与经济、社会和文化权利相区分,不承认经济、社会、文化权利的基本权利性质,从而将其排除于司法救济之外,这当然不利于对社会保障权的保障。而将基本权利规定在若干编、章之中,将社会保障权规定在社会权利部分的模式,将使得宪法的结构看起来比较松散。因此,笔者比较赞成的一种观点是将个人权利,政治权利,经济、社会和文化权利规定在一编(章)中,作为宪法对基本权利的系统性规定,在编(章)之下再分出章(节)分别对个人权利,政治权利,经济、社会和文化权利进行规定,这样既可满足将经济、社会和文化权利置于与个人权利、政治权利同样重要的基本权利的地位,也不会受到篇幅所限,可以比较充分地对相关权利进行规定。社会保障权作为经济、社会和文化权利的重要组成部分规定在其中,并可考虑将经济、社会和文化权利章(节)再具体分为若干节(分节),社会保障权作为一个独立的节(分节)进行系统性规定。这样既可维护基本权利的整体性,确认社会保障权的基本权利属性,也使得宪法的结构清晰而紧凑。但鉴于我国目前宪法结构的设计是将公民的基本权利和义务规定于一章,并未在章下再进行分节,如果按上述设想进行调整是比较大的工程,因此比较容易实现的设计是整合现有条款的内容,将涵盖社会保险、社会优抚、社会救助、社会福利的内容在基本权利和义务一章中补充进社会保障权条款,从而对社会保障权进行比较完善、系统的规定,在时机成熟时再进行比较彻底的调整。①

(二)立法保障——建构以法律为主体的社会保障法律制度体系

社会保障制度作为一种社会整体的风险应对机制,作为其制度渊源的规范性文件自然需要具有统筹的能力。而如前述,我国目前社会保障领域的大量规范性文件的层级较低,主要以部委的通知、复函等形式存在。这一现象很难符合我国建构统一、完善的社会保障权利保障机制的要求,必须对制度体系进行重构,制定以法律、法规为主的社会保障法律规范体系,打破现有的社会保障城乡差异及地区差异的不平衡局面,逐步建立起全国统筹的社会保障制度体系。这是实现公民平等权的要求,同时这也将有利于我国社会、经济、文化事业及国家整体的发展和进步。

构建完善的社会保障法律体系应包括这样几个层次:第一层次是根据宪法制定社会保障法作为社会保障的基本法,应明确社会保障的目的、范围、基本原

---

①参见郭日君、吕铁贞:《社会保障权宪法确认之比较研究》,《比较法研究》2007 年第 1 期。

则,公民的社会保障权利和义务,社会保障机构设置、职能,社会保障基金的筹集和管理以及社会保障的实施监督等问题;第二层次是社会保障的主干法,如社会保险法、社会救济法、社会福利法、优抚安置法等;第三层次是中央政府制定的行政法规、实施细则以及各个部门的规章,还有一些地方性法规。这些法律、法规构成我国社会保障的法律体系。目前我国有关社会保障方面的行政法规、规章和地方性法规较多,必须进行系统化的清理,并进行修改、补充和废止,在此基础上制定出社会保障的主干法,如社会保险法、社会救济法、社会福利法等,然后再制定社会保障基本法,形成一个系统完整的社会保障法典。

(三)救济保障——“解冻”我国社会保障权的宪法救济制度

根据宪法、立法法、行政诉讼法等法律的规定,我国的宪法监督机关仅限于全国人民代表大会及其常务委员会,而司法机关并不具有违宪审查权,并且全国人民代表大会及其常务委员会也只能对法律、法规、规章、决定、命令等规范性文件进行审查,法律并未赋予其对具体行为进行审查的权力。因此可以说,在我国宪法救济的路径相当狭窄。且在现有的监督制度下真正启动的违宪审查案例也非常罕见,这使得包括社会保障权利在内的公民基本权利的宪法层面的救济制度如同进入“冻结”状态而几乎形同虚设。但“无救济即无权利”,因此,我们必须“解冻”我国社会保障权的宪法救济制度,让其真正运转起来,为社会保障权的实现保驾护航。具体做法可以考虑:

(1)用活现有制度赋予全国人大及其常委会的救济权,对法律、法规等规范性文件进行定期及不定期的违宪审查,及时纠正规范性文件对社会保障权的违宪规定。

根据立法法第 91 条的规定,宪法救济的程序包括以下几个方面:① 由全国人大专门委员会进行审查,如果认为法律文件与宪法相抵触的,可以向制定机关提出书面审查意见;也可以由全国人大法律委员会与有关的专门委员会召开联合审查会议,要求制定机关到会说明情况,再向制定机关提出书面审查意见。② 制定机关应当在两个月内研究提出是否修改的意见,并向全国人大法律委员会和有关的专门委员会反馈。③ 全国人大法律委员会和有关的专门委员会审查认为法律文件同宪法相抵触而制定机关不予修改的,可以向全国人大常委会委员长会议提出书面审查意见和予以撤销的议案,由全国人大常委会委员长会议决定是否提请全国人大常委会会议审议决定。全国人大常委会制定的《行政法规、地方性法规、自治条例和单行条例、经济特区法规备案审查工作程序》及《司法解释备案审查工作程序》中对宪法救济程序作出了与立法法相类似的规定。对现有宪法救济制度进行梳理会发现，虽然法律、法规对宪法救济进行了规范，但在救济程序的设计上存在着明显的不足，使得真正的宪法救济很难具体展开。具体而言，宪法救济制度在设计时并未明确宪法救济的受理程序（比如受理的主体、受理条件等）、审查程序（包括审查主体的分工、审查的步骤、审查的原则、审查的表决程序、审查时限等）、决定程序（比如决定的具体类型：修改、撤销、确认合宪等）、决定效力等。[①] 总之，现行制度并未将宪法救济的操作性规范予以明确，这就为宪法救济的展开造成了障碍。因此，在完善我国社会保障权的宪法保障的努力中应当包括进一步明确宪法救济的程序性规范，即将前述的宪法救济受理程序、审查程序、决定程序及决定效力等问题予以明确。从而在此基础上使得宪法救济部门充分开展救济活动，进而保障社会保障法律制度的统一性、科学性及与社会发展的适应性。

（2）设置专门的违宪审查机构，对规范性文件及具体行为的违宪性进行审查。

违宪审查机构的设立有以下两种具体设想可以考虑：① 在全国人大之下设立宪法委员会。该委员会的具体职责应该是对行政法规及全国人大常委会制定的法律实施违宪审查。在条件不成熟的情况下，可以先考虑设立一个纯粹咨询性的宪法委员会，由其对行政法规和法律是否违宪问题提出专业性意见，供全国人大或者全国人大常委会作为决定的参考。当然，即使是在有直接审查权的宪法委员会设立后，全国人大及其常委会仍然应保留最终的宪法监督权力，对基本法律是否违宪的审查权仍由全国人大行使；此外，若有关当事人对宪法委员会的审查决定不服，则可以“上诉”至全国人大，由其作出终局裁决。② 在全国人大之外设立独立的宪法法院，对法律和行政法规等规范性文件是否违宪进行审查，全国人大及其常委会只作为最高国家权力机关及重要的立法机关，而不负责宪法审查。

（3）赋予现行法院系统一定的违宪审查的权力，提升宪法权利救济的保障力度和水平。

（四）程序保障——以正当程序保障社会保障权的平等实现

正当程序的宗旨，是要在公开透明的话语空间里确立新的、真正具有公共性的、可以在同样条件下不断再现的共识，以及相应的可以统一适用的规则体系。[②] 按照 W. 道格拉斯的权威性解释：“公正程序乃是‘正当过程’的首要含义。”[③]

---

①胡锦光：《论我国宪法救济制度的完善》，《河南省政法管理干部学院学报》2007 年第 4 期。

②季卫东：《程序是实现法治的基石》，《人民日报》2010 年 9 月 10 日。

③William O. Douglas, op, cit, p. 848.

程序一般开始于申请(启动),终止于决定,在这整个过程中有一定的条件、方法、步骤和仪式。在程序进行中不存在既定的判断,漫无边际的价值之争也被束之高阁,复杂的社会状况被简化,考虑的主要是要件事实。社会保障权正当程序设置的要素包括:

1. 需要坚持的原则

在这里需要坚持的原则包括正当过程、中立性、合理化三个方面。正当过程是程序的核心,其起源于英国自然正义原则,后被美国称为正当法律程序。英国 1215 年《大宪章》第 39 条规定:"除依据国法之外,任何自由民不受监禁人身、侵占财产、剥夺公民权、流放及其他任何形式的惩罚,也不受公众攻击和驱逐。"其原意在于防止政府专制,要求在公民的权利义务将因为决定而受到影响时,在决定之前他必须有行使陈述权和知情权的公正机会。在充满给付意味的社会保障权的正当过程中还应当包括公民权利平等实现的设计。

中立性是程序的基础。该原则要求程序的设计能够保证决定的作出者必须站在一个中立的立场上展开程序,需要给所有参与者同等的发言机会,任何主张和判断都必须以事实为根据、以法律为准绳,还要求在同一条件下应得出同样的结果。

合理化是程序效率的保障,要求将理性与经验相结合,要求程序的安排能使阻碍和浪费最小化、效果和支持最大化。为实现这一目标还要求对决定的动机和根据给予最适当的理由说明,使之得到社会承认。程序的设计应该保证公民在付出最小成本的情况下获得公平的社会保障。①

2. 标准引入程序的设计

社会保障权的实现过程主要体现为多元主体提供的给付行为,又因为这种给付的资源来源是公共"基金",所以对于被给付者的规范要求及具体的给付标准的确定就成为了一个极为重要的问题。那么在程序的设计上就需要引入判断标准及给付标准,以保障权利实现的平等性。这是由社会保障权的公共性所决定的。

3. 信息与证据

正确的决定有赖于对案例相关事实、知识、资料、根据等的理性认识。理性认识大致由事实命题群和规范命题群构成。程序通过当事人的信息、证据的提供及信息准确性的确认保证信息和证据的可靠性,以及对事实与规范进行解释的妥当性。这需要有大量的社会公共信息的有效收集和多部门之间的联动来作支撑。

---

①季卫东:《程序比较论》,《比较法研究》1993 年第 1 期。

第五章
社会保障权的行政法保障

第一节 行政立法保障

行政立法是行政主体制定规范性文件的活动，标准意义上的行政立法仅包括行政法规的制定和行政规章的制定。从广义上看，也有学者将其他规范性文件的制定也纳入行政立法的范畴。此处采广义的行政立法的概念，即认为行政法规、行政规章及其他行政规范性文件的制定均包含在行政立法的范畴内。

一、社会保障权行政立法现状

社会保障权的设定及实现都需要有相应的法律制度规范作为依据和支撑。我国处于社会保障制度的建设时期，在该领域由全国人大及其常委会制定的“法律”性文件仅有2010年颁布实施的《中华人民共和国社会保险法》，因此，在实践中支撑整个社会保障权制度框架的规范性文件是行政法规、行政规章及其他行政规范性文件。或者说，保障社会保障权运行的实践依据主要是行政立法行为。因此，行政立法的状况决定着社会保障权的发展状况，是现阶段我国社会保障权利制度体系的主体部分。从我国社会保障发展的实践来看，社会保障行政立法行为已基本架构起我国的社会保障制度体系，形成了包括社会保险、社会救助、社会优抚、社会福利在内的比较全面的社会保障体系。当然，制度的建设还有很多方面需要进一步完善，但不能否认的是我国社会保障的制度框架已经搭建起来，而且在现阶段看来，行政立法行为功不可没。

我国社会保障制度建设的最终目标是全国统筹，但在还未实现这一目标的现阶段，不同省、自治区、直辖市的社会保障制度依据还存在着差异，在经济相对发达的中东部地区，其社会保障制度的建设也会相对活跃一些，但无论是哪一地区，近年来为满足社会保障制度建设的需要都颁布了大量的规范性文件。以北京市的制度建设情况为例，笔者在对政府颁布的调整社会保障关系的规范性文件进行整理后发现：(1)社会保险方面的文件所占比重最大。对北京市人力资源和社会保障局网站公布的社会保障规范进行检索看到，有关社会保险的文件656件，有关社会优抚的文件36件，有关社会救助的文件5件，有关社会福利的文件32件。由此可以看出，社会保险制度的建设是社会保障制度的主体部分，这也与国际上社会保障权建设的实际情况相符。(2)文件主要以通知、复函等形式发布。比如前述32件关于社会福利的文件中，共有22件为通知。通知、复函在内容上针对性较强，相关行政部门容易根据实际情况的变化适时作出调整,因而它们很少采用法规、规章等规范面较宽、制定程序较严格的形式进行规范。(3)大部分文件为21世纪后颁布,比如656件有关社会保险的文件中只有248件是2000年以前颁布的,而有408件是在2000年及以后颁布的。这反映了我国社会保障制度的建设步伐。

二、社会保障权行政立法中存在的问题

在我国的社会保障制度体系的建设中,行政立法行为发挥了重要的作用,推动着我国社会保障制度的发展,这是行政立法在社会保障权中展现出的积极方面,同时我们也不能回避社会保障权行政立法中还存在以下几方面的问题:

(一)目前的社会保障行政规范的效力层级较低

我国社会保障行政立法实践中大量的规范是以行政法规、规章以外的规范性文件的形式发布,当然这是为适应社会保障制度快速发展的社会现实需求作出的管理应对,但是这种状况使得社会保障行政立法的规范性文件的效力层级很低。社会保障权作为关涉公民生存、发展的基础性权利,而对该权利进行规范的大部分文件却停留于低层级的其他行政规范性文件,不能不说这是我国社会保障立法中的一个重大问题。

(二)缺乏统一的目标性指引

社会保障行政立法主要以通知、复函等形式存在,这表明这些文件具有较强的应急性,是为解决实践中的具体问题作出的针对性回应。这种做法固然为问题的解决提供了方法,但是缺乏统一的目标性指引,使得规范之间可能存在内容的冲突,甚至理念的相左,这毫无疑问会对社会保障制度的整体发展产生不良的影响。

(三)制定程序灵活性有余规范性不足

如前所述,实践中以通知、复函等形式进行发布的社会保障行政立法的规范性文件所占比重非常高,甚至可以说是社会保障行政立法中的主要形式。而我国目前对于行政立法进行较为严格的程序性规范的文件包括《中华人民共和国立法法》《行政法规制定程序条例》《规章制定程序条例》等,对于其他规范性文件的制定过程并未予以专门的、严格的要求。这从一方面来看,其他行政规范性文件的制定程序相对灵活,可以适应行政管理实践对效率的要求,及时应对;但从另一方面来看,规范的制定程序的规范性不足,使得规范的内容可能欠缺严谨性、科学性,从长远来看这种情况会影响制度的可持续发展。

(四)建构性规范居多,监督性规范不足

由于大部分的规范性文件是为应对管理实践发布的应急性规定,所以这些

文件之间很难形成一个包含实体规范、程序规范、监督规范等在内的有机的逻辑整体。文件中主要为规范社会保障给付管理行为的实现及程序性规范，而监督性规范明显不足。这当然与我国处于社会保障制度的建设时期有密切的关系，但不能不说是规范建设过程中需要重视的一个重要问题。因为有效的监督是规范内容实现的有力保证，所以对监督制度的重视及建构将是社会保障制度建构的重要方面。

三、社会保障行政立法的完善建议

社会保障行政立法为我国的社会保障权的建设提供了制度支持，是完成我国社会保障制度建设的手段和依据的重要组成部分，但是其规范性文件的效力层级过低、文件中呈现的内容及理念的冲突又阻碍着我国社会保障制度的建设，因此，需要对这一现状进行改善，建构起理念统一、内容科学、有持续发展能力的社会保障制度。当然这仅依靠行政立法的努力并不足够，还需要立法机关通过颁布一系列法律作为制度的主要依据，行政立法在法律规定的范围内和基础上为制度的进一步细化颁行一系列规范性文件，从而形成统一的、完善的、体现社会公平的、能够满足公民基本需求的社会保障制度。但是在现阶段我国立法机关法律颁布相对不足的情况下，行政立法可以作出以下努力：

（一）更多地以颁布行政法规、规章的方式建构统一的社会保障制度

我国社会保障制度的建设目标是逐步实现城乡统筹和地区统筹，结束社会保障碎片化的历史，使公民平等享受社会经济发展的成果。因此，这需要在制度建设层面实现规范的统一化，即以全国性的行政法规、规章的形式对相关问题进行规范，从而取代目前大量的其他行政规范性文件。这一做法不仅能提高社会保障行政规范的效力层级，而且相对严格的规范制定程序还将保证规范内容的科学性和前瞻性。此外，这也将有利于保证制度的统一性，满足社会保障制度统筹发展的需要。

（二）注重社会保障监督行政规范的制定

在制度的建构中不能仅关注实体规范的内容，为保证制度规范在逻辑上的完整性，我国的社会保障行政立法中还应当注意监督性规范的制定。监督性规范的制定可以选择在实体规范制定中作为文件的一部分进行专章规定，也可以考虑制定专门的监督规范。总之，我国的社会保障制度在建构中应当将监督规范作为制度的重要组成部分进行规定，以保障制度内容得以实现。

（三）及时清理现行规范中的冲突现象

由于我国的社会保障制度还没有实现地区统筹，各个地方对同一社会保障

问题可能进行不同的规范,且没有一个统一的社会保障法律、法规对其进行统一的规范,致使现行规范的层级较低、数量较大,且规范性文件之间难免会在内容上存在冲突的现象,因此需要对冲突现象进行清理。若想避免这一现象的产生,就只能依靠日后统一的社会保障法律、法规等规范对其进行调整和取代。对于同一地区不同时期颁布的规范性文件进行清理是清理工作的重点内容,通过清理活动做到:其一,下位阶规范性文件不与上位阶规范性文件相抵触,即保证法制的统一;其二,运用"新法优于旧法"的原则,将内容相左的规范内容进行清理,即保证指导实践的规范性文件在内容上的统一性。

第二节 给付行政的发展对社会保障权的影响

一、给付行政的理论发展

(一)行政法学上的给付概念

行政法的给付概念,即给付行政是指从"生存照顾"角度进行的概念界定,其财产利益的提供是以公共资金为基础、以行政责任为后盾的。因此,它与行政许可等依申请的行政行为、行政合同的价金给付、因行政征收而给付的补偿费用等给予私人利益或者财产上的利益不同。给付行政主要包括以下三个方面:第一,基于生存权保障的非对价性给付。社会保障给付即属此种情形。理论上讲,这类给付可能因法律所规定的要件、效果,而影响其请求给付的权利性的强弱程度,而且会根据立法者所选择的给付构造中是否规定应事前支付费用,而影响给付请求权的成立时点。第二,满足基本生活需求、以对价性为前提的给付。例如水电、瓦斯、交通运输等公共企业的给付。通常由法律授权主管机关制定支付对价的最低标准,并以格式合同规范给付关系中各主体的权利和义务。这类给付虽然经常以合同的形式呈现,但是行政方面却具有强大的交涉能力或者凭借公部门的资金进行掌控,私人仅为相对人或者第三人。第三,诱导相对人行动的给付。补助金是最为典型的一种。这类给付往往与补助目的、条件相联动,所以私人的行动或者行为自由会受到补助条件的拘束,其虽然获得了财产上的给付,但也要承担相应的义务。

(二)给付行政的理论构成

给付行政是由德国行政法学者 E. Forsthoff 在 1938 年发表的《作为给付主体的行政》一文中首先提出的。实际上关于国家从事给付或者以福利、服务为目的活动,在 19 世纪时已有德国学者进行了讨论,他们在讨论中使用"照顾"

“国家照顾”等概念。另外，19 世纪后半叶俾斯麦推行的一系列社会保险立法也被公认为近现代社会保障制度的萌芽。但当时的各种社会立法的主要意图还是在政治上压制社会主义运动，脱离不了警察国家和作为治安对策的色彩。换句话说，其与现代社会法治国理念下的给付还存在着本质上的区别。第一次世界大战以后，德国《魏玛宪法》宣示社会国家之正义原则及经济活动的公共性，国家的非权力性行政活动更加普遍，尤其是在经济行政领域这一现象日益增加。行政法理论上已经注意到，为达到多样的公共目的需要使用私法上的手段，而且在行政介入市民社会的领域也更多强调行政任务的目的建构。比如，已有学者提出对于现实所面临的“国家及公共团体往私法逃避”的现象，只有关于公营造物与公物的章节被命名为“行政机构及其给付”，将营造物当作给付主体进行讨论，重视其所追求的行政目的的特殊性，已有类似给付行政的给付概念。[①] 第二次世界大战后这一理论得到了进一步发展。

进入 20 世纪后，人们注意到社会现实与行政任务均发生了重大变化。现代国家所担负的给付活动，除立于财政观点或私经济领域的活动外，必须借由生存照顾的概念导入公法要素，以对应国家与个人关系的全新情况：其基本关系在侵害行政领域为自由，而在给付行政领域则为参加分配。生存照顾使得公民在参加分配的关系中受到公法的保障。无论行政活动采取的是公法形式还是私法形式，在给付关系的内容上，生存照顾是作为公法要素的实质标志，为实践公权和基本权保护机能提供可能性。

面对行政活动的新变化，E. Forsthoff 以社会生活现实的变化为出发点，主张以“支配领域”“有效领域”“社会依赖性”“取用”这四要素来说明生存照顾的概念。支配领域为人类可自我主宰及所有的空间，比如房屋。有效领域指可确实掌握并操控的空间。19 世纪末 20 世纪初工业革命不断深化，使得有效领域扩大而支配领域缩减，人的生活空间扩大，生活方式转变，任何生活必需品等资源不能仅仅运用自己所有的财物就可以获得，而需取用非个人之物。因此，凡是所有满足前述取用必要性的各种行为被称作“生存照顾”，而担负起满足人们取用必要性的责任，称作“生存责任”。

由谁来担负起生存责任？通过对历史的考察，我们发现这一责任在不同主体间进行转换。在资本主义初期，生存责任为个人责任，到了 19 世纪中叶社会不安导致各阶级的关系紧张，劳工阶级为获取适当的薪酬，为维护其在非支配

---

①陈爱娥：《行政行为形式—行政任务—行政调控——德国行政法改革的轨迹》，《月旦法学杂志》2005 年第 5 期。

领域的权益而斗争,其解决之道则基于社会上各集团间的连带责任理论。进入第三阶段则由政治权力的担当者,也就是国家或政党担负起这一责任。政治权力的担当者基于生存责任而发挥的功能主要包括以下三个方面:(1)劳资关系中薪资与价格的适当关系;(2)对需求、生产、交易的规范和指导;(3)现代大规模团体生活形式下对于人民生活所必需之给付。其中第三项即为生存照顾,与薪资政策或经济政策同为现代国家的机能之一,而给付行政即指为生存照顾所实施的行政活动。

生存照顾的范围,从前述个人责任转移为国家责任的历史进程中可以看到私法自治、契约自由的后退,取而代之的是公权力的登场。在公权力的制度下,私法自治所保留的空间仅限于个人判断是否接受给付而已,对于契约内容则无商榷余地,且由于契约内容早已确定,实质上与公营造物利用规则无异,其区别仅在于前者由法院审理,后者则由行政机关决定,但均需要接受统一的规范。依此前提,基于取用的概念,生存照顾的范围界定,就消极方面而言,需排除单方之给付关系(如具有济贫意义的生活扶助、提供津贴)、传统警察秩序行政活动等;就积极方面而言,需符合给付关系之双务性以及个人对给付关系的依赖性两个要件,例如水、电等公用事业、交通运输以及社会保险给付等。而剧院、电影院等因未符合生活上重要依赖性的要件而被排除。第二次世界大战后该生存照顾的概念被 E. Forsthoff 定义为行政对于全体国民或依其客观特征下一定范围之人,提供授益给付的行为,与战前大致相当,仍排除公的扶助。其后学者则有扩张其范围的趋势,或以扩张生存照顾本身的概念广泛涵盖各种给付形态的行政活动,包括:(1)供给、运输、通信等公企业;(2)社会保险及社会扶助;(3)资金补助。这种观点被学者们所普遍认可。

除生存照顾之外,如何于法律上确定人民向行政请求给付的权利,还需借由"参加分配"的概念进行理解。E. Forsthoff 以参加分配的概念取代法治国家的基本权,并将生存照顾概念与社会共同体连结。也就是说,符合正义的社会秩序是由共同体的目标与引导来确定的,个人法律地位则以其对于共同体的参加分配而有意义。[①]

基于环境的变化,1959 年 E. Forsthoff 在其另一篇论文中对"生存照顾"概念进行了现代性解析,提出了"辅助性"理论的见解,认为现代社会和 30 年代的社会已有本质上的差异。除了在国家陷入战争及灾难的非常时期外,在和平时

---

①沈政雄:《社会保障给付之行政法学分析》,台湾元照出版公司 2011 年版,第 36—37 页。

期,应由“社会力量”解决成员的生存照顾问题,而不应该仅依靠国家及行政的力量。国家只有在社会不能凭自身力量维持稳定时,才发挥其“国家补充功能”。[①] 辅助性理论一方面使得给付行政从理念上受到范围限制,另一方面也体现了立法和法治原则对给付行政的调控作用。[②]

在德国行政法学界一般认为给付行政具有两种含义:(1)实体上指作为行政目的的给付。具体指通过为个人提供特定目的的支持(社会救助、助学金)及通过建设公共设施(养老院、幼儿园、学校、医院、交通等)保障和改善公民的生活条件。(2)手段上指作为行政方式的给付。具体指行政机关采取救助和资助的方式为公民提供给付或者其他利益。

日本行政法学者从1960年代开始,对给付行政有热烈讨论。70年代以后,表面上稍渐冷却,实则全面延伸至包括行政法的对象范围、行政法总论与各论的关系等关于行政法学方法论的议论。在日本,给付行政指通过公共设施、公共企业等进行的社会、经济、文化性服务的提供,通过社会保障、公共扶助等进行的生活保护、保障,以及资金的交付、助成等,即通过授益性活动,积极地提高、增进国民福利的公行政活动。[③] 给付行政包括供给行政、社会保障行政和资助行政。[④]

在我国台湾地区行政法学界大致接受生存照顾或者给付行政的概念。虽然也有人认为“给付”概念不够周延,但多数人倾向于积极认可的立场。例如:(1)认为给付行政与干涉行政二者受法律羁束的程度不同,这一概念能够为法律保留原则提供界限,不仅行政机关需要遵循,而且也可作为立法机关的立法依据。[⑤] (2)重视其表征国家观、行政观转换的历史发展,立法技术上代表人民基本权利保护领域的扩大,但相对而言也允许行政更多裁量或判断余地,因此,借由程序规范导入以控制行政的裁量权限是非常有必要的。这一概念对于行政法原则、授益行政处分废弃的限制等概念的适用、立法司法行政关系的改变、程序对行政合法性的控制、公私法领域交错下所涉及权利救济等问题,均提供

①陈新民:《公法学札记》,中国政法大学出版社1999年版,第85页。

②李国兴:《超越“生存照顾”的给付行政——论给付行政的发展及对传统行政法理论的挑战》,《中外法学》2009年第6期。

③【日】成田赖明、荒秀、南博方等编:《现代行政法》,有斐阁双书1982年版,第251页。转引自杨建顺:《日本行政法通论》,中国法制出版社1998年版,第329页。

④参见【日】南博方:《日本行政法》,杨建顺、周作彩译,中国人民大学出版社1988年版,第29页。转引自李国兴:《超越“生存照顾”的给付行政——论给付行政的发展及对传统行政法理论的挑战》,《中外法学》2009年第6期。

⑤吴庚:《行政法之理论与实用》(增订第8版),中国人民大学出版社2005年版,第14页。

极具意义的探讨角度和方法。[①] (3)认为该领域的主要目的不是在于限制人民的自由权利,因此,相较于干涉行政而言,其类型和行为形式可以更加多样化,但其共同特征为其措施原则上对相对人而言多属授益性,对经济社会政策的执行与落实有重大意义。[②] (4)有学者提出应重视生存照顾概念的变迁,也就是国家财政困窘及官僚行政体系所致国家丧失最佳给付者的优势地位,生存照顾与国家给付有脱钩现象,担负生存责任之主体上公部门回归私部门,国家基于辅助性原则转变成为"保障者"角色。之前的生存照顾概念仅限于国家自己所从事的公经济活动,如今应从广义上理解该概念:与国家行政机关的个别公益义务相联结的有关公共福祉取向的服务,以及为公众利益所从事的一切具有市场关联性与不具市场关联性的活动。[③] 台湾地区的给付行政概念的发展在内容范围上扩大至任何国家对于人民所为的给付措施,且广及公务员退休金或薪金的给付、强制迁拆的补偿金给付、军人眷属的特殊优惠措施等,与概念原型的内涵已有差异。另外需要有意识地区分其与干涉或秩序行政的不同法理特征。

(三)给付目的的确定

给付行政与法律之间的关系问题,是否要求给付行政必须有法律依据的问题,也就是法律保留原则的范围是否由侵害保留原则扩大至给付行政领域的问题一直在困扰着给付行政的探讨者。法律保留原则的设计意在规范侵害市民自由及财产的行政活动,要求其必须具有法律依据,从而保障市民人身权及财产权的安全,也保障行政主体在法治国的原则下为追求公益而活动。但是在第二次世界大战后,都市化现象加剧,产业文明的发展和阶级矛盾的升级,尤其给人民带来的灾害性后果明显,使得国家必须介入处理人民生活照顾这一重大社会问题,但这些问题在解决的过程中却往往没有相应的法律依据。传统行政法学已无力应对此一现象,对于给付行政活动是否需要法律依据的问题在理论及实践中出现了缓和适用法律保留原则的声音,认为因宪法基本权保障条款之完备,实质法治国之原则及国民主权原则的确立,促使法律保留原则原本作为立宪君主制度下补充基本权保障之功能,失其存在根据及必要性。[④]

给付行政活动是否适用法律保留原则,在研究过程中被演化为了是否承认

①陈春生:《给付行政》,《月旦法学教室》2003 年第 4 期。

②陈慈阳:《行政法总论》,台湾翰芦图书出版有限公司 2005 年版,第 50 页。

③詹镇荣:《生存照顾》,台湾元照出版公司 2005 年版,第 279 页。

④【日】室井力:《现代行政与行政法之理论》,有斐阁 1978 年版,第 6 页。转引自沈政雄:《社会保障给付之行政法学分析》,台湾元照出版公司 2011 年版,第 75 页。

行政独立于法律以外有其独自的法形成权。也就是说，随着宪法理念的转换，给付行政这一行政现象，能否成为可以脱离法律而独立具有自由性的一种行政类型。关于这一问题有相互对立的两种主张：(1)主张行政具有独立的法形成权。这一观点主要从国民立场出发，认为在给付行政领域有宪法关于国家原则的规定作为授权依据已经足够，不再需要法律依据。(2)基于赋予国民明确请求权根据、民主主义原理、给付与侵害为一体两面而有相互性等观点，主张应积极以法律规范给付行政或进行授权。在这两种观点中，更多学者主张承认行政有独自的法形成权，或者应当采取较为宽松的法律适用原则。[①] 但对于立法权应扮演怎样的角色，即使有法律规定的必要，应以何种面貌呈现而引导行政进行法的适用，又怎样建立法官对于给付活动的司法审查标准，这些涉及给付立法的形成和适用问题。对此，德国 G. Haverkate 教授提出给付目的上法律确定的理论，修正向来从基本权利的控制着手，改自比例原则的扩大适用，寻求控制给付行政活动的新路径。G. Haverkate 教授以资金补助为分析对象，但这一分析也可适用于对社会保障的探讨。下面就 G. Haverkate 教授的给付目的确定论作一简要介绍：

资金补助是由行政向私人给予金钱或金钱价值的给付，而不需要私人有相当于市场交易的对价支付，但对应性的附随有某种公共目的的指示，而要求私人的特定行动应与该公共目的所欲达成的公益相符合。这一手段因具有公共目的的取向，而且是授予私人以利益，因此一般认为具有正当性。但是对于社会过程的干涉、形成及影响，及与私人的自由之间如何协调，仍然具有正当化的问题。资金补助的危险性并不在于提供金钱给付本身，而是依此所产生的使私人的自由受约束的心理状态，私人所丧失的并不是自由本身，而是自由意识或自觉。当然，这是给付国家的固有问题，即受领给付者认为国家应保障所有人的福祉，使每个人得以处于安乐状态的心理期待。而给付活动本身的危险性在于导致个人依赖国家，逐渐侵夺个人的自发性及自己的责任，个人的决定受制于他人的决定，或者认为他人应对其决定负责任等情况。为避免伴随资金补助所产生的自由意识的丧失及抑制过剩给付，G. Haverkate 教授主张：(1)议会通过法律形式规定资金补助的给付目的；(2)行政机关必须依据法律规定的目的从事资金资助，且应符合"比例准则"的要求；(3)法院对目的—手段进行消极审查。这里的"比例准则"是专门为与传统宪法行政法上的比例原则相区分而

①【日】村上武则：《给付行政之理论》，有信堂 2002 年版，第 12—15 页。转引自沈政雄：《社会保障给付之行政法学分析》，台湾元照出版公司 2011 年版，第 76 页。

进行创设的,主要是考虑到比例原则是比较被侵害的利益与公共利益之间的衡量标准,而给付本身不属于侵益行为,这也就是想从给付本身的独特性发展其控制架构。按照前述的架构,法律规定的目的是适用比例准则的前提,即是由立法机关进行价值判断,这符合法治国原理中的预测可能性的要求。在个人因行政违反了其合理预测所生的信赖而受到侵害时,则由法院的审判进行救济,确保给付目的就成为了法院的任务。当然,法院仅就该给付措施是否偏离目的或者违反目的,是否妥当、必要及适切进行审查,而不审查行政所采取的手段是不是诸多可达成目的的手段中最优的一种。

比例准则作为控制手段在于给付目的明确化。对此,G. Haverkate 教授将资金补助的目的一分为二:行动目的和效果目的。行动目的指向借由资金补助所要求补助受领者作为或不作为的目的;效果目的指向由资金补助受领者作为或不作为所产生的结果的目的。有学者认为,对于目的适格性的判断,也就是呈现目的是否明确,应进行阶段性审查:(1)具体性的目标如何说明,目标所期待达成的状态是否存在,该目标是行动目标还是效果目标。(2)基于经济考虑其给付基础的状况如何。(3)资金补助作为实现手段如何发挥作用,在实施过程中如果没有这种手段将是什么样的结果;从形式上看资金补助是否到达相对人,到达后该补助是否被相对人所保持,是否因价格波动以至于丧失了补助的意义。(4)所提供的资金补助,以什么样的方式才能引导相对人的行动变化,受领者的行动是否达到了预期的效果。①

(四)给付行政形式的分析

O. Mayer 行政法学之前没有利用国家设施需要缴纳公法上的手续费的规定,国家均以私法契约经营。比如,邮政利用关系均在私法上进行考查,铁路利用关系也没有论及是不是公法性质,但如果经营设施中属强制利用的,则有公法上手续费的规定。这种公法上赋课的规定,如强制保险就是 O. Mayer 理论上所讲的公营造物。O. Mayer 理论的立足点在于贯彻法治国原理,国家行政的行为必须符合法治国家的法律。而其所建构的行政处分概念是指由行政权基于其固有的权力,个别、具体宣示何者为法的国家行为,如同法院判决一样,有其自己的确认力来单方拘束法治国的成员。即使不属于侵害保留行政的领域,如补助金交付等没有法律依据的行为,也概括使用独立的行政处分概念。实质上以契约形式能够说明的行为,在构成上却以行政处分替代,这是因为 O. Mayer

①【日】村上武则:《给付行政之理论》,有信堂 2002 年版,第 186—187 页。转引自沈政雄:《社会保障给付之行政法学分析》,台湾元照出版公司 2011 年版,第 80 页。

将民事裁判中国家意思的单方拘束力转化至行政权的个别决定行为。基于概括的国家权力的前提下，无论是否有法律依据、是否在法律以外的自由领域所作成，是否经当事人同意而正当化，行政均得以行政处分在个别场合以其高权确定何者为法，以形式上受法治国家的保障。行政处分的内涵具有威权、侵害性质，且以其作为行政活动的单一法律形式，即使对于给付性行政活动，作用法上也使用营造物概念及特别权力关系理论，同样采取高权的法形式。①

E. Forsthoff 给付行政论的生存照顾概念所关注的不是行政的法律形式，而是行政任务的目的。社会法治国家时代，因应各种各样的任务，行政处分退居为次要角色，应该根据行政所要完成的任务来决定应采取的法形式。依此观点，私法形式的行政活动，也应纳入行政法的范畴。虽然面临多样化行政活动及所处理的复杂社会关系，行政处分是否适合于给付行政的行为形式，仍然存在争论，但是行政处分原本在行政法总论体系中的中心地位已逐渐蜕去，取而代之的是将其定位为行政法律关系的发生原因之一，或者作为行政介入社会的众多手段之一等理论正逐渐兴起。

德国给付行政理论的发展集中于公法与私法的关系及作用法的行为形式上，也就是给付行政的法形式问题。其中公法化倾向为学说主流。因行政诉讼采取列举主义及以行政处分致权利受侵害为诉讼要件，为满足完全的权利保护，学说及裁判实务试图将行政关于给付的决定乃至其拒绝解释为行政处分，以有利于权利的保护与救济。其完整的论述开始于 H. Lpsend 1951 年 12 月 17 日所撰写的法律鉴定书《联邦政府对于电影业者给付及拒绝债务保证之程序与权利保护》中提出的二阶段论。针对行政提供业者“债务保证”的情形，当事人有“债权人”、“债务人（业者 = 申请人）”及“保证人（国家）”三方，分别存在债权人与债务人、债务人与国家、国家与债权人之间的法律关系。二阶段论认为，债务人向国家请求保证的提供，国家作出的准许或不准许的行为为公法上具有高权性质的决定，作成同意决定后，其内容的实现需要由国家与债权人之间缔结民事上的保证契约。二阶段论意图在消费借贷的类型上将单一法律关系分为两个阶段。有学者主张将这种解释方法扩大适用于其他给付行政的领域。②也有学者认为这种混合公私法形式的解释法理是针对生活事实中所可能存在的复杂的法律关系而提出的思考模式，是值得肯定的。③

①转引自沈政雄：《社会保障给付之行政法学分析》，台湾元照出版公司 2011 年版，第 84 页。

②程明修：《行政法之行为与法律关系理论》，2004 年自版，第 63—66 页。

③程明修：《行政法之行为与法律关系理论》，2004 年自版，第 82 页。

日本行政法上的给付行政理论的发展与德国不同。1940年美浓部达吉基于公私法区别论，认为消费性补助金交付的法律关系具有经济上内容的性质，虽然看不到如秩序行政中的权力发动，但直接与公益有关，且伴随给付常常要求义务的履行，违反义务时得撤销或者废止原给付措施，所以其应属于公法范畴，而不是私法上的附负担的赠与，应该是一种公法上的契约。[①] 田中二郎认为行政行为在补助金交付、行政财产的使用许可等情形下，实质上具有契约的性质，仅是以行政处分的形式进行的处理，就该给付决定应称作"形式的行政处分"。[②] 这一概念后来被雄川一郎进行了更为细致的阐释：对于社会保障、社会保险给付等非权力作用的行为，其原本不具有权力支配的性质，法技术上也没有将该给付决定作为行政处分的必然理由，但是以行政处分来处理这些行为的法律关系能够使这样大量发生的法律关系得以明确，并确保统一处理。或者说这种给付决定在形式上、技术上作为行使公权力的行政处分行为，其实质上并未真正伴随公权力的发动。[③] 随着给付行政理论与实践的发展，日本学者们又渐次提出了下列主张：(1)给付行政领域中形成法律关系的行为形式推定了契约方式，但自规范该给付行为的法律构造，也可能承认其行政处分的性质。[④] (2)理论上行政主体对于特定人所为的资金、物品或者劳务的供给，其原本均以契约关系为前提，但在这里是人为地形成或变动该法律关系，该形成或变动行为即便是由行政处分行为发动的，也不能当然排除原有的契约关系。以行政处分设定的关系，其细节内容能以契约设定，反之以契约设定的关系也可以以行政处分消灭或者变更它的内容，可以说行政处分与契约之间是一种交错的关系。[⑤]

实际上，给付关系的成立，从行政主体与受给付者之间的关系而言，主要体现在行政主体审查受给付者的资格、要件是否完备从而作出同意或者拒绝给付的决定。是否采取行政处分的形式，会因为各给付作用的类型、法律制度的构造及行政处分观本身而有差异。这是就决定关系而言，实践中具体财物、劳动等的提供未必由行政主体实施，因应尊重利用者选择权和市场化的取向等要求，在供给关系上一般会形成行政主体、给付提供者与给付利用者之间的多元

①【日】美浓部达吉：《日本行政法》(上)，有斐阁1940年版，第53—54页。

②转引自沈政雄：《社会保障给付之行政法学分析》，台湾元照出版公司2011年版，第88页。

③沈政雄：《社会保障给付之行政法学分析》，台湾元照出版公司2011年版，第88页。

④【日】盐野宏：《行政法Ⅰ》(第4版)，有斐阁2006年版，第176—177页。

⑤转引自沈政雄：《社会保障给付之行政法学分析》，台湾元照出版公司2011年版，第90页。

给付关系。为了确保给付的公平及给付内容的品质要求等,行政主体对给付提供者应负担监督、规制的责任,技术上呈现出运用行政处分、契约及基准设定等各种行为形式组合的法构造。

(五)供给主体的多元化动向

O. Mayer 的行政法理论以公营造物概念及其利用关系说明公行政所担负的生存照顾任务,及其提供给付、服务的组织形式问题。在其看来,公营造物指公行政主体所控制的,持续性达成特定公目的的物及手段的整体。这一概念既可用于解释作用法意义上的特别权力关系问题,也可被认为是组织法意义上的独立行政体的类型研究结果。O. Mayer 的理论更关注公营造物的利用关系。《魏玛宪法》以后,随着间接国家行政及给付行政的扩大,人们更为关注公营造物的组织法上的意义。也就是关注营造物作为给付行政的核心组织类型,其与秩序行政中的阶层性的行政机关主体的相对关系。且基于给付行政任务的技术性与专业性、多元利益的整合、专业知识技能辅助、有效利用既存私法组织的能力等理由,其组织形态相较于阶层制的行政机关构造,呈现出不同强弱程度的独立化、多元化的组织形态。第二次世界大战以后,为完成履行给付行政的任务,实践中依特别法律或民商法所设立的各种组织泛滥。1980 年代以后,基于新自由主义、新公共管理理论进行的行政改革,促使固有行政组织再分离、独立化、民间化,同时开展行政机关以外各类供给组织的整合,这些主要集中于给付行政领域。相较于传统意义上的国家以权力及阶层制为其特征,新一轮的行政改革的趋势乃是转向市场交换及追求利润、连带或相互援助为特色的非营利组织,或政府与民间共同出资成立的事业体发展。供给体制也朝向市场化、契约化,使供给主体不限于古典公营造物的组织形式,组织上及任务上采取与私人协力的模式而呈现出多元化特征。行政责任从传统国民与行政的对抗关系,转而更多呈现为国民与行政的同质自律伙伴关系。因此,行政的社会管理职能的定位使得其履行责任转变为保证责任,主要承担监督、规制及资讯提供等任务。①

二、社会保障给付行政的法律构造分析

(一)社会保障给付行政概述

1. 社会保障给付行政的内涵

社会保障给付行政,是指行政主体通过提供物质利益或与物质利益有关的利益及服务,帮助公民摆脱因丧失劳动能力或劳动机会或遇到其他社会风险引

---

①沈政雄:《社会保障给付之行政法学分析》,台湾元照出版公司 2011 年版,第 107—110 页。

致的生存危机,以及保障公民享有与社会发展水平相适应的旨在提高生活质量的服务的权利的活动总称。社会保障给付行政首先是一种行政行为,其次是一种以保障公民的社会保障权实现为目标的给付行政行为。它有以下三种具体的内涵:

(1)社会保障给付行政是为应对国民的生活困难状况而设计的制度。社会保障的各项行政给付中有大部分的内容是为帮助国民应对和摆脱生活困难状况而设计的。比如,社会保险的具体险种包括养老保险、工伤保险、生育保险、医疗保险、失业保险,这分别是应对国民在遇到年老、工伤、生育、疾病、失业等困难状况而设计的制度。再比如社会救助制度,即针对那些因遇到灾害、突发事件等而导致生活陷入特殊困难的国民,行政进行相应给付,从而帮助国民脱离困境的制度。

(2)社会保障给付行政是为保证国民的安定生活及不断提高生活水平而实施的制度。在历史上,社会保障给付的新近发展时期主要以救济贫困、预防贫困及维护国民的最低限度生活为制度目标。但随着社会经济水平的不断提高及社会保障给付制度本身的不断发展和完善,当今世界的社会保障给付目标已经超越了贫困的救济与预防,在制度设计中在前述目的基础上更加注重为国民营造一个安定的生活环境及不断提高国民的生活水平。

(3)社会保障给付行政是基于国家的公共责任为保障国民生活而作的各种给付。社会保障给付行政的公共责任包括给付的实施责任及费用负担责任。基于这种公共责任,给付行政运作的主要方式包括金钱、物品的给付,此外还包括各种咨询、指导、照护等以人力资源为基础的服务。为了保障给付的水平,还需要对医疗或福利服务、医师、社会工作人员等设施整备及人员素质的培养进行各种有效规制。此外,各种给付实施时通常以国家或地方公共团体为主体来维持制度的运作,当然在此前提下实践中也采取由私人或民间团体代行或者受委托实施给付的方式。

2. 社会保障给付行政的特征

(1)给付依据上,受保障者的自己责任与社会连带责任并存。社会保障行政是针对基于连带责任的个人生活困境保障及生活水平普遍改善的努力。因此,在这一领域中自己责任与连带责任并存。也就是基于所谓自助及自己组织的观点,以自己责任为优先,首先由自己负责其生活需求的供给及生活水平的改善;连带责任则处于补充的地位,即在自己责任无法达到所应满足的需求的情况下,比如因生活需要的基本物质条件无法满足而导致生活困境时,则需要连带责任要求的给付来予以补充。社会保障给付所具有的连带性，使得人们认识给付不应仅关注给付主体与公民之间的社会保障法律关系，而还应关注供给的社会基础——国家基于连带对社会资源进行的整合。可以说，国家的角色是为整合给付及基于财产的连带所生的循环，使其具有可持续性，并组织私人间采取财产转移形式的给付。

(2)给付主体上，政府与其他主体的合作被重视。社会保障行政法，呈现为基于连带所建立起来的相互合作的法秩序，其配合性与补充性主要体现在以下三个方面：① 给付不仅仅是由社会保障行政主体所提供，还有一部分由作为给付媒介的第三方提供，比如福利服务、医疗保险等均可以看到第三方提供服务的情况。这里必然需要行政主体与供给主体之间的配合与协作。② 社会保障行政的相互配合与补充性也体现在国家所担负的社会保障责任与民间福利事业主体的活动的关系中。民间福利与国家社会保障责任应该是良性互动与共存的关系，成熟的民间福利事业与完善的国家保障制度的结合将为公民提供高质量的社会保障福利水平。③ 社会保障行政的配合性与补充性在个别社会保障行政法律关系中也有体现。即使那些在表面上看来属权力性决定的给付行为，也存在基于协力所产生的个别形成的多样可能性。对个人自己责任的尊重必然要求为个人的自我利益的表现及自我发展提供保障，国家在组织及手段方面的介入仅在社会自我无法满足正义要求时才发生。由基本权利所形成的个人领域的保护，与社会中非国家制度所拥有的权限保护之间，借由补充性原则得以维持。社会保障行政及相关法律就是将这一原则具体化的体现。在这种社会背景下，人们看到了更多的公私合作完成的社会保障给付的情况，而不再仅是由政府以行政主体的形式通过行政处分构建社会秩序单方性的、强制性的权力运行模式。更加多元的主体参与到社会保障给付的过程，社会中蕴含的巨大力量通过政府的调控、整合被发挥出来。可以说，在这一过程中政府仍占主导地位，因为整个给付网络的设计者与构建指挥者是政府，但是从数量和规模上来看，非政府其他主体将占有更大的比例，在这里政府也只应该承担制度运行领导者的角色，而大量的具体给付则应当由政府与其他主体的合作来完成。比如医疗保险给付需要有相关医疗服务机构的合作，养老福利给付中需要与社会养老机构合作等。

(3)给付方式上，金钱给付、物资给付和服务给付相结合。社会保障给付在满足保障公民基本生活的同时，还需尊重公民对自身具体生活方式和内容的选择权，因此，一般情况下社会保障给付以金钱给付的形式完成。比如居民最低生活保障的给付、军人及家属抚恤金的发放等均是以发放货币的方式进行的给付。向受给付者提供金钱给付，一方面使其获得了保证基本生活的资金，使其生活得以延续或者摆脱生活困境；另一方面在金钱给付完成后，受给付者便拥有了该笔款项的支配权，可以根据自身的实际需要和要求进行支配，从而完成其个性化的生活内容。这符合社会保障给付行政是"保障"生活而不是"创造"生活的制度理念，进而保障社会生活的多样性与活力。当然在金钱给付之外还存在物资给付及服务给付等形态。物资给付一般发生在社会救助给付领域，尤其是自然灾害救助领域。因为这一领域的救助需求更为迫切，以物资的形式进行给付能够更及时、更直接地满足受救助者的迫切需要，甚至是对生命存续的一种保障。服务给付则更多出现于社会福利给付、社会优抚给付等领域，当然在社会保险给付中医疗保险给付的提供也是以医疗服务的形式存在的，这些以服务形式提供的给付主要是因为这些服务无法从市场上进行自由买卖，即这不是单纯的市场行为能够满足的一种保障，比如义务教育的提供、各项文化福利的提供以及社会优抚中优先录取的优待给付等。这些内容只有通过服务给付的形式才能实现相应社会保障给付制度设计的初衷。

(4)权利义务的分配上，社会保障行政与传统行政不同。传统行政法上行政主体与行政相对人之间存在一种不对等性，为保证行政目的的实现，在具体关系的展开中政府拥有更多的权力，而相对人一方则承担更多的义务。但给付行政的产生和发展却颠覆了传统行政法这一基本权利义务配置的状况。在社会法治国理念下，政府作为一种服务机构为社会提供各项权利保障其中对于社会保障权的保障，即社会保障行政则以给付行政的形式来完成。在社会保障给付中政府是给付义务的承担者，相对人是给付权利的享有者。因此，这一领域中的权利义务配置体现为政府以其给付义务的履行保障相对人各项社会保障权利的实现。可以说，公民的社会保障权利是政府社会保障给付的保障目标的基础，这与传统行政对公共秩序的追求有很大不同。

3. 社会保障给付行政的主要任务类型

社会保障给付行政的主要任务类型，应当是从行政法的角度分析社会保障问题而归纳、总结出的结论，主要包括所得保障、直接援助和第三者媒介型社会保障给付行政。[①]

(1)所得保障。这一任务类型主要关注给付的决定及其形成过程，通常需

①沈政雄：《社会保障给付之行政法学分析》，台湾元照出版公司2011年版，第128页。

要有比较明确的法律依据。在给付决定的形成过程中需要查明申请者的个人生活状况,并以此为基础作出相应的给付决定。这种给付行政大多以行政处分的形式作出,但决定的作出需要以相对人的生活状况为基础,因此,不能完全排除受给付者在给付关系中的协力作用。

(2)直接援助。在这种任务类型下,给付行政与受给付者之间通常具有长时间的接触关系,且由行政直接提供与人格性有关的给付,可能以金钱或者采取以人格上援助为目标的措施。比如集中且持续性地提供建议或者照顾、护养、教育、医疗等。需要注意的是这种任务类型的开展是由国家保障个人行动的可能性,个人的某些行动领域被国家行动所覆盖,且赋予其合理性,这将引发社会保障给付与个人自由之间的紧张关系。

(3)第三者媒介型社会保障给付行政。这种任务类型的给付可能存在于前述两种类型之中,根据国家所担负的责任的性质与强度可分为以下两种亚类型:① 国家本来即负担给付责任,但由第三者介入,缓和给付关系中所具有的与人格相关的要素,比如医疗保险。由受给付者自由选择给付媒介提供者,但不会发生在由国家行政自己担负现实给付义务的情况,而仅限定于费用负担的情形。因此,第三者媒介型社会保障给付行为发生于行政与市民非直接接触的领域。为保证给付的质量,行政不仅担负费用支付的义务,还应对第三者的媒介服务,比如服务的品质、范围等进行监督和控制。② 任务本身并非不属于给付行政的责任范畴,是由社会透过其自身力量,优先作为自己的任务而承接。这一任务类型并非典型的社会保障给付主体之间的任务分配模式,主要针对一些新需求及新任务而被采用,面对新任务和新需求时基于补充性原则,国家不会立即承担全部的履行责任。相反,行政应首先明确各种援助存在的可能性,在自助设施与其他设施的接触中担负资讯的传递任务,组织、整合各种渠道的设施,引导各设施间进行协作完成援助任务。

4. 我国社会保障给付行政的具体种类

前述章节的内容已阐释了给付行政及社会保障给付行政的基础理论,接下来将分析在我国现行制度中关于社会保障给付的具体运行,即社会保障权的行政法保障的具体情况。在这里以我国社会保障给付行政的具体类型的划分为基础进行分别介评,包括:社会保险给付行政、社会救助给付行政、社会优抚给付行政、社会福利给付行政。在介评中将以社会保障给付行政的法律关系为核心着力点,分析各具体类型给付行政中的主体、权利义务、行为形式及其之间的相互关联性,从而清晰地勾勒出社会保障权给付行政保障的基本构造。以下对我国社会保障给付行政的具体种类作逐一的介绍。

(二)社会保险给付行政法律关系分析

社会保险法已于2011年7月1日开始实施,在这部法律中进行了我国历史上最为完整的关于社会保险问题的规范,配合社会保险领域的规章及其他规范性文件等抽象行政行为,共同作为社会保险给付行政的法律渊源来规范主体间的法律关系。

1. 社会保险给付之行政主体及其职责①

(1)县级以上人民政府。根据社会保险法第5条规定:“县级以上人民政府将社会保险事业纳入国民经济和社会发展规划。国家多渠道筹集社会保险资金。县级以上人民政府对社会保险事业给予必要的经费支持。国家通过税收优惠政策支持社会保险事业。”全国经济和社会发展规划是全国或者某一地区经济、社会发展的总体纲要,统筹安排和指导全国或某一地区的社会、经济、文化建设工作,是政府承担社会保障职能的重要手段。国民经济和社会发展规划按行政层级分为国家级规划、省级规划、市县级规划、区域规划。该条明确了县级以上人民政府必须将社会保险事业纳入国民经济和社会发展规划。

社会保险资金的筹措渠道具有多元性,包括社会保险费、财政补助、投资收益和其他渠道等。县级以上人民政府对社会保险事业的经费支持主要包括:县级以上人民政府在社会保险基金出现支付不足时,给予补贴;国有企业、事业单位职工参加基本养老保险前,视同缴费年限期间应当缴纳的基本养老保险费由政府承担;社会保险经办机构的人员经费和经办社会保险发生的基本运行费用和管理费用,由同级财政按照国家规定予以保障。

税收优惠是为了配合国家在一定时期总的发展目标,政府在税收方面采取的一些措施,是国家干预经济生活的重要手段之一。社会保险方面的税收优惠政策主要包括:用人单位和个人社会保险缴费部分在所得税税前列支;个人账户资金免收利息税;社会保险待遇免征个人所得税等。

(2)社会保险行政部门及其他有关部门。社会保险法第7条规定:“国务院社会保险行政部门负责全国的社会保险管理工作,国务院其他有关部门在各自的职责范围内负责有关的社会保险工作。县级以上地方人民政府社会保险行政部门负责本行政区域的社会保险管理工作,县级以上地方人民政府其他有关部门在各自的职责范围内负责有关的社会保险工作。”显然,该条是关于社会保

①参见法律出版社法规中心编:《中华人民共和国社会保险法典》(应用版),法律出版社2013版,第4、5页。

险行政管理主体职责分工的规定。社会保险坚持政府主导和社会参与相结合的原则,政府作为社会保险行政管理的主体,在社会保险制度建设中发挥主导作用。社会保险行政部门是社会保险的主管部门,负有综合管理的职责。国务院社会保险行政部门是人力资源和社会保障部,负责全国的社会保险管理工作,主要包括:统筹建立覆盖城乡的社会保障体系,统筹拟定城乡社会保险及其补充保险政策和标准,组织拟订社会保险关系转移接续办法和基础养老金全国统筹办法,统筹拟订机关企事业单位基本养老保险政策,会同有关部门拟订社会保险及其补充保险基金管理和监督制度,编制全国社会保险基金预算、决算草案,参与制定全国社会保障基金投资政策等。县级以上地方人民政府下设的社会保险行政部门,主要是人力资源和社会保障厅(局),负责本行政区域内的社会保险管理工作。

国务院其他有关部门在各自的职责范围内负责有关的社会保险工作:财政部门负责补贴各项社会保险基金,核定和拨付各类社会保险经办机构的经费,管理社会保险基金存入的财政专户,审核全国社会保险基金预算、决算草案,对社会保险基金的收支、管理和投资运营情况实施财政监督;审计部门对社会保险基金的收支、管理和投资运营情况实施审计监督;卫生部门的职责是负责新型农村合作医疗的综合管理。县级以上地方各级人民政府其他有关部门,如财政、审计、卫生部门,在各自的职责范围内负责有关的社会保险工作。

(3)社会保险经办机构——保险人。社会保险法第8条规定:“社会保险经办机构提供社会保险服务,负责社会保险登记、个人权益记录、社会保险待遇支付等工作。”社会保险经办机构是为满足社会保险的需求,在社会保险统筹地区设立的社会保险服务机构。社会保险经办机构根据需要,经所在地的社会保险行政部门和机构编制管理机关批准,可以在本统筹地区设立分支机构,在社区、街道、乡镇设立工作站点。其基本运行费用和管理费用,由同级财政部门按照国家规定予以保障。

社会保险经办机构是社会保险工作的主要承担者,其主要工作职责包括:社会保险登记,确保相关人员参加社会保险;为用人单位建立档案,完整、准确地记录参保人员、缴费情况等社会保险记录;及时、完整、准确地记录参保人缴费和用人单位为其缴费,以及享受社会保险待遇等个人权益记录;免费为用人单位和个人提供社会保险咨询等服务;按时足额支付社会保险待遇;定期向社会公布社会保险基金的收入、支出、结余和收益情况,定期向社会保险监督委员会汇报收支、管理和投资运营情况;依法对社会保险费缴纳情况和社会保险待遇领取情况进行核查;受理属于本机构职责范围内的举报、投诉;加强内部管理,建立健全业务、财务、安全和风险管理制度,完善社会保险信息系统等。

2. 保险人与被保险人的关系内容

被保险人即保险对象,是保险关系中的被保障对象,是在保险事故发生时被保护的对象,在我国社会保险法中的被保险人包括劳动者、城市及农村居民。在不同的险种中被保险人有不同的确定标准。

(1)保险关系。保险人与保险对象之间成立保险关系,关于保险对象资格、保险期间、保险费率及金额,原则上均依法律规定进行确定。这与一般的民事保险由双方达成合意后缔结保险合同,并可依据当事人间的合意对合同内容进行变更、解除显然有所不同。在保险关系成立后,保险人与被保险人之间即发生一定的权利义务关系。对于保险对象而言,其权利义务内容主要体现为:在保险事故发生时取得请求保险给付的权利,负担缴纳保险费的义务及提供资料、容忍调查或检查等协助的义务。

根据社会保险法的规定,被保险人分为必须参加社会保险者与可以参加社会保险者。必须参加社会保险的被保险人是指劳动者,社会保险法第10、23、33、44、53条对此进行了规定。其中的主要内容包括:第一,职工应当参加基本养老保险,由用人单位和职工共同缴纳基本养老保险费;第二,职工应当参加职工基本医疗保险,由用人单位和职工按照国家规定共同缴纳基本医疗保险费;第三,职工应当参加工伤保险,由用人单位缴纳工伤保险费,职工不缴纳工伤保险费;第四,职工应当参加失业保险,由用人单位和职工按照国家规定共同缴纳失业保险费;第五,职工应当参加生育保险,由用人单位按照国家规定缴纳生育保险费,职工不缴纳生育保险费。可见职工必须参加各项社会保险,成为必然的社会保险给付关系中的被保险人。在参加保险时职工负有医疗保险、养老保险及失业保险的保险费缴纳义务。如果必须参加社会保险的主体没有参加社会保险,其主要责任根据具体情况进行分析,一般而言是因为用人单位没有为劳动者办理社会保险登记,在此情况下由社会保险行政部门责令限期改正;逾期不改正的,对用人单位处应缴社会保险费数额1倍以上3倍以下的罚款,对其直接负责的主管人员和其他责任人员处500元以上3000元以下的罚款。需要特别注意的是第41条的规定:“职工所在用人单位未依法缴纳工伤保险费,发生工伤事故的,由用人单位支付工伤保险待遇。用人单位不支付的,从工伤保险基金中先行支付。从工伤保险基金中先行支付的工伤保险待遇应当由用人单位偿还。用人单位不偿还的,社会保险经办机构可以依照本法第六十三条的规定追偿。”

可以参加社会保险的被保险人包括个体工商户、非全日制从业人员及城乡居民等。具体规定包括:(1)基本养老保险。第10条第2款规定:“无雇工的个体工商户、未在用人单位参加基本养老保险的非全日制从业人员以及其他灵活就业人员可以参加基本养老保险,由个人缴纳基本养老保险费。”第20条规定:“国家建立和完善新型农村社会养老保险制度。新型农村社会养老保险实行个人缴费、集体补助和政府补贴相结合。”第22条第1款规定:“国家建立和完善城镇居民社会养老保险制度。”(2)基本医疗保险。第23条第2款规定:“无雇工的个体工商户、未在用人单位参加职工基本医疗保险的非全日制从业人员以及其他灵活就业人员可以参加职工基本医疗保险,由个人按照国家规定缴纳基本医疗保险费。”第24条规定:“国家建立和完善新型农村合作医疗制度。”第25条第1、2款规定:“国家建立和完善城镇居民基本医疗保险制度。城镇居民基本医疗保险实行个人缴费和政府补贴相结合。”综合法条的规定看出可以参加社会保险的主体,也就是由自己选择是否参加社会保险的主体,其可以参加的社会保险的险种为基本养老保险和基本医疗保险,其在保险关系中承担的主要义务是按照规定缴纳社会保险费,当然政府在这些主体的社会保险关系中同样承担补贴的给付义务。

被保险人的身份确定需要有“投保”行为的完成,在社会保险领域主要体现为社会保险经办机构的保险登记行为,这一行为使得被保险人的资格转化为被保险地位,因此,保险程序也可理解为是被保险人资格的确认程序或者保险关系的确认程序。保险人的这一行为在行政法学上可以被认为属确认性的行政处分。在行政法上,行为的这种确认性质使得特定事实或者法律关系发生争议时,以具有权威性的公的意思表示为确定是否存在及正确与否的依据。当然,这一确认行为,对于该事实或者法律关系的存在、发生仅具有宣示作用,法律效果的发生仍回溯至法定条件事实发生之日,故无形成的效果。采用这一立法技术的理由在于:如果直接承认保险资格的得失变更或者保险关系是因符合法定条件的事实发生而成立,而争议往往发生于保险给付时,当因保险人认为保险对象不符合保险资格的规定而拒绝给付时,法定条件的事实发生的时点与拒绝给付的行政争议的时点之间存在着时间上的落差,这显然将不利于对被保险人利益的保护。因此,这一确认制度的导入,经由行政处分法理的运用,对于保险关系有安定化的功能。①

①沈政雄:《社会保障给付之行政法学分析》,台湾元照出版公司2011年版,第139页。

(2)保险给付请求权。社会保险关系成立后,在保险事故发生以后,被保险人得请求给付相应的保险待遇,这是社会保险给付行政法律关系的必然逻辑结果。当然,这也受到法律的确认与规范。

① 基本养老保险。社会保险法第 16 条规定:“参加基本养老保险的个人,达到法定退休年龄时累计缴费满十五年的,按月领取基本养老金。参加基本养老保险的个人,达到法定退休年龄时累计缴费不足十五年的,可以缴费至满十五年,按月领取基本养老金;也可以转入新型农村社会养老保险或者城镇居民社会养老保险,按照国务院规定享受相应的养老保险待遇。”因此,享受基本养老保险待遇必须具备两个条件:第一,必须达到法定退休年龄;第二,缴费累计满 15 年。第 17 条规定:“参加基本养老保险的个人,因病或者非因工死亡的,其遗属可以领取丧葬补助金和抚恤金;在未达到法定退休年龄时因病或者非因工致残完全丧失劳动能力的,可以领取病残津贴。所需资金从基本养老保险基金中支付。”第 21 条第 2 款规定:“参加新型农村社会养老保险的农村居民,符合国家规定条件的,按月领取新型农村社会养老保险待遇。”中央确定的基础养老金标准为每人每月 55 元,地方政府可以根据实际情况提高基础养老金标准。

② 基本医疗保险。社会保险法第 26 条规定:“职工基本医疗保险、新型农村合作医疗和城镇居民基本医疗保险的待遇标准按照国家规定执行。”根据现行国家政策的规定,职工基本医疗保险的统筹基金和个人账户要划定各自的支付范围,分别核算,不得互相挤占。统筹基金用于支付住院医疗和部分门诊大病费用;个人账户主要支付门诊费用、住院费用中个人自负部分以及在定点药店购药费用,归个人使用,可以结转和继承。统筹基金的具体起付标准、最高支付限额以及在起付标准以上和最高支付限额以下医疗费用的个人负担比例,由统筹地区根据以收定支、收支平衡的原则确定。第 27 条规定:“参加职工基本医疗保险的个人,达到法定退休年龄时累计缴费达到国家规定年限的,退休后不再缴纳基本医疗保险费,按照国家规定享受基本医疗保险待遇;未达到国家规定年限的,可以缴费至国家规定年限。”国家目前对最低年限没有统一规定,从目前各地方规定的情况看,一般为男职工 30 年,女职工 25 年。第 28 条规定:“符合基本医疗保险药品目录、诊疗项目、医疗服务设施标准以及急诊、抢救的医疗费用,按照国家规定从基本医疗保险基金中支付。”第 29 条规定:“参保人员医疗费用中应当由基本医疗保险基金支付的部分,由社会保险经办机构与医疗机构、药品经营单位直接结算。社会保险行政部门和卫生行政部门应当建立

异地就医医疗费用结算制度,方便参保人员享受基本医疗保险待遇。”直接结算制度的确立,免除了参保人员个人先行垫付医疗费用,特别是数额比较大的医疗费用的负担,简化了医疗保险经办机构的报销环节,体现了给付行政领域以人为本的制度设计理念。

③ 工伤保险。社会保险法第36条规定:“职工因工作原因受到事故伤害或者患职业病,且经工伤认定的,享受工伤保险待遇;其中,经劳动能力鉴定丧失劳动能力的,享受伤残待遇。”工伤认定,是社会保险行政部门依据法律的授权,对职工因事故受到伤害或者患职业病的情形是否属于工伤或者视同工伤给予定性的行政确认行为,是受到事故伤害或者患职业病的职工享受工伤保险待遇的前提。第38条规定:“因工伤发生的下列费用,按照国家规定从工伤保险基金中支付:(一)治疗工伤的医疗费用和康复费用;(二)住院伙食补助费;(三)到统筹地区以外就医的交通食宿费;(四)安装配置伤残辅助器具所需费用;(五)生活不能自理的,经劳动能力鉴定委员会确认的生活护理费;(六)一次性伤残补助金和一至四级伤残职工按月领取的伤残津贴;(七)终止或者解除劳动合同时,应当享受的一次性医疗补助金;(八)因工死亡的,其遗属领取的丧葬补助金、供养亲属抚恤金和因工死亡补助金;(九)劳动能力鉴定费。”针对伤残对象的不同,由工伤保险基金负担的工伤保险待遇大体分为四类,即工伤医疗康复类待遇、辅助器具配置待遇、伤残待遇、死亡待遇。第39条规定:“因工伤发生的下列费用,按照国家规定由用人单位支付:(一)治疗工伤期间的工资福利;(二)五级、六级伤残职工按月领取的伤残津贴;(三)终止或者解除劳动合同时,应当享受的一次性伤残就业补助金。”此外,根据第41、42条的规定,在用人单位未为职工缴纳社会保险且不支付工伤保险待遇时及第三人原因造成工伤且不支付医疗等费用时,工伤保险基金先行支付,支付后有权向用人单位或者第三人追偿。

④ 失业保险。社会保险法第45条规定:“失业人员符合下列条件的,从失业保险基金中领取失业保险金:(一)失业前用人单位和本人已经缴纳失业保险费满一年的;(二)非因本人意愿中断就业的;(三)已经进行失业登记,并有求职要求的。”因此,失业保险待遇的享受者是从就业转失业的人员,即那些曾经有工作目前无工作但正积极寻找工作的人员。第46条规定:“失业人员失业前用人单位和本人累计缴费满一年不足五年的,领取失业保险金的期限最长为十二个月;累计缴费满五年不足十年的,领取失业保险金的期限最长为十八个月;累计缴费十年以上的,领取失业保险金的期限最长为二十四个月。重新就业

后，再次失业的，缴费时间重新计算，领取失业保险金的期限与前次失业应当领取而尚未领取的失业保险金的期限合并计算，最长不超过二十四个月。”职工如果领取失业保险金后重新就业，则其应该停止领取，并重新开始缴纳失业保险费，且重新计算缴费时间。失业保险金的标准，由省、自治区、直辖市人民政府确定，不得低于城市居民最低生活保障标准。失业人员在领取失业保险金期间，参加职工基本医疗保险，享受基本医疗保险待遇。失业人员应当缴纳的基本医疗保险费从失业保险基金中支付，个人不缴纳基本医疗保险费。失业人员在领取失业保险金期间死亡的，参照当地对在职职工死亡的规定，向其遗属发给一次性丧葬补助金和抚恤金。所需资金从失业保险基金中支付。个人死亡同时符合领取基本养老保险丧葬补助金、工伤保险丧葬补助金和失业保险丧葬补助金条件的，其遗属只能选择领取其中的一项。①

⑤ 生育保险。用人单位已经缴纳生育保险费的，其职工享受生育保险待遇；职工未就业配偶按照国家规定享受生育医疗费用待遇。所需资金从生育保险基金中支付。生育保险待遇包括生育医疗费用和生育津贴。生育医疗费用包括下列各项：生育的医疗费用；计划生育的医疗费用；法律、法规规定的其他项目费用。职工有下列情形之一的，可以按照国家规定享受生育津贴：女职工生育享受产假；享受计划生育手术休假；法律、法规规定的其他情形。生育津贴按照职工所在用人单位上年度职工月平均工资计发。

在前述的五种社会保险给付请求权的介绍中可以看出，请求权提出的前提是已发生法律所规定的社会保险给付条件，但是否发生条件即满足，也就是说在发生保险“事故”后，给付请求权是否当然发生，还是需要被保险人进行申请，或者还需要保险人的核定行为才能成立。这在五种保险中的要求不同：(1)工伤保险给付请求权的成立需要经过工伤认定、伤残认定等专门的核定程序，否则其给付请求权无法实现。此处的工伤认定、伤残认定为行政法上的处分行为。对此不服应可提起行政诉讼。(2)养老保险、失业保险、生育保险的给付请求权的实现有明确的条件限制，在被保险人满足规定的条件后提出申请，保险人核对条件后决定是否进行保险给付。(3)医疗保险中则未见明显的核定行为，一般由被保险人向医疗服务机构出示保险人核发的社会保障卡，经核对身份无误后即可提供医疗服务给付，而无需保险人的核定处分行为。

①《中华人民共和国社会保险法》第47、48、49条。

3. 投保单位与保险人、被保险人的关系内容

投保单位是社会保险关系中的重要主体之一，法律赋予其多项义务，虽然投保单位不是保险给付的主要当事人，但其与保险人、被保险人之间形成多重法律关系，其行为对保险对象权益的实现具有至关重要的影响。在我国现行法律规定中，用人单位是主要的投保单位。法律所赋予给它的义务主要包括：(1)社会保险登记。用人单位应当自成立之日起 30 日内凭营业执照、登记证书或者单位印章，向当地社会保险经办机构申请办理社会保险登记。用人单位的社会保险登记事项发生变化或者用人单位依法终止的，应当自变更或者终止之日起 30 日内，到社会保险经办机构办理变更或者注销社会保险登记。社会保险登记是用人单位履行社会保险义务、缴纳社会保险费的基础，也是其法定义务。(2)申请办理社会保险登记。用人单位应当自用工之日起 30 日内为其职工向社会保险经办机构申请办理社会保险登记。(3)社会保险费的缴纳。用人单位应当自行申报、按时足额缴纳社会保险费，非因不可抗力等法定事由不得缓缴、减免。职工应当缴纳的社会保险费由用人单位代扣代缴，用人单位应当按月将缴纳社会保险费的明细情况告知本人。在其违反相关法定义务时需要承担以下不利后果：(1)用人单位不办理社会保险登记的，由社会保险行政部门责令限期改正；逾期不改正的，对用人单位处应缴社会保险费数额 1 倍以上 3 倍以下的罚款，对其直接负责的主管人员和其他直接责任人员处 500 元以上 3000 元以下的罚款。(2)用人单位未按规定申报应当缴纳的社会保险费数额的，按照该单位上月缴费额的 110% 确定应当缴纳数额；缴费单位补办申报手续后，由社会保险费征收机构按照规定结算。(3)用人单位未按时足额缴纳社会保险费的，由社会保险费征收机构责令其限期缴纳或者补足，并自欠缴之日起，按日加收 0.05% 的滞纳金；逾期仍不缴纳的，由有关行政部门处欠缴数额 1 倍以上 3 倍以下的罚款。用人单位逾期仍未缴纳或者补足社会保险费的，社会保险费征收机构可以向银行和其他金融机构查询其存款账户，并可以申请县级以上有关行政部门作出划拨社会保险费的决定，书面通知其开户银行或者其他金融机构划拨社会保险费。用人单位账户余额少于应当缴纳的社会保险费的，社会保险费征收机构可以要求该用人单位提供担保，签订延期缴费协议。用人单位未足额缴纳社会保险费且未提供担保的，社会保险费征收机构可以申请人民法院扣押、查封、拍卖其价值相当于应当缴纳社会保险费的财产，以拍卖所得抵缴社会保险费。

综合以上规定，可以看出投保单位在与保险人及被保险人的关系中具有多

重性:(1)社会保险登记义务是其于行政法上的义务,在这一过程中与社会保险经办机构发生行政法律关系。(2)社会保险费足额缴纳义务,则使其具有了公法债务人的身份,有行政法律关系的产生。其中对劳动者应缴纳的社会保险费的代扣代缴属行政法上的义务。(3)对其劳动者申请办理社会保险登记时又作为劳动者的代理人与社会保险经办机构发生法律关系,包括在劳动者发生工伤事故后也由用人单位出面向社会保险行政部门申请工伤认定。

4. 医疗服务机构与保险人、被保险人的关系内容

医疗服务机构作为社会保险给付行政的关注主体之一,源于社会保险法第31条的规定:“社会保险经办机构根据管理服务的需要,可以与医疗机构、药品经营单位签订服务协议,规范医疗服务行为。医疗机构应当为参保人员提供合理、必要的医疗服务。”为了加强基本医疗的服务管理水平,保证基本医疗给付的服务质量,社会保险经办机构可以根据其实际管理需要与医疗机构、药品经营单位签订服务协议,设立定点医疗机构和定点药店。这一服务协议具有行政法上“委托契约”的性质。社会保险经办机构与定点的医疗机构和定点药店签订的服务协议中应当明确双方的权利、义务和责任,主要内容应当包括服务范围、服务内容、服务质量、结算办法及费用的审核等。取得定点医疗机构资格和定点药店资格的单位应当按照服务协议的要求,向参保人员提供良好的医疗服务。社会保险行政部门应组织有关部门对医疗服务机构进行监督检查。因此,在三者之间形成以下关系形态:(1)保险人与医疗服务机构之间的委托契约关系。在这一公法契约中保险人处于优越地位,具有按照标准对医疗服务机构的选择权,及对医疗服务机构进行监督、检查的权力。(2)保险人与被保险人之间的社会保险关系。前已述及,此处不再赘述,只强调一点,即医疗保险中保险人需要履行对被保险人的医疗服务义务。(3)医疗服务机构与被保险人之间基于前述两重关系而产生的具体的医疗服务给付关系。需要特别注意的是,基于医疗服务本身的技术性特征,不能将医疗服务机构与保险人的关系看作是一种“代理”关系,也就是当医疗服务机构与被保险人之间因服务技术发生的纠纷不能由保险人与被保险人作为最终的权利义务承受主体,而应作为医疗服务机构与被保险人之间的民事纠纷进行解决。

(三)社会救助给付行政

1. 我国救助类型分析

根据社会救助法草案及相关制度的规定,我国社会救助给付的类型主要包括居民最低生活保障、专项救助、自然灾害救助及临时救助。

(1)居民最低生活保障。居民最低生活保障,是由县级以上人民政府向共同生活的家庭成员人均收入低于当地居民最低生活保障标准,且家庭财产状况符合所在省、自治区、直辖市人民政府有关规定的家庭提供的以满足其基本生活需求为目的的社会救助手段。

(2)专项救助。专项救助,是由县级以上人民政府有关主管部门根据需要向共同生活的家庭成员人均收入低于当地居民最低生活保障标准2倍,且家庭财产状况符合所在省、自治区、直辖市人民政府有关规定的家庭提供教育、医疗、住房等的社会救助手段。

(3)自然灾害救助。自然灾害救助,是各级人民政府对基本生活受到自然灾害影响的人员提供的,以保障其吃、穿、住、医疗等基本生存需求为目的的资金、物资、服务等方面的救助。其他突发公共事件的救助适用与自然灾害救助相同的制度规范。

(4)临时救助。临时救助,是由县级以上人民政府民政部门向因交通事故等意外事件或者其他特殊原因,导致基本生活暂时出现较大困难的家庭提供的资金、物资、服务等方面的救助。

2. 社会救助给付行为分析

(1)救助对象标准。前述社会救助的四种类型即是针对不同困境的公民设计的救助计划,其所针对的救助对象亦存在不同的认定标准,拟分述如下:

居民最低生活保障是针对那些共同生活的家庭成员的人均收入低于当地居民最低生活保障标准的家庭。可见,其救助对象确定为家庭。这里居民最低生活保障标准的确定成为了问题的关键,根据现行的《城市居民最低生活保障条例》第6条规定:"城市居民最低生活保障标准,按照当地维持城市居民基本生活所必需的衣、食、住费用,并适当考虑水电燃煤(燃气)费用以及未成年人的义务教育费用确定。直辖市、设区的市的城市居民最低生活保障标准,由市人民政府民政部门会同财政、统计、物价等部门制定,报本级人民政府批准并公布执行;县(县级市)的城市居民最低生活保障标准,由县(县级市)人民政府民政部门会同财政、统计、物价等部门制定,报本级人民政府批准并报上一级人民政府备案后公布执行。城市居民最低生活保障标准需要提高时,依照前两款规定重新核定。"而社会救助法草案中对这一问题进行了调整:其一,规定能够确定居民最低生活保障标准的只有直辖市和设区的市,而不包括县(或县级市);其二,明确提出居民的最低生活保障标准是一个根据经济社会发展水平进行定期调整的指数。具体内容为:"居民最低生活保障标准,由直辖市或者设区的市级人民政府参考上年度当地居民人均食品消费指标，并适当考虑必需的衣物、水电燃煤（燃气）等因素制定，在本行政区域内公布执行。居民最低生活保障标准由设区的市级人民政府制定的，在公布执行前应当报所在的省、自治区人民政府备案。居民最低生活保障标准应当根据经济社会发展水平定期调整。”因此，这一标准的确定需要能够保证当地居民的最基本的生活需求，在此标准之下的居民收入将使其陷入生存困境，而居民最低生活保障制度的设计，即是旨在帮助居民摆脱生存困境的一种给付形式。

专项救助的给付对象是那些共同生活的家庭成员人均收入低于当地居民最低生活保障标准2倍且家庭财产状况符合所在省、自治区、直辖市人民政府有关规定的家庭。同样是以家庭为救助对象。专项救助的对象标准有两个，必须同时满足两项标准时才可能获得专项救助：其一，共同生活的家庭成员人均收入低于当地居民最低生活保障标准的2倍，关于最低生活保障标准的问题前已述及，此不赘述。其二，家庭财产状况符合所在省、自治区、直辖市人民政府的有关规定。

自然灾害救助的对象是那些基本生活因自然灾害受到影响的人员。其不以家庭为单位进行救助，而以成员个人为救助对象。其标准为因自然灾害使其衣、食、住、医疗等基本生活需求不能得到自足，在此情形下社会成员有从国家、社会获得救助的抽象的给付请求权。此外，因其他突发公共事件影响基本生活的人员也应受到相应的救助。

临时救助是针对那些因交通事故等意外事件或者其他特殊原因，导致基本生活暂时出现较大困难的家庭。它是对家庭进行的救助。该项救助的标准是家庭生活暂时出现较大困难，至于困难出现的原因则不是考查的重点。且强调“暂时”出现较大困难，如果“暂时”转为“常态”且符合前述居民最低生活保障或专项救助的标准时则可能转为其他救助类型。

（2）给付决定的构成、性质及效力。社会救助的相关法律制度赋予了社会成员抽象的社会救助给付请求权，这一权利只有在转化为具体的社会救助给付请求权后方对当事人具有实质意义，而具体给付请求权的形成即是行政主体的给付决定的作成结果。因此，考查社会救助给付决定的构成问题，也是考查社会成员的具体救助给付请求权的形成因素，从而揭示社会救助给付决定的构成、性质及效力等问题。用经典的三段论论证方式认识这一问题的思路可以比较清晰地看到这一问题的实质。

将给付决定的作出看成是三段论中的结论，那么作为其结论依据的大前提与小前提的考查即是其“构成”疑问答案的核心。作为给付决定依据的大前提自然是现行法律制度中关系社会救助问题的规范,这一规范产生的法律效果是赋予社会成员一种抽象的社会救助请求权,即在其处于制度确认的状态时将“可能”获得国家与社会的救助。作为给付决定小前提的是社会成员陷入了制度所确认的“生活困境”,即社会成员的真实生活状态与制度所确认的可能被救助的生活状态吻合。但是,是否有了大前提与小前提就自然得出给付决定的结论呢?显然这一问题还需要作进一步的探究。在这里还包含了三个子问题:

第一,给付决定是依职权的行为,还是依申请的行为?给付决定的作出是由行政主体在社会成员被救助情况发生时主动作出,还是需要先由社会成员就自身的情况提起申请时启动相关程序,这一问题的答案对于受救助者的权益保护具有非常重要的意义。根据我国现行制度及社会救助法草案相关规定可以归纳如下:其一,居民最低生活保障、专项救助及临时救助的给付决定属依申请的行政行为,需要由社会成员先行申请方能启动决定程序。其二,对于自然灾害救助(包括其他突发公共事件救助)则认为属依职权的行政行为,即不需要相关人员的申请而由行政主体主动作出给付决定。这一制度选择方式,自然是基于救助事故的不同性质。在居民最低生活保障、专项救助及临时救助的情况下采依申请的行政行为的依据主要为:其一,对于受助对象的具体情况给付决定主体无法进行及时、准确的把握;其二,囿于社会资源的有限性,政府必须选择那些最需要帮助的人员进行救助,这便要求对受助者进行资格认定,而资格认定的基础是社会成员的具体生活状况,能够证明其生活状况的相关材料只有社会成员本身最宜提供;其三,尊重社会成员的选择自由,由社会成员根据自身的情况决定其是否申请社会救助,将生活方式的选择自由还给社会成员自身,这也是依申请行为的设计初衷之一。对于自然灾害救助采依职权行政行为的理由也一目了然:其一,简化程序使需要救助的人员第一时间获得相应的救助;其二,在自然灾害及其他突发性公共事件中,受救助者的状况可以通过灾害或事件本身的情况进行整体性的判断,或者说在这种情况下受救助者的生活困境具有一种“同一性”,与其他救助类型的“个性化”情况形成鲜明的对比,因此,采依职权行为更体现正义和效率的理念。

第二,给付决定是形成性行政处分,还是非形成性的确认行为?给付决定的作成在依申请的发放最低生活保障金、专项救助、临时救助中以社会成员的申请为前提,在其提出申请后由行政主体对其申请及提出的证据材料进行认定,在核定其生活状况符合相关规定的受救助要求时作出社会救助给付决定,因此,给付决定是将抽象社会救助给付请求权转化为具体的社会救助给付请求权的关键性、决定性的环节，故可以认定其属于具有形成性的行政处分行为。在依职权的给付决定的作出中，其给付决定更是受给付者获得救助给付的决定性因素，因此，该给付决定自然属于具有形成性的行政处分行为。

第三，给付内容开始于救助事故发生后，还是给付决定作出后？社会救助给付决定作出后，受助者便将获得实际的救助，这一点是没有疑问的。但是对于给付决定作出前受助者的生活困境是否要溯及性地进行救助，也就是说给付内容是开始于救助事故发生后，还是给付决定作出后，这一问题的结论将实质性地影响受助者的利益。根据我国现行制度的规定及实践中的做法可以看到，给付的提供是从给付决定作出后开始发生，也就是说不溯及受助对象在给付决定作出前的生活困境救助。

(四)社会优抚给付行政

社会优抚是针对军人及其家属的特殊社会保障制度，因此其给付对象是比较特定的，以优抚内容的侧重点不同可以将我国的社会优抚给付行政划分为优待、残疾抚恤、死亡抚恤。

1. 我国社会优抚给付的具体种类

(1)优待

1)军人优待

① 工作优待。义务兵和初级士官入伍前是国家机关、社会团体、企业事业单位职工(含合同制人员)的，退出现役后，允许复工复职，并享受不低于本单位同岗位(工种)、同工龄职工的各项待遇。义务兵和初级士官入伍前的承包地(山、林)等，应当保留；服现役期间，除依照国家有关规定和承包合同的约定缴纳有关税费外，免除其他负担。在国家机关、社会团体、企业事业单位工作的残疾军人，享受与所在单位工伤人员同等的生活福利和医疗待遇，所在单位不得因其残疾将其辞退、解聘或者解除劳动关系。

② 医疗优待。一级至六级残疾军人：国家对其医疗费用予以保障，由所在医疗保险统筹地区的社会保险经办机构进行单独列账管理。七级至十级残疾军人：其旧伤复发的医疗费用，已经参加了工伤保险的，由工伤保险基金支付；未参加工伤保险的，有工作的由工作单位解决，没有工作的由当地县级以上地方人民政府负责解决。其旧伤复发以外的医疗费用，未参加医疗保险且本人支付有困难的，由当地县级以上地方人民政府酌情给予补助。残疾军人、复员军人、带病回乡退伍军人享受医疗优惠待遇。具体办法由省、自治区、直辖市人民政府规定。

③ 录取优待。义务兵和初级士官退出现役后，报考国家公务员、中等职业学校和高等学校的，在与其他考生同等条件下优先录取。

④ 住房优待。残疾军人、复员军人、带病回乡退伍军人购买住房依照有关规定享受优先、优惠待遇。居住农村的抚恤优待对象住房有困难的，由地方人民政府帮助解决。具体办法由省、自治区、直辖市人民政府规定。

⑤ 其他优待。义务兵从部队发出的平信免收邮寄费用。现役军人凭有效证件、残疾军人凭残疾军人证优先购票乘坐境内运行的火车、轮船、长途公共汽车以及民航班机；残疾军人享受减收正常票价 50% 的优待。现役军人凭有效证件乘坐市内公共汽车、电车和轨道交通工具享受优待，具体办法由有关城市人民政府规定。残疾军人凭残疾军人证免费乘坐市内公共汽车、电车和轨道交通工具。现役军人、残疾军人凭有效证件参观游览公园、博物馆、名胜古迹享受优待，具体办法由公园、博物馆、名胜古迹管理单位所在地的县级以上地方人民政府规定。

2）家属优待

① 随军优待。经军队师（旅）级以上单位政治机关批准随军的现役军官家属、文职干部家属、士官家属，由驻军所在地的公安机关办理落户手续。家属随军前是国家机关、社会团体、企业事业单位职工的，由驻军所在地人民政府人力资源社会保障部门接收和妥善安置；家属随军前没有工作单位的，驻军所在地人民政府应当根据本人的实际情况作出相应安置；对自谋职业的，按照国家有关规定减免有关费用。

驻边疆国境的县（市）、沙漠区、国家确定的边远地区中的三类地区和军队确定的特、一、二类岛屿部队的现役军官、文职干部、士官，其符合随军条件无法随军的家属，所在地人民政府应当妥善安置，保障其生活不低于当地的平均生活水平。

② 录取优待。残疾军人、因公牺牲军人子女、一级至四级残疾军人的子女，驻边疆国境的县（市）、沙漠区、国家确定的边远地区中的三类地区和军队确定的特、一、二类岛屿部队现役军人的子女报考普通高中、中等职业学校、高等学校，在录取时按照国家有关规定给予优待；接受学历教育的，在同等条件下优先享受国家规定的各项助学政策。现役军人子女的入学、入托，在同等条件下优先接收。

3）烈属优待：烈士遗属享受相应的医疗优惠待遇。烈士的家属本人自愿，且符合征兵条件的，在同等条件下优先批准其服现役。烈士的子女符合公务员考录条件的，在同等条件下优先录用为公务员。烈士子女接受学前教育和义务教育的，应当按照国家有关规定予以优待；在公办幼儿园接受学前教育的，免交保教费。烈士子女报考普通高中、中等职业学校、高等学校研究生的,在同等条件下优先录取;报考高等学校本、专科的,可以按照国家有关规定降低分数要求投档;在公办学校就读的,免交学费、杂费,并享受国家规定的各项助学政策。烈士遗属符合就业条件的,由当地人民政府人力资源社会保障部门优先提供就业服务。烈士遗属已经就业,用人单位经济性裁员时,应当优先留用。烈士遗属从事个体经营的,工商、税务等部门应当优先办理证照,烈士遗属在经营期间享受国家和当地人民政府规定的优惠政策。符合住房保障条件的烈士遗属承租廉租住房、购买经济适用住房的,县级以上地方人民政府有关部门应当给予优先、优惠照顾。家住农村的烈士遗属住房有困难的,由当地人民政府帮助解决。男年满 60 周岁、女年满 55 周岁的孤老烈士遗属本人自愿的,可以在光荣院、敬老院集中供养。各类社会福利机构应当优先接收烈士遗属。

(2)残疾抚恤。残疾军人的抚恤金标准应当参照全国职工平均工资水平确定。县级以上地方人民政府对依靠残疾抚恤金生活仍有困难的残疾军人,可以增发残疾抚恤金或者采取其他方式予以补助,保障其生活不低于当地的平均生活水平。

退出现役的一级至四级残疾军人,由国家供养终身;其中,对需要长年医疗或者独身一人不便分散安置的,经省级人民政府民政部门批准,可以集中供养。

对分散安置的一级至四级残疾军人发给护理费,护理费的标准为:① 因战、因公一级和二级残疾的,为当地职工月平均工资的 50%;② 因战、因公三级和四级残疾的,为当地职工月平均工资的 40%;③ 因病一级至四级残疾的,为当地职工月平均工资的 30%。退出现役的残疾军人的护理费,由县级以上地方人民政府民政部门发给;未退出现役的残疾军人的护理费,经军队军级以上单位批准,由所在部队发给。

残疾军人需要配制假肢、代步三轮车等辅助器械,正在服现役的,由军队军级以上单位负责解决;退出现役的,由省级人民政府民政部门负责解决。

(3)死亡抚恤。一次性抚恤金:现役军人死亡,根据其死亡性质和死亡时的月工资标准,由县级人民政府民政部门发给其遗属一次性抚恤金,标准是:烈士和因公牺牲的,为上一年度全国城镇居民人均可支配收入的 20 倍加本人 40 个月的工资;病故的,为上一年度全国城镇居民人均可支配收入的 2 倍加本人 40 个月的工资。月工资或者津贴低于排职少尉军官工资标准的,按照排职少尉军官工资标准计算。

获得荣誉称号或者立功的烈士、因公牺牲军人、病故军人,其遗属在应当享受的一次性抚恤金的基础上，由县级人民政府民政部门按照下列比例增发一次性抚恤金：① 获得中央军事委员会授予荣誉称号的，增发 35%；② 获得军队军区级单位授予荣誉称号的，增发 30%；③ 立一等功的，增发 25%；④ 立二等功的，增发 15%；⑤ 立三等功的，增发 5%。多次获得荣誉称号或者立功的烈士、因公牺牲军人、病故军人，其遗属由县级人民政府民政部门按照其中最高等级奖励的增发比例，增发一次性抚恤金。

定期抚恤金：对符合下列条件之一的烈士遗属、因公牺牲军人遗属、病故军人遗属，发给定期抚恤金：① 父母（抚养人）、配偶无劳动能力、无生活费来源，或者收入水平低于当地居民平均生活水平的；② 子女未满 18 周岁或者已满 18 周岁但因上学或者残疾无生活费来源的；③ 兄弟姐妹未满 18 周岁或者已满 18 周岁但因上学无生活费来源且由该军人生前供养的。对符合享受定期抚恤金条件的遗属，由县级人民政府民政部门发给定期抚恤金领取证。定期抚恤金标准应当参照全国城乡居民家庭人均收入水平确定。

2. 社会优抚给付行为分析

（1）给付类型分析。直接给付：主要集中于各项以金钱给付形式实现的抚恤金，比如残疾抚恤金、死亡抚恤金，可以说抚恤项目的实现是由政府直接以相应数额的抚恤金的给付、发放为主要形式。优待给付中涉及各种税、费的免除及家属助学补助的提供等也属直接给付的类型。

第三者媒介给付：前述优待给付中的大部分内容为第三者媒介给付的情况。比如现役军人及残疾军人乘坐交通工具的各项优惠则由交通运输单位进行给付，军人家属的各项优先录取待遇则由各录取单位进行具体给付等，都属于由第三者提供的给付类型。

（2）给付行为构成及效力分析。社会优抚与社会保险、社会救助等其他社会保障制度中的给付行政行为相比较而言，较为特殊的地方在于其给付实现的过程中有相当一部分内容是由社会上的其他主体，也即前述的第三者的提供来完成的。而且这种第三者的提供与社会保险中的医疗服务的情况显然又有所区别。其主要区别体现在社会保险医疗服务提供者与保险人之间存在契约关系，由保险人向其提供费用并对其进行监督和管理。而优抚给付中的第三者与政府间则可能不存在之前的契约关系。对于军人及其家属的优先录取优待，录取单位并未与国家签订优先录取的协议，当然更谈不上收取费用的问题。此处录取单位作出的优先录取是作为一种社会责任的承担行为。同理，在优抚给付中涉及由第三方提供给付的情形大体上属于其承担社会责任的行为。从这个意义上说对军人及其家属的社会优抚属于国家、社会对于这一特殊群体的保障措施，与此相关的主体具有协助、配合的义务，这是一种社会责任，同时也是一种行政义务，在其违反相关义务时需要承担相应的法律责任。

而政府在社会优抚问题上的行政职责主要体现在：制定相关的制度规范，建构、完善社会优抚法律制度体系；对于需要由政府直接给付的优抚事项及时予以给付，保障相关主体权益的实现；对于需要由其他主体提供的给付内容，则负有监督的职责，对于违反制度规定的行为及时纠正，并令其承担相应的法律责任。当然对于这里第三者提供的给付是否还属于典型的给付行政的范畴不无疑问。关于这一点从《军人抚恤优待条例》第 48 条的规定中似能找到答案："负有军人优待义务的单位不履行优待义务的，由县级人民政府民政部门责令限期履行义务；逾期仍未履行的，处以 2000 元以上 1 万元以下罚款。对直接负责的主管人员和其他直接责任人员依法给予行政处分、纪律处分。"很显然该条例将相关单位的优待义务设定为了行政义务，而县级以上人民政府民政部门是这一义务履行的监督机关。换句话说，该种给付行政，政府自身无法提供，需要由有能力提供的第三方进行具体给付，这种给付形式自然不能否定给付性质本身。因此，其性质上仍属给付行政范畴。

（五）社会福利给付行政

1. 我国社会福利给付的具体种类

（1）公共福利给付。公共福利给付是社会福利给付的重要内容，它是国家为满足全体社会成员的物质生活和精神生活的需要而兴办的公益性设施、提供的公共性服务等的总称。公共福利给付的内容非常丰富，概括起来包括：教育福利给付、卫生福利给付、住房福利给付及文化康乐福利给付等。

① 教育福利给付。国民教育是国民发展权的重要内容，因此也是现代国家保障义务的重要内容，实际上各国政府也都非常重视教育事业的发展。在我国，教育福利给付由国家为提高国民素质所采取的一系列措施组合而成，主要包括义务教育、扶贫教育及其他特殊形式的教育福利。

我国实行 9 年义务教育制度，包括初等教育 6 年和初级中等教育 3 年。根据《中华人民共和国义务教育法》的规定，实施义务教育不收学费、杂费。国家将义务教育全面纳入财政保障范围。国务院和地方各级人民政府将义务教育经费纳入财政预算，按照学校建设标准、学生人均公用经费标准和教职工编制标准、工资标准等，及时足额拨付义务教育经费，确保校舍安全和学校的正常运转。国务院和地方各级人民政府用于实施义务教育财政拨款的增长比例应当高于财政经常性收入的增长比例,保证教职工工资和学生人均公用经费逐步增长,保证按照在校学生人数平均的义务教育费用逐步增长。另外,国家也鼓励社会组织和个人向义务教育捐赠,鼓励按照国家有关基金会管理的规定设立义务教育基金。

扶贫教育是国家针对在经济上困难的对象采取的教育福利给付措施,主要包括针对贫困地区的"两免一补"及针对学生个人的奖、助学金制度。从 2005 年春季开始,国家对 592 个国贫县的约 1600 万名农村义务教育阶段家庭贫困的中小学生,全部免费提供教科书,免收杂费。同时,还将逐步对寄宿生补助生活费。在我国高等学校中逐步建立起了以奖学金、学生贷款、勤工助学、特殊困难补助和学费减免为主体的、多元化的资助经济困难学生的政策体系。①

其他特殊形式的教育福利包括:给付学生交通购票优惠;部分文化古迹馆、纪念馆、博物馆等免费向学生开放,或者对其进行票价打折优惠;另外,国家鼓励社会团体、文体机构以及其他社会组织和个人开展有益于受教育者身心健康的社会文化教育活动等。

② 卫生福利给付。卫生福利是国家以保障公民健康为目的所提供的以医疗、保健为主要内容的公共福利。医疗福利是指为患病者恢复健康而提供的医疗场所、医疗设施和医疗照顾,主要表现为政府运用财政支出和筹集社会资金来兴办公共医疗机构并改善医疗条件,提高全社会的医疗服务能力和质量;保健福利是国家卫生系统和社会福利机构向全社会提供的,具有预防性、治疗性和综合性的,能够促进公民身体健康的服务,包括提供充足的安全饮用水,提供清洁的卫生环境,普及健康教育,主要传染疾病的预防接种等。②

③ 住房福利给付。我国自古便有"安居乐业"之说,住房对于居民来讲是非常重要的生活条件的保障,当然也是国家的重要保障对象。在我国,住房福利给付主要包括住房公积金制度、经济适用房制度和城镇廉租房制度。

根据《住房公积金管理条例》的规定,住房公积金指国家机关、国有企业、城镇集体企业、外商投资企业、城镇私营企业及其他城镇企业、事业单位、民办非企业单位、社会团体及其在职职工缴存的长期住房储蓄金。职工个人缴存的公积金和其所在单位为其缴存的公积金属于职工个人所有,可用于职工购买、建造、翻建、大修自住住房,任何单位和个人不得挪作他用。国务院建设行政主管部门会同国务院财政部门、中国人民银行拟定住房公积金政策,并监督执行。

①万里鹏主编:《劳动与社会保障法》,厦门大学出版社 2013 年版,第 235 页。

②蒲春平、唐正彬主编:《劳动法与社会保障法》,航空工业出版社 2013 年版,第 279 页。

省、自治区人民政府建设行政部门会同同级财政部门以及中国人民银行分支机构,负责本行政区域内住房公积金管理法规、政策执行情况的监督工作。

经济适用房是政府提供政策优惠,按照合理标准建设,限定套型面积和销售价格,面向城市低收入且住房困难家庭提供的,具有保障性质的住房。这种住房具有经济性和适用性的特点,经济性即住宅价格比较适中,适用性指其设计强调住房的使用效果。国家在经济适用房的销售时坚持"定对象、定价格、定标准"的原则,保证将有限资源公平地分配给需要的成员。

城镇廉租房是政府对住房有困难的中低收入家庭,采取租金补贴或实物配租等方式用以解决居民住房问题的一种住房福利给付。根据《城镇廉租住房管理办法》的规定其保障对象为当地最低收入家庭,实践中主要包括:领取城市最低生活保障金的家庭,重点优抚家庭等特殊对象及人均居住面积低于当地规定住房困难标准的家庭。

④ 文化康乐福利给付。文化康乐福利给付是政府为满足人们文化康乐的需要而兴办的具有福利性质的各项活动设施,包括图书馆、博物馆、公园、艺术馆等以及群众性的体育运动设施和服务等。

(2)特殊群体福利给付。① 老年人福利给付。根据新修订的《老年人权益保障法》的相关规定可以看出,我国正逐步建立起系统地保障老年人权益的福利给付体系,主要内容包括:老年人有获得物质帮助的权利,有享受社会服务和优待的权利,有参与社会发展和共享发展成果的权利。国家建立多层次的老年人保障体制,逐步提高保障水平,保障老年人各项权益的实现。各级人民政府建立稳定的经费保障机制,并鼓励社会各方面投入,使老龄事业与经济、社会协调发展。国家逐步开展长期护理保障工作,保障老年人的护理需求。国家对经济困难的老年人给予基本生活、居住、医疗或者其他救助。地方各级人民政府和有关部门发展城乡社区养老服务,鼓励、扶持专业服务机构及其他组织和个人,为居家的老年人提供生活照料、紧急救援、医疗护理、精神慰藉、心理咨询等多种形式的服务。地方各级人民政府对经济困难的老年人逐步给予养老服务补贴。国家采取措施,为老年人提供安全、便利和舒适的环境。另外,国家鼓励慈善组织以及其他组织和个人为老年人提供物质帮助。

② 儿童福利给付。儿童福利给付包括广义和狭义两种含义,广义的儿童福利给付是针对所有儿童而言的,为促进儿童身心发展提供的各项设施和服务,比如儿童图书馆、儿童体育馆、儿童医院等。狭义的儿童福利给付指针对孤儿、残疾儿童、弃儿、特殊疾病儿童等特别需要帮助的儿童提供的各项设施、服务

等,比如儿童福利院、儿童村、特殊教育学校、聋儿康复中心、弱智儿童康复中心等。

③ 残疾人福利给付。残疾人福利给付是政府在保障残疾人基本物质生活需要的基础上,为残疾人在生活、工作、教育和康复等方面提供的设施、条件和服务等。各级人民政府鼓励和扶持社会力量兴办残疾人康复机构。政府有关部门组织和扶持残疾人康复器械、辅助器具的研制、生产、供应和维修服务。国家有计划地举办各级、各类教育师范院校、专业,在普通师范院校附设特殊教育班,培养、培训特殊教育师资。各级人民政府对接受义务教育的残疾学生、贫困残疾人家庭的学生提供免费教科书,并给予寄宿生活费等补助;对接受义务教育以外的其他教育的残疾学生、贫困残疾人家庭的学生按照国家有关规定给予资助。国家对安排残疾人就业的单位及从事个体经营的残疾人给予税收优惠,对从事个体经营的残疾人免除行政事业性收费。政府有关部门设立的公共就业服务机构,应当为残疾人免费提供就业服务。政府采取措施丰富残疾人的精神文化生活,逐步完善与残疾人日常工作、生活密切相关的各项无障碍设施的兴建与维护,为残疾人提供无障碍环境。各级人民政府应当将生活确实有困难的残疾人纳入社会救助和最低生活保障的范围,政府对残疾人搭乘公共交通工具给予便利和优惠。政府有关部门和残疾人组织应当建立和完善社会各界为残疾人捐助和服务的渠道,鼓励和支持发展残疾人慈善事业等。

2. 社会福利给付行为分析

社会福利给付行为更多地集中于基础设施的建设和相关服务的提供,也就是说给付行为开展时是针对全体成员或者某一群体的需求而作出的,在其将基础性设施与条件架构好后,再由相关群体中的成员平等地享用。比如,针对聋哑儿童开办的特殊教育学校,其开办时针对的是“聋哑群体”,在其开办完成后符合条件的人员具有平等地享受教育权的机会。再如,政府提供的免费开放的图书馆,其建设目的是为全体成员提供一种公共文化福利,其建成后所有人平等地享有阅览图书的权利。因此,在社会福利给付行政中很少见类似社会救助给付中的行政主体的具有形成性的行政决定(行政处分),福利给付完成在基础性设施、条件建构好后一般仅需要一种确认行为(比如残疾儿童享受特殊教育的给付)或者一个事实行为(比如残疾人过马路时对残疾设施的使用)的完成即可。这是社会福利给付行为的重要特点。这一特点也反映出社会福利给付除具有针对特殊群体的基本生活条件的保障之外,更多方面体现为为社会成员的生活水平的改善所作的努力。

(六)社会保障给付行政之行为

1. 给付类型

(1)直接给付与第三者媒介给付。在前述的社会保障给付的具体内容中可以看到,我国社会保障权给付行政关系的构成是以行政主体的行为为中心的,当然有部分给付的实施是由行政主体以外的媒介组织来完成的。因此在给付的类型上有由行政主体直接给付和第三者媒介给付之分。

直接给付包括:① 养老保险金的给付;② 失业保险金的给付;③ 生育保险金的给付;④ 工伤保险金的给付;⑤ 社会救助的给付;⑥ 社会福利给付中由政府直接给付的部门,比如住房福利给付、义务教育给付等;⑦ 社会优抚中由政府直接给付的部门,比如各项抚恤金的给付等。

第三者媒介给付包括:① 医疗保险服务的提供;② 社会福利给付中由第三者提供的给付部分,比如儿童福利院、养老院等的服务;③ 社会优抚给付中由第三者提供的给付部分,比如对军人及其家属的优先录取的优待提供,对军人就业、医疗等服务的优待提供等。

直接给付与第三者媒介给付分类的产生是基于实践生活中该给付的具体内容而定的,一般是在行政主体无法完成自身直接给付(比如医疗服务的提供),或者由第三方给付更有利于制度目的实现(比如民间养老机构的扶持)时便采用第三者媒介给付的方式。随着社会经济水平的不断提高,人们对生活品质也更为关注,个性化的服务要求越来越普遍,同时政府的资源供给能力的有限性及社会自治能力的提高都决定了给付行政中第三者媒介给付的类型的发展空间更大,或者说未来的社会保障给付行政中将有更加多元的主体参与到给付提供中来,形成内容更加丰富、品质更加优良、服务更具个性化的保障体系。当然,这在行政法的理论及实践上将提出一个挑战:如何保证第三者提供的给付内容符合制度目标?这需要行政主体对第三者行为有效地监督和管理,同时政府的担保责任成为了一个不可回避的问题。当然,无论是直接给付还是第三者媒介给付,为了保证给付的公平性、及时性,以更好地实现保障给付的制度价值,都需要有正当的法律程序进行规范和规制,这一问题将在后面章节中进行分别介绍。

(2)金钱给付、物资给付与服务给付。以给付的具体内容为分类依据可以分为:金钱给付、物资给付和服务给付。针对不同需要的保障给付对象向其提供相应的给付内容,比如:① 对于居民最低生活保障给付的提供,一般采金钱给付的方式,即向其给付最低生活保障金,由其在获得最低生活保障金后,根据其实际需要支配和运用该笔经费实现满足其基本生活要求的目的。这也体现了尊重居民生活方式选择权的基本原则。② 在自然灾害救助中，尤其是灾害刚刚发生后的救助初期，一般采用物资给付的方式，比如提供生活必需的食物、水及衣物、被褥等，以满足相关人员最基本的生存需要。当然在自然灾害中还需要救援服务、医疗服务、心理辅导服务、卫生保健服务等服务给付的提供，从而形成一个可以保障受灾人员生存需要的相对完整的物资、服务给付链条。③ 医疗保险服务的提供、社会文化康乐服务的提供等以服务给付为主要内容。可以看出服务给付中一般将引入除行政主体以外的第三者作为服务内容的具体提供者，这便形成前述的第三者媒介给付的类型，在这种类型中第三者的选择、监督及退出机制的设计将是值得关注的一个问题。

(3)生存型给付与改善型给付。以给付的不同目的为判断标准可以分为生存型给付与改善型给付。这刚好覆盖了社会保障给付的目的，即为保障社会成员的基本生活需求及适时提高其生活水平而设计和实施的制度。生存型给付包括：各项社会救助给付、各项社会保险给付、社会优抚给付中为满足基本生活需要而提供的给付（比如对烈属的抚恤、照顾等）、社会福利给付中为满足生存需要提供的给付（比如对孤儿的抚养、为孤寡老人提供的照顾服务等）。改善型给付包括：社会优抚中为改善和提高优抚对象的生活水平而提供的给付（比如就业安置、优先录取等优待措施的提供等）、社会福利中为满足人们的发展需要及改善生活水准提供的给付（比如各项文化康乐设施、服务的提供，各项教育福利的提供等）。生存型的给付是一国政府必须完成的给付任务，或者说这是人们生存权实现的必然要求；改善型给付是民众共同分享一国经济发展成果的一种体现，必然与一国的经济发展水平直接相关。前者的保障是针对个体的，受给付者拥有针对个人情况的给付请求权；后者的保障在设计中是针对全体成员或某一群体的，成员享有的是平等享受给付的权利。

2. 行为性质及效力

(1)形成处分。形成处分是指行政处分的内容在于设定、变更或消灭具体法律关系，也就是一种行政机关单方面可以形塑造成人民具体权利、义务发生、变更或者消灭的行政处分。[①] 这种处分的特点是一经作成就对外生效，即直接达到法律关系产生、变更或者消灭的效果。形成处分之外观可以以许可、核准、核定、核备、特许等样态出现。那么社会保障给付行政行为中哪些行为属形成处分？日本法中认为社会救助给付及福利服务中的措施制度多以形成处分形

①林腾鹞：《行政法总论》（修订第3版），台湾三民书局2012年版，第409—410页。

式提供服务。[①] 台湾地区法上认为社会保险中的核定行为亦属于形成处分。[②] 我国现行制度中并未对这一问题进行比较明确的规定,判例中也无法找到明确的界定标准。笔者认为,就我国现行制度中的社会保障给付的性质来分析,属于形成处分的行为包括:向失业者支付(不支付,增加、减少或者停止支付)失业保险金的给付决定;向受工伤者支付(不支付,增加、减少或者停止支付)工伤保险待遇的决定;向烈士家属发放(不发放)抚恤金的决定;向残疾军人发放(不发放)抚恤金的决定;向社会成员提供(不提供或者停止提供)社会救助给付的决定。在上述的各给付决定中,其决定的作出不仅以当事人的具体情况为基础,还需要行政主体进行裁量性判断,并且其决定将产生、变更或者消灭行政法上的法律关系,因此属于形成处分。

(2)确认处分。确认处分是行政主体就法律关系产生的权利、义务或者就法律上具有重要性的人或者物的性质,以可以产生存续力的方式作出的具有拘束力的确认。[③] 确认处分虽然在于确认或者认定某一既存的法律状态,但因确认或者认定具有法律上的拘束力,有规制、影响法律关系的效果,且可为行政诉讼的标的,故其区别于单纯的观念通知。确认处分一经作成,其对法律状态所为的确认或者认定即刻发生法律上的拘束效果。日本学说及实务均认为,年金保险给付是于法律所定要件成立时即潜在发生,但为期公平统一处理,防止无谓纠纷,担保给付之法律上确实性,受领依法律所定金额之金钱给付权利,其发生要件之存否或者金额须由行政机关以认定、裁定等确认后,才成立具体的给付请求权,且得溯及至符合给付要件时,此为学理上之"确认"行为或者"确认性的行政处分"。[④] 借鉴此一观点,笔者认为我国社会保障给付中属确认行为的包括:关于养老保险金的给付决定、生育保险金的给付决定、义务教育福利的提供等。以上确认处分的共同之处在于其是对已存状态的一种肯定,其判断标准确定,因此属于一种羁束性行为,经确认后状态便具有了法律的效力。

(3)事实行为。事实行为是指行政主体所为不以产生特定法律效果,而是以事实效果为目的的行政行为。事实行为是行政主体无拘束力又无规范内容

---

①沈政雄:《社会保障给付之行政法学分析》,台湾元照出版公司 2011 年版,第 195、199 页。

②程明修:《行政处分权限》,《台湾本土法学杂志》2006 年第 80 期,第 215—220 页。

③陈敏:《行政法总论》(第 7 版),2011 年自版,第 336 页。

④最高裁第三小法庭判决 1995 年 11 月 7 日民集 49 卷 9 号 2829 页,其余裁判详参判例大系刊行委员会编《社会保障・社会福祉判例大系 1》,劳动旬报社,1996 年,第 37—39 页。学者同此见解,堀胜洋:《社会保障法总论》,东京大学出版社 2004 年版,第 226 页;小西国友:《社会保障法》,有斐阁 2001 年版,第 69 页等。转引自沈政雄:《社会保障给付之行政法学分析》,台湾元照出版公司 2011 年版,第 182—183 页。

的行为，它只直接产生事实上的效果，但在一定条件下亦可产生法律效果。由于国家任务角色的转变，事实行为多呈现在现代行政与群居人民关系的处理中，透过合作、协议与冲突解决等，以确保民众的生存照顾与基本的保障能在合目的、合比例的行政行为上被充分顾及。①

在实务上，公行政无论在行政内部或在对外与人民之间的关系上，均作成种种事实行为。例如，公文档案的管理，即是行政内部的事实行为。至于公行政对人民的事实行为，不仅种类繁多，而且也非常重要。事实行为可粗略分为：信息提供、执行行为和事实作为。在社会保障给付行政中的事实行为主要体现为执行行为和事实作为。执行行为即用以执行行政处分或者其他权力性行为的事实行为，例如，对经核定的低收入户发放最低生活保障金、医疗保险服务的提供等。事实作为行为则主要集中于社会福利给付中的福利设施的提供，比如免费向公众开放的图书馆、博物馆、美术馆，为残疾人提供的各类无障碍设施等。

第三节　社会保障给付的正当程序保障

在福利国家到来的给付行政时代，行政实体法对行政权的规制和事后审查的局限性暴露无遗。在这种背景下，人们把更多的目光投向了重视行政行为过程的程序监控。哈贝马斯对此作过深刻的论述："古典的干预性行政活动的特点是反应性的、两极的和选择性的；在这种政府行政之外，出现了具有完全不同实践方式的计划性的、服务性的政府行政。现代的服务性行政承担的是提供基本生活保障、准备基础设施、制定计划和预防风险，也就是说承担广义的政治导控任务。这种政府行政的行动是面向未来的、面上铺开的；而且，它们的干预所涉及的是公民之间和社会群体之间的关系。现代行政实践方式表现出如此高程度的复杂性、情境依赖性和不确定性，以至于它无法事先在想象中被充分认识，也无法事后在规范上加以最后确定。古典的规范类型是条件性纲领，它列出一些事实作为法律后果。在这里，这种规范模式大致上是失效了。……总包性条款、一般性条款和所有不确定的法律概念涌入立法者的语言中，激起了令美国法学家和德国法学家同样感到不安的有关'法律确定性'的讨论。"②

①林腾鹞：《行政法总论》（修订第 3 版），台湾三民书局 2012 年版，第 488—489 页。

②【德】哈贝马斯：《在事实与规范之间——关于法律和民主法治国的商谈理论》，童世骏译，生活·读书·新知三联书店 2003 年版，第 533—534 页。

一、我国社会保障给付程序现状

我国目前没有统一的行政程序法,也没有社会保障给付程序方面的全国性、全面性的统一的专门规定,关于社会保障给付程序的规范多散见于单行法律、法规、规章及一些地方政府出台的规范性文件中。而社会保障给付的内容包括社会保险给付、社会救助给付、社会优抚给付、社会福利给付多个方面,因此其散见于各规范性文件中的程序性规定更显繁复。又因为各地方的发展情况不尽一致,在社会保障给付程序的设置上存在着差异。下面以社会保险给付中的工伤保险给付的程序性规定为例进行梳理,对我国社会保险给付行政的程序现状进行介绍,以小见大反思我国社会保障给付程序中存在的问题。

(一)给付程序现状梳理

社会保险给付行政是社会保障给付行政中的重要内容和主体部分,其中的工伤保险给付是现代社会保障给付的最早阵地。对我国的工伤保险给付行政的程序性规定进行梳理可以发现,施行于全国的一些法律性文件中对该问题进行了框架性规范,比如《中华人民共和国社会保险法》《社会保险费申报缴纳管理规定》《工伤保险条例》《工伤保险经办业务管理规程》《社会保险基金先行支付暂行办法》等文件中均有关于程序问题的规定。这些全国性制度文件中对于工伤保险给付程序的规定虽然涵盖了工伤保险给付的整个过程,但是规定的内容操作性较差,社会保险给付的具体实践显然还需要更为详细的规定作为指引,这可以从各地方的社会保险给付行政规定找到一些痕迹。下面以北京市工伤保险给付的相关规定为例对程序规定作出梳理。根据前述《中华人民共和国社会保险法》《工伤保险条例》等上位法的规定,北京市人力资源和社会保障局陆续出台了《北京市实施〈工伤保险条例〉若干规定》《北京市工伤保险待遇核定支付办法》《北京市工伤康复管理办法(试行)》《关于北京市工伤职工异地就医有关问题的通知》等多项文件,结合以上规定及北京市人力资源和社会保障局关于办理工伤保险业务的流程等的规定,北京市工伤保险给付的主要程序要求为:

1. 工伤保险登记、申报及保险费的收缴程序

(1)工伤保险登记程序。社会保险登记程序是参加社会保险的必经程序和第一个环节,一般由缴费单位到社会保险经办机构申请办理。在这一程序中对缴费单位提出了时间要求和提供相关材料的要求,对社会保险经办机构的要求则体现在审核时间的要求上。

从事生产经营的缴费单位自领取营业执照之日起 30 日内、非生产经营性单位自成立之日起 30 日内到工商企业执照注册地或机关事业单位、社会团体

住所（地址）所在的区县社会保险经办机构申请办理社会保险登记。

缴费单位申请办理社会保险登记时，应填报社会保险登记表，并出示以下证件和材料：① 企业持企业法人营业执照（副本）；② 事业单位持事业单位法人证书（副本）；③ 社会团体持社会团体法人登记证（副本）；④ 国家机关持单位行政介绍信；⑤ 国家质量技术监督部门颁发的组织机构统一代码证书；⑥ 其他核准执业的证件。

市或区县社会保险经办机构对缴费单位填报的社会保险登记表和其提供的有关证件、材料即时受理，10 日内审核完毕；符合规定的，予以登记（社会保险登记表由市或区县社会保险经办机构留存备案），并发给社会保险登记证。市、区、县社会保险经办机构对已核发的社会保险登记证实行定期检验制度，每两年核验一次，未经核验，证件自行失效。

（2）工伤保险申报程序。工伤保险申报程序是在登记程序完成后申请参加工伤保险时的程序要求。在这一程序中用人单位承担的主要义务为提供完备的申报资料，社会保险经办机构则应及时办理相关手续、核定缴费基数。

要求用人单位带齐以下材料到其营业执照注册所在地区、县社保经办机构办理参保手续：社会保险登记证及复印件；企业法人营业执照或营业执照（副本）及复印件；法人代码证书及复印件。进行工伤职工登记的用人单位，应另行出具：① 工伤认定结论通知书；② 工伤证；③ 北京市工伤保险参保人员增、减情况表；④ 工伤认定结论；⑤ 劳动能力鉴定结论或确认结论；⑥ 劳动能力鉴定结论、确认申请表。

每年第一季度市社保中心向全市下发的北京市工伤保险基数采集表（以下简称采集表）、北京市工伤保险基数核定表（以下简称核定表）及软件，参保单位填写采集表和核定表或录入职工缴费基数并打印采集表和核定表后，于 3 月 31 日前报送区、县社保经办机构核准并录入或读入系统，作为新一年参保单位缴纳工伤保险费的月缴费基数。

（3）工伤保险费的收缴程序。在这一程序中对用人单位的要求是按时报送报表和缴纳工伤保险费。需要注意的是这一程序有严格的时间要求。

按照已确定的缴费费率和缴费基数，参保单位于每月 25 日前向区、县社保经办机构业务岗报送北京市工伤保险基金收缴月报表与北京市工伤职工参保人员增、减情况表。每月 5 日前，区、县社保经办机构将北京市工伤保险基金收缴月报汇总表报送市社保中心工伤科。区、县社保经办机构财务人员以“委托银行收款”（无付款期）的方式，与参保单位进行基金结算。每月 22 日前，市社保中心财务科从区、县社保经办机构的银行账户中收缴实际缴纳的工伤保险费,并于27日前转入市财政专户。

在这一部分中所涉及的工伤保险的登记、申报及保险费的收缴程序与其他社会保险中相关环节的程序要求是基本一致的。通过这一程序使得缴费单位的员工具有了抽象的社会保险请求权,或者说这一程序的完成使劳动者拥有了在此后出现的社会保险事故中可能享受相应社会保险待遇的可预期性。在以上的程序中出现的主体主要是社会保险经办机构和缴费单位,其程序上的权利义务主要体现为缴费单位依据规定向社会保险经办机构提供相关材料,社会保险经办机构通过对材料的核实确认缴费单位的主体资格,通过权利登记的具体方式将缴费单位及其员工纳入工伤保险的保障范围。此后,核定缴费单位的缴费基数并收缴社会保险费。当然及时、足额缴纳社会保险费是缴费单位在这一环节的主要实体性义务,为保证这一义务的履行在程序上设计了明确时间要求和相关的补、还欠缴基金程序。

2. 工伤认定程序

工伤认定程序是劳动者具有享受工伤待遇的先决性程序。在这一程序中申请人应当及时、完备地提供相关材料,社会保险行政部门则应该在法定期限内受理、办理工伤认定,符合条件的予以认定,对于不符合条件的申请人应当告知其理由。

申请人(包括用人单位和劳动者)按规定向社会保险行政部门提出工伤认定申请,并提供相关的材料。保险科接到申请后15日内进行审查。对符合条件的应当受理,对于不属于本部门管辖的告知申请人。申请材料不齐全的,一次性告知申请人在30日内补齐材料。经审查符合认定条件的60日(特殊情况可以延长30日)内作出工伤认定结论通知书并告知单位和个人。对不能提供劳动关系或事实劳动关系证明的,告知申请人提起劳动仲裁以确定劳动关系,仲裁时间不累计在受理的规定时间内。对不符合认定条件的告知申请人;对符合条件的认定为工伤并发放工伤证。停工留薪期满或经治疗伤情基本稳定的,申请人向劳动能力鉴定委员会提出劳动能力鉴定评定伤残等级。另外,根据《北京市实施〈工伤保险条例〉若干规定》第13条规定,区、县社会保险行政部门受理工伤认定申请后,根据需要可以采取措施进行调查核实,社会保险行政部门进行调查核实,执法人员不得少于两人,并应当出示执法证件。因此,可以将工伤认定程序分解为以下程序环节:申请程序、调查核定程序、认定程序,并且有明确的时间要求。该程序中多次提到了社会保险行政部门的告知义务,包括受理阶段的告知、材料补正的告知、不予认定工伤的理由告知等。需要特别注意的是调查核定程序的设定,在程序上保证以更为全面的证据才作为最终决定的依据。但在北京市工伤认定的程序性规定中并未专门提及听证程序,而在青海省劳动和社会保障厅2005年发布的《关于进一步完善工伤认定调查程序规范工伤认定行政行为的通知》中则明确规定了听证程序,而且将听证程序作为调查程序中的重要内容以较大的篇幅对该问题进行了规范,为申请人参加工伤认定程序、保障工伤认定的科学性提供了一个更加公开、透明的平台。

事实上,工伤认定程序具体环节的设定与社会保障制度中的很多内容的程序设计是比较相似的,比如最低社会保障给付决定的作出过程,同样需要有申请程序、调查核定程序和认定程序,当然,最低生活保障还需要有一个公示的程序以满足公众监督的需要。在这种申请、调查、决定的程序展开的过程中对当事人主体身份的尊重,对其知情权、申辩权的保障,便是正当程序要求的体现。

3. 工伤保险待遇的核定与支付程序

工伤保险待遇的核定与支付程序是核定保险事故并向受给付者兑现保险给付的程序,这又是一个典型的依申请行为的程序。具体环节可以分为申请、核定、支付。对申请人的要求是按时、完备地提供所需要材料;对社会保险行政部门的要求是在法律规定的期限内,准确核对确认工伤保险待遇的情况并支付相应的工伤保险待遇。

根据《北京市工伤保险待遇核定支付办法》的规定,工伤职工经鉴定伤残等级达到1至10级,或者被认定为因工死亡的,用人单位、工伤职工或者其近亲属应在接到工伤认定决定书或者劳动能力鉴定结论之日起30日内到社保经办机构申请办理工伤保险待遇核定手续。申请时须携带下列证明材料:① 工伤职工身份证明;② 工伤认定决定书;③ 劳动能力鉴定结论;④ 北京市工伤保险待遇核定申请表;⑤ 因工死亡的,需提交居民死亡医学证明书或其他有法律效力的死亡证明材料;⑥ 终止解除劳动关系证明;⑦ 跨统筹地区就医审批表;⑧ 住院结算单据和统筹地区以外就医的交通食宿费的单(票)据;⑨ 需要提交的其他相关证明材料。申请供养亲属抚恤金的,应提交:① 被供养人身份证明;② 供养关系证明;③ 被供养人经济状况证明。供养亲属符合下列情形的,需补充提交相应证明材料:① 被供养人属于孤寡老人、孤儿的,街道办事处、乡(镇)人民政府出具的证明;② 被供养人属于养父母、养子女的,公证机关出具的公证书;③ 被供养人完全丧失劳动能力的,劳动能力鉴定委员会出具的劳动能力鉴定结论。对证明材料齐全的,社保经办机构应在5个工作日内完成工伤保险待遇核定手续;对证明材料不齐全的,社保经办机构应一次性书面告知需要补正的全部证明材料。社保经办机构依法核定的工伤保险待遇,应通过银行逐步实现社会化发放。对确需通过用人单位代发的工伤保险待遇,用人单位在收到工伤保险待遇资金的3个工作日内,应足额支付给工伤职工。

以上是对我国现行工伤保险给付程序的现状进行的一个概括性梳理,其中主要以北京市的工伤保险给付程序为例进行了介绍。实际上对我国现行的其他社会保障给付制度的程序性规定的认识均可以在与工伤保险给付程序的对比中清晰化。比如,医疗保险给付的程序与工伤保险给付的程序对比而言,医疗保险同样需要登记、申报和保险费的收缴程序,也需要有保险事故的核定与给付程序,其不同之处主要是医疗保险的核定与给付一般是通过医疗服务机构提供服务前的身份比对核实和服务的提供来完成。又如,养老保险、失业保险、生育保险的给付程序与工伤保险比较而言,主要是省去了工伤认定程序,其他程序则比较相似。就社会救助程序而言,它不需要工伤保险程序中的登记、申报、费用收缴,但对于最低生活保障给付、专项救助和临时救助均包括申请、调查、决定的程序。当然,基于自然灾害救助的紧迫性其救助给付一般为依职权的行为,即不需要申请而由行政主体根据具体情况直接作出给付决定,但仍然需要对实际情况进行了解的"调查"程序。社会保障给付中的依职权行为还包括社会优抚及社会福利中的部分内容,这部分给付的调查、决定程序应该是被规范的重点。当然,因为各项给付的设定目的、具体内容及紧迫性要求的不同,在具体的程序细节上必然是有区别的,但仍然不妨碍它们在主要环节和内涵上的相似性。比如,为保证当事人的知情权在程序中对告知义务的规定,为保证当事人的参与权在程序中对听证程序和申辩权的规定,为保证效率在程序上关于行为期限的明确规定等。此外,社会保障给付中还有很多是由第三方媒介提供的给付,其中对于第三方给付提供的程序性要求及行政主体对第三方进行监督的程序规范也是程序保障的内容。

(二)社会保障给付程序中存在的问题

在我国社会保障制度的建设过程中,社会保障给付程序的建设也逐渐展开,多层次的规范性文件构成了给付实践的程序渊源,各项社会保障给付行为在这些程序规范下共同呈现了我国的社会保障给付形态。正如我国其他行政领域中普遍存在的重实体轻程序的传统一样,社会保障给付程序的建设还远远不够,在社会保障给付领域的程序性规范和实践中还存在着很多不足和需要完善的地方。

(1)现有的程序制度在体系上存在着很大的零散性。我们没有统一的行政程序法,也没有统一的适用于社会保障给付领域的程序性规范,关于程序问题的规范只能散见于各法律、法规、规章及其他规范性文件中,更有甚者只是实践中逐渐形成的办理流程,缺乏必要的衔接和一致性,因而可能引发程序制度体系内部的原则或规则之间的冲突。

(2)一些领域的给付过程缺乏法定程序规范,难以保障程序公正和程序理性。在缺乏程序保障的情况下,当事人的实体权利也无法实现。比如社会优抚中军人及家属的优先录取、录用权虽然在《军人抚恤优待条例》中进行了规定,但该权利实现的程序如何展开、怎样进行保障并没有作出规定,因此在实践中往往流于形式。

(3)程序规范中规定的相对人的权利内容过少,而更多地呈现为相对人应承担的义务。即使是已经享有的某些程序权利,也因为缺乏相应的配套制度而难以得到保障,相对一方在程序中的积极性得不到充分发挥。比如,在工伤保险给付程序中几乎没有直接表述为相对人权利的内容,涉及相对人权利的主要是行政主体的告知义务,而对于如何保证该义务的履行未作出更明确的规定。

(4)与程序立法中对"程序合法性"意识的增强相比,"程序合理性"问题仍然没有得到法律的足够重视。尤其在社会保障给付领域,其给付的目的、内容的差异性较大,应根据其具体情况设计更有针对性的、合理的给付程序。此外,缺乏实现程序公正的保障机制,一些蕴含程序公正主要价值的基本原则既没有得到法律的明确规定,在程序作业中也不具有直接的法律效力。①

(5)社会保障给付过程中大众参与在范围上和程度上仍然不够,参与的制度化有待改进。这里的"参与"不仅指直接利害关系人的参与,比如听证、申辩等,还包括相关主体的参与,因为社会保障是社会资源的再分配过程。因此,在对社会资源进行重要处分时应通过公众听证等程序吸收和考虑更多人的意见,从而提高决策的科学合理性。

(6)违反法律程序、侵犯程序权利的行为的法律责任不够明确,甚至没有规定相应的法律责任。

(7)行政机关及其工作人员的程序法治意识不强,实践中不按程序办事的情况时有发生。严格说来,这不是程序设计本身的问题,但却是程序实践过程中不可忽视的一个现实情况,这使得本不健全的社会保障给付制度在实践层面

---

①应松年、王锡锌:《中国的行政程序立法:语境、问题与方案》,《中国法学》2003 年第 6 期。

上又打折扣。

二、社会保障给付正当程序的设计基础

(一)社会保障给付正当程序设计的目的分析

社会保障给付是对社会资源的再分配,在这种再分配中涉及同时代的不同主体间利益的平衡、代际之间的利益平衡,也涉及同一主体不同时期的利益平衡问题。这种多元、复杂的利益平衡都需要通过"精密"的社会保障给付体系来实现,因此,社会保障给付担负着非常重要的社会使命,关系到整个国家和社会的可持续发展和向更高层次的人类文明迈进的问题。在社会保障给付的总体目标及各权项的具体目标确定后,搭建起社会保障给付的制度体系及不断完善便成为政府在社会保障领域执政的主要任务。前面章节已经对社会保障给付的实体性规范进行了介绍,从中可以看到我国已经初步建立起社会保障给付制度体系,虽然制度规范的层级还需要再提高,各权项的具体内容还需要再细化,给付过程中对当事人的尊重与保障还需要更加人性化,但是不能否认的是基本的制度框架已经具备,制度运行的结果也已惠及广大社会成员。不过,也暴露了很多问题,其中程序的不完善导致的社会保障给付物资被挪用(比如汶川地震中救灾帐篷在城市公园出现)、冒领最低生活保障金、工伤保险待遇无法兑现(比如著名的"开胸验肺"事件)等问题的出现,使我们不得不反思正当程序的问题。社会保障给付的正当程序的设计无疑将有助于前述多元利益的平衡,帮助政府在执政中认清方向、掌握手段,实现制度设计的目标和价值。

1. 规范社会保障给付过程是正当程序设计的直接目的

社会保障给付正当程序,是指在社会保障给付过程中应当遵循的方法、步骤、时间顺序等的总称。因此,社会保障给付正当程序自然是对社会保障给付过程的一种规范。对行政行为的过程进行相应规范是"依法行政"原则的要求和重要表现之一。行政法欲实现将权力"驯服"的目的,其主要手段之一便是以合理的程序规制权力的运行过程,在保证其每一环节符合宗旨的基础上,为最终实现制度目标保驾护航。"行政不是一个个单一、孤立、静止的行为,而是一系列不断运动、相互关联具有承接性的过程;这些过程又构成一个个次层次的、极为复杂的过程。"①现代行政法的发展历史揭示出"行政程序是行政法控制行政权力的重要方式"②。

---

①朱维究、胡卫列:《行政行为过程性论纲》,《中国法学》1998 年第 4 期。

②孙笑侠:《法律对行政的控制——现代行政法的法理解释》,山东人民出版社 1999 年版,第 227 页。

在社会保障给付中当然也需要相应的程序性规范对其进行规制。此外，正当程序在社会保障给付领域首先体现为对社会保障给付过程的规范，也正因为有了这种规范，社会保障给付关系中的给付主体才有了实现给付的操作性指导规程，或者说程序性内容的设计是社会保障给付得以完成的载体性依据。换言之，如果法律制度只规范相关主体间的权利与义务内容，而不涉及程序性规范，则行政主体将“手足无措”、无法真正开展任何工作。从这个意义上讲，正当程序之于社会保障给付过程本身至少具有两种意义：其一，使社会保障给付过程得以完成；其二，保障社会保障给付的正当性。

2. 维护社会保障受给付者权益是正当程序设计的深层目的

社会保障给付中的受给付者是通过社会保障给付程序获得利益的主体，或者说社会保障给付程序的运行过程正是社会保障受给付者权益实现的过程。因此，社会保障给付的程序目标中当然包括保障社会保障受给付者权益这一内容。也就是说，在程序的设计中应当追求：其一，使受给付者以较低成本获得权益实现的目标。其二，使有紧迫需要的受给付者及时获得给付的目标。其三，使受给付者获得其应得的合理权益内容的目标。相较于规范社会保障给付过程而言，正当程序追求的更深层次的目的便是对社会保障给付的受给付者的权益的保护，这也是在程序内容设计时的指标性内容，从这个意义上讲，对社会保障受给付权益的多层次的梳理与考量是社会保障给付正当程序得以成形的重要基础和依据。因此，正当程序的正当性既来源于其保障权益，又保障其保障的权益，二者之间彼此依存，互为载体。

3. 实现社会成员的平等社会保障权是正当程序设计的终极目的

社会保障给付的正当程序需要保障受给付者的权益得到及时、足额、有效的实现。这一命题中似乎只出现了社会保障给付主体及社会保障受给付者两主体，但实际上正如前述，社会保障关涉多元、复杂的主体间的利益平衡问题，是一种社会资源的再分配。又因为社会资源的有限性，这种分配就不仅仅涉及给付主体和受给付者，还必然涉及对该分配的资源具有共享权的其他主体的利益。也就是说，社会保障权给付的分配是否合理，受给付者是否为真正的权利人，受给付者所领受的内容是否合理，这种给付是否侵害到了其他相关主体的权益等问题都是正当程序在设计中必须要予以考虑的。因此，保障社会成员的平等的社会保障受领权，真正实现同时期的不同主体、不同代际的主体及同一主体的不同时期之间的利益平衡，从而实现社会整体的和谐可持续发展是社会保障给付正当程序设计所追求的终极目标。

(二)社会保障给付的正当程序原则

1. 公平原则

公平是人们一直以来追求的目标,也是法治背景下权力运行的重要原则之一。在社会保障给付程序领域对这一原则的解读不仅仅限定于“法律面前人人平等”,还有其更深层次的要求。为实现和保障给付对社会资源再分配的公平性,即将资源分配给最需要的群体,使风险防御和应对系统有效运转,社会保障给付程序的公平原则的内涵还可具体解读为:合理选择社会保障受给付对象,并及时、适量地对其进行给付。简言之,公平原则在社会保障给付程序领域的具体运用应体现为保障该保障的权利、给付该给付的内容。

2. 效率原则

效率是程序予以保障的重要内容,通过程序的保障使效率得以可合理预期和有效实现。在社会保障给付行政领域关注的效率原则,在一般意义上的以最有效的手段使用资源以满足人们需要的基础上,还具体承载着该领域的特殊要求。在这里最有效利用资源主要包括以下几重含义:(1)受给付者能够及时获得给付。这一点在自然灾害等有紧迫性社会救助需求的保障给付领域表现得更为直接和充分。但是在其他保障领域中同样具有意义,比如助学贷款的发放、居民最低生活保障金的发放、义务教育资源的提供等同样有及时给付的需求。(2)受给付者能够足额获得给付。足额给付强调的是社会保障给付的具体内容符合给付目标的要求,即能够满足受给付者的具体需要。当然,基于社会资源的有限性,此处效率原则所强调的足额不仅有下限的要求,同样有上限的要求,即能够满足受给付者的需求即可,而不应超额给付。(3)以最低社会成本实现给付。此处的成本既包括行政主体的成本,也包括受给付者的成本。综合以上几点,社会保障给付程序的效率原则要求程序在设计时追求的目标是各主体以最小成本实现最恰当(及时、适量)社会保障给付。

3. 服务性原则

社会法治国的理念决定了社会保障给付是国家为其社会成员提供的一种保障性服务,在社会成员层面体现为一种权利,在国家层面则体现为一种义务。因此,服务性成为了这一领域的一个重要特征,也只有以服务性作为社会保障给付行政的原则,强调社会保障给付的服务性本质,才能更有效地完成各项社会保障给付任务,为社会成员提供更完善的社会保障服务。作为社会保障给付实现过程的保障社会保障给付程序在设计时当然也需要遵循服务性原则。服务性原则在社会保障给付程序中主要是要求程序设计要便民,可以更加具体化为两个方面:其一,在依申请的给付行为中,应该为受给付者提供便捷的给付程序,避免使社会成员因为对冗繁程序的畏惧而放弃申请,或者因为程序过于繁复而导致给付无法实现其根本目的。其二,在依职权的给付行为中,给付主体应当适时启动给付程序,以保障受给付相对人能够及时受领保障给付。

4. 差异原则

前文已述及公平原则,这里的差异原则可以看作公平原则的延伸和深化,或者说是公平原则在社会保障给付领域中的一种特殊的要求。之所以说是一种特殊的要求是因为,公平原则的产生基础是将人们抽象地看作无差别的"人",因此"法律面前人人平等",每个人都应当受到平等的对待。而社会保障给付行政的产生是基于人们对于生存照顾的认识和确定,即认识到人与人之间存在着差别,人们的生存境遇有非常大的差异,文明社会不应该任由那些面临生活困境的成员自生自灭,相反应该由国家承担起照顾这些人基本生活的义务。换句话说,看到差异、认可差异,并在差异的基础上有所作为才是人类文明的发展方向,这也是现代国家应该承担的责任。因此,差异原则应当作为社会保障给付程序的原则之一,为社会保障给付程序的设计提供指导。该原则对程序的要求具体体现为:针对不同的社会保障给付种类,设计有差别的给付程序;程序设计时应考虑受给付者的具体情况,确定给付程序的繁简程度(包括对受给付者提供的信息、情况说明的要求)和时间要求等。

5. 公开原则

公开原则是人民主权这一宪法原则在行政领域中的具体体现,人们认识到只有将权力运作的过程向社会公众公开,才能体现人民的主权主体资格。同时这也是法治原则的一种体现,依法而治要求政府行政行为在法律的规范下展开,对于开展过程予以公开才能保证法治原则的实现。因此,公开原则在行政领域中早已不是新面孔了。那么在社会保障给付程序中公开原则有何特殊之处,是我们需要探讨的问题。社会保障给付程序中的公开要求:其一,社会保障给付依据的公开,使社会公众清晰地知晓在哪些情况下其可以申请社会保障给付。其二,社会保障给付条件公开,使社会保障给付申请者明确其获得社会保障给付应具备的条件和应提供的信息与证据。其三,社会保障给付过程公开,即社会保障给付申请者对于其获得或者未获得社会保障给付的结论得出的过程,及社会其他成员对于某主体获得社会保障给付的过程均可以有条件地进行查阅,以保证给付的公正性。其四,社会保障给付的结论公开。这将有助于公众对社会保障给付的监督,从而保证社会资源分配的合理性。

三、社会保障给付正当程序及制度建构

(一)申请前——信息公开制度

信息公开是为保障信息相关利益主体对信息内容的知情权,进而保证其在此基础上准确作出权利处分的一种制度设计。社会保障给付中的给付受领者一般为弱势群体,因此其对相关权利的知悉手段和途径有限,这就更需要社会保障行政部门以合理的方式向其进行信息公开,使其知悉自身的权利,包括但不限于在什么情况下能够获得社会保障给付,如何获得社会保障给付等。另外,社会保障给付很大程度上是帮助公民摆脱生活困境的一种服务型行政,行政部门对服务效果的追求也必然使其将相关信息进行公开。

1. 公开的内容

根据《政府信息公开条例》第 10 条第 9 项的规定,县级以上各级人民政府及其部门应当在各自职责范围内确定主动公开的政府信息的具体内容,并重点公开扶贫、教育、医疗、社会保障、促进就业等方面的政策、措施及其实施情况。显然有关社会保障给付政策、措施及实施情况均属于应公开的内容。《人力资源社会保障部政府信息公开实施办法》中规定下列政府信息应当主动公开:涉及公民、法人或者其他组织切身利益的;需要社会公众广泛知晓或者参与的;反映人力资源社会保障部机构设置、职能、办事程序等情况的;其他依照法律、法规和国家有关规定应当主动公开的。《劳动和社会保障部办公厅关于在全国劳动保障系统推行政务公开的意见》中规定的则更为具体和具有操作性,公开的主要内容包括:本单位的机构设置、管理权限和主要职责;具体办事制度、工作方法、步骤、办事结果,以及服务对象需具备的条件和提供的材料;办事依据的法律、法规、规章及具体的操作标准;部门的工作纪律、工作人员的行为规范,举报投诉的方法和途径,对责任人员的追究处罚办法,以及需要服务对象了解的其他事项。简而言之,社会保障信息公开的内容应该使社会公众知晓其可以依据哪些规范性文件在什么情况下通过什么途径(准备什么材料)获得行政主体(或者第三方媒介主体)提供的哪些内容的社会保障给付,在其认为应该获得给付而没有被给付时如何救济其权利。

2. 公开的形式

在目前的社会保障给付实践中主动公开的方式主要包括:社会保障行政部门的门户网站,比如人力资源和社会保障部网站、各地方政府的人力资源和社会保障厅(局)网站等;社会保障行政部门主管的报刊及其他新闻媒体;新闻发布会;在政务大厅中设立信息公告栏、电子显示屏、触摸屏等场所、设施,公开相

关信息。此外,对于相对人是否符合给付要求的疑问,行政主体有依具体相对人申请向其进行公开的义务。

（二）申请阶段——告知制度

社会保障给付申请阶段可以有两种理解,广义上的申请阶段既包括给付受领人向社会保障供给主体提出的申请,即依申请的社会保障给付的申请阶段,也包括职权型社会保障给付中社会保障行政部门主动启动的保障给付程度。狭义的社会保障申请则仅指依申请给付中的相对人提出的保障申请。[①] 这里我们重点介绍依申请保障给付的申请阶段,因为这一阶段的程序制度更具代表性。

社会保障给付申请程序是展开社会保障给付的第一个环节,这一程序中给付相对人向行政主体提出给付申请,由行政主体作出受理或者不受理申请的决定,决定受理的,则该案进入到下一个阶段;决定不受理的,则案件终止。因此,申请阶段的结果对于相对人是否能够获得预期的保障给付是非常重要的。正当程序在申请阶段的具体要求便是告知制度。当然,此处的“告知”并不能够涵盖告知制度的全部内容,因为,“告知”贯穿于整个社会保障给付的过程,这里则仅介绍申请阶段告知的具体内容和要求,在其后的其他程序环节中还将涉及该部分的告知内容。

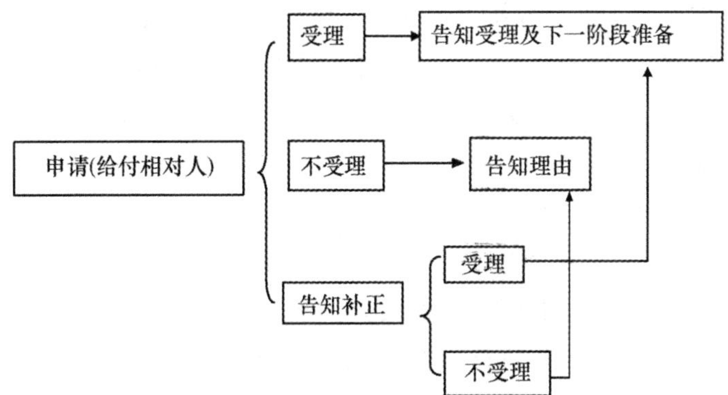

如上图所示,在申请阶段对给付相对人的程序保障主要体现在保障供给主体对申请进行处理中的多个告知义务的履行,分别为:(1)认为属于管辖范围,且材料齐全决定受理后告知相对人受理及下一阶段准备内容。比如青海省劳动保障厅 2005 年发布的《关于进一步完善工伤认定调查程序规范工伤认定行政行为的通知》中规定,工伤认定机构对工伤认定申请材料提报齐全的,应当场

①高秦伟:《论社会保障行政程序的法制化构建》,《国家行政学院学报》2008 年第 2 期。

制作接收材料清单交由申请人,并自收到工伤认定申请之日起 10 个工作日内制作工伤认定申请受理通知书或工伤认定申请不予受理决定书并送达申请人。工伤认定机构应自受理工伤认定申请之日起 3 个工作日内制作限期举证告知书并送达用人单位。(2)认为不属管辖范围,或者材料提供不符合要求决定不予受理的,应当告知相对人不受理的决定、理由及救济措施。(3)认为材料提报不齐全需要补正的,应当一次性告知相对人在期限内予以补正。比如,《北京市实施〈工伤保险条例〉若干规定》第 11 条规定,材料不完整的,应当一次性书面告知申请人需要补正的全部材料。

告知制度作为保障正当程序实现的一个重要制度,对告知本身还应提出严格的要求:第一,及时告知。时间效率是程序制度的价值目标之一,告知不及时可能使得相对人不能及时、准确地作出下一步的选择。比如,对于材料补正的告知,不及时告知可能导致相对人不及时准备补正材料,甚至可能使得一些材料错过最佳的保存、准备期限,造成无法弥补的损失。第二,全面告知。全面告知才能保证相对人全面知晓相关内容,否则相对人将根据片面的信息做出行为,这可能导致选择错误,或者支出不必要的成本。比如,对于相对人的申请不予受理仅告知不受理的决定,而并未告知其理由为不属于本机关的管辖范围,则相对人可能会以为是其材料不符合要求而放弃给付申请。又如,相对人提报的材料不齐全,但给付主体并未一次性全面告知其需要补正的材料,从而导致相对人准备多次补正,从而支出了不必要的成本。第三,准确告知。准确告知是要求给付主体向申请人告知相关事项准确无误,错误的告知会误导相对人,进而使其权益受损。比如,给付主体向相对人告知了错误的举证要求,则相对人在接下来的调查阶段则可能提供错误的证据材料。给付主体向相对人告知了错误的救济时限,则可能导致相对人错过救济提起期限。总之,此处所讲的告知应该是及时、全面、准确地向相对人进行的告知,这是正当程序的必然要求。

(三)调查阶段——听证制度

听证制度是行政程序制度中的核心制度之一,在社会保障给付程序中当然亦属重要的程序制度,这一制度的设计宗旨是使当事人清晰地了解给付决定(包括具体的给付、不给付等内容)作出的事实理由与法律依据,是公众参与行政过程,防止恣意行政、滥用权力,保证当事人的权利的一种程序性设计。听证制度是一些国家或地区行政程序法中的重要内容之一。比如,我国台湾地区“行政程序法”从第 54 条至第 66 条用了较大篇幅对听证程序进行了较为详细的规定。其主要内容包括:(1)听证程序只适用于“行政程序法”或其他法规规定应举行听证的行政程序。(2)听证举行前应将听证的事实及依据、当事人的基本情况、听证的日期及场所、主要程序、当事人可选任代理人、拟进行预备听证的时间及地点、缺席听证处理等事项进行公告。(3)为了有助于听证的顺利进行,该法吸收了日本行政程序法的预备听证制度,规定行政机关认为有必要的可以在正式听证程序前举行预备听证。预备听证的主要内容为议定听证程序、厘清焦点、提出有关文书及证据、听证日期、场所及主持人等。预备听证的进行也应作成记录,并构成全部听证记录的一部分。(4)听证应以言词、公开方式进行。(5)当事人在听证过程中享有陈述意见、提出证据,经主持人同意后可以对机关指定人员、证人、鉴定人、其他当事人或其代理人发问等,当事人认为听证主持人在听证程序中的有关处置违法或不当,可以即时声明异议。当事人有阅览听证记录权、对听证记录提出异议权。(6)规定了再听证的制度。第 66 条明确规定:“听证终结后,决定作成前,行政机关认为必要时,得再为听证。”①

我国诸多版本的行政程序法试拟稿中均有关于听证制度的规定,其在具体内容的表述上有些差异,但对于听证制度设计的总体规划上是比较相似的,基本上涉及了前述台湾“行政程序法”的主要内容,尤其是应松年教授主持编写的试拟稿大量吸收了台湾“行政程序法”的规定,并结合我国的具体情况进行了条文的拟定。概括起来,听证制度的核心要旨包括:(1)听证的适用范围的确定;(2)听证程序及相关权利的预先告知;(3)听证的公开举行、听证主持人的中立性保障;(4)听证过程中当事人的知情权、申辩权等权利的实现,即采用举证、对抗陈述、辩论等方式开展听证;(5)听证笔录的制作及效力;(6)再听证的举行,以保证听证的有效性等。总之,通过程序性的设计保障听证程序的公开、透明,使得当事人在听证过程中能够知晓其该知晓的、申辩其能申辩的,并且其申辩能够得到应有的重视及考量。社会保障给付的很多内容都与当事人的基本生活保障相关,即其给付决定关涉当事人的切身利益,因此在该领域中应当有听证程序的适用,以保证当事人的相关权利得以实现。在社会保障行政听证制度的设计中需要明确以下几个问题。

1. 听证对象的确定

听证制度在社会保障领域的适用可以追溯到 20 世纪上半叶。比如 1935 年美国联邦社会保障法第 2 条规定,州老年援助计划必须建立或任命唯一的州管理机构……这一机构对任何要求得到老年援助的人须提供平等的听证机会;

①台湾地区“行政程序法”第 54—66 条。

第303条规定,拒绝失业补偿金申请时,必须给予申请者公平听证的机会。1964年修改的联邦社会保障法进一步扩大了听证制度的适用范围,将领受人的听证权利作为每个州福利计划中的基本要求。① 听证作为正当程序的重要判断标准在行政过程中具有很大的适用空间,但并非无处不在,或者说听证是有其适用界限的。考查美国福利听证制度的相关规定,可以看到其联邦规章法典第205.10(a)(5)条规定:“当任何福利领受人因福利的中止、缩减或者终止而对行政机关不满时,应当享有听证的权利。如果联邦或者州的法律要求对某类领受人的福利救助金进行自动调整,则没有必要举行听证,除非个人的诉求理由是救助金数额存在错误。”②因此,可以说,在这一问题上听证是原则而不听证是例外,同时听证一般不适用于抽象的福利行政行为,而只适用于具体的行为。此外,在美国的福利行政实践中,听证程序的适用问题还在法律问题与事实问题的二分争议中有所体现。1942年行政法学者戴维斯第一次从学理上提出这一划分,并指出如果是事实争议,则需要一个完整的审判式的听证;如果是法律争议,则大体上没有必要。实践上,美国联邦最高法院在1970年的戈德伯格案判决中指出,当福利领受人质疑拟采取的福利终止实是基于错误的事实,或者基于特定事实而错误实施了规则或政策时,听证权利是重要的。此外,联邦卫生、教育与福利部等行政机关将戈德伯格案判决理解为应当进行法律与事实的区分,并且允许福利机关在终止、中止或者缩减福利时,如果没有事实争议可以不进行事前听证。当然,不少学者对这一观点提出批评意见,认为这不是最高法院的本意,卫生、教育与福利部的理解没有依据。总之,从美国的实践来看,在大多数情况下福利行政听证仅适用于解决福利争议中的事实问题,但学者们也从应然层面上提出了不同的主张。③

在我国的行政法律制度中对听证程序进行明确规定的包括行政处罚法、行政许可法、行政强制法等法律,在此基础上很多地方的社会保障行政部门颁布了适用于其辖区内的听证制度规范,比如《温州市劳动和社会保障局行政许可听证制度》《沈阳市人力资源和社会保障局听证程序规定》《苏州市人力资源和社会保障局政务公开听证制度》等。在这些制度的规定中一般采用列举的方式对可以进行听证的情形进行罗列,并规定由行政主体根据情况决定举行听证或者当事人在符合条件的情况下有权提出听证申请。综合来看,可以社会保障行

①Social Security Act,42 U.S.C §602(a)(4)(1964).

②45 C.F.R. § 205.10(a) (5).

③罗英:《福利行政的正当程序研究》,中南大学2011级博士学位论文,第106—107页。

政听证的对象包括:涉及申请人与其他人重大利益关系或者公益利益的社会保障许可行为;重大的社会保障行政处罚行为;法律、法规、规章规定的其他可举行听证的行为等。因此,我国的社会保障行政听证制度适用时并未划分事实问题与法律问题,而是以行为是否对当事人及相关主体、公共利益产生重大影响为依据进行判断,原则上对当事人、相关主体或者公共利益将产生重大影响的行为可以举行行政听证。

2. 听证形式的确定——正式或非正式

行政听证的形式可以分为正式听证与非正式听证,这种分类可以使行政听证适应实践的多种需要,既保障行政效率,也兼顾行政公正。从很多国家的实践来看,正式听证形式一般都有法律的严格规定,列入正式听证的事项往往对当事人的权益影响重大。根据一位美国法学家的估计,90% 以上的行政活动采取非正式程序,正式程序所占比例不到 1% 。① 我国学者也曾指出:如果我们将听证拘于正式的口头听证,很可能因其繁琐复杂、成本过高而影响行政效率,最终被拒之门外。所以,除严格意义上的正式听证外,我们还应考虑在行政程序中适用比较灵活的听证形式。②

正式听证是借助于司法审判程序而发展起来的一种听证形式,其内部结构为三角形程序模式。在这种程序模式中,听证主持人居中,行政机关调查人员和行政相对人各居坐一方,指控与抗辩互相进行。正式听证的适用往往有法律明确规定的范围。比如日本行政程序法中正式听证专门列出一节,适用于法定的四种不利益处分行为。③ 我国台湾地区"行政程序法"中正式听证仅适用于:(1)法规明文规定应当举行听证的;(2)行政机关认为有举行听证必要的。④ 非正式听证指不采用司法审判程序来听取意见,且不依笔录作为裁决唯一依据的一种程序模式。在非正式听证中,行政机关对如何进行听证具有较大的裁量权,它可以依据案件审理的需要决定程序的进展,或者中止、终结程序。它不太强调听证的形式,只要使当事人得到一个表达意见的机会,也就满足了给予当事人听证的要求。因此,非正式听证一般仅作原则性的规定。比如,日本行政程序法中,"辩明程序"是与正式听证程序相对的一种非正式听证程序。适用辩明程序的行政行为"是成为听证程序对象的处分以外的不利处分。概括地说,

---

①王名扬:《美国行政法》(上),中国法制出版社 1995 年版,第 418 页。

②马怀德:《行政法制度建构与判例研究》,中国政法大学出版社 2000 年版,第 56—57 页。

③日本行政程序法第 13 条。

④台湾地区"行政程序法"第 107 条。

许可的停止、设施改善命令等,与成为听证程序对象的处分相比较,对相对人的利益侵害程度轻微的即属此类"①。辩明程序与正式听证程序相比简洁得多,比如辩明程序中没有参加人、辅助人的参与,当事人也没有文书阅览权,可以大大提高行政效率。我国台湾地区"行政程序法"中的"陈述意见之机会"也属一种非正式听证;是一种"书面答辩"的机会,由当事人或利害关系人,以"陈述书"提出事实上及法律上之见解。机关认为有必要时,亦得并予言词陈述意见的机会。这种非正式听证程序程序灵活,能够适应现代行政管理的需要,因此,在行政领域中具有广泛的适用性。②

社会保障行政中的听证制度也应根据行为影响力的不同分别采用正式听证或非正式听证的形式,在保证行政效率的同时保证制度的公正性。一般法律、法规、规章已有明确列举的行为采正式听证形式,其他对当事人权益有重大影响的行为可以采取较为灵活的非正式听证程序。

(四)决定阶段——合理期限、告知制度

1. 合理期限

给付决定在法定期限或合理期限内作出才能最大限度保护相对人的社会保障权的实现。因此,期限问题是社会保障行政程序保障中的一个重要问题。对这一问题的理解应分两个层次:其一,法律、法规、规章等规范性文件有明确的期限要求的,应按照其要求在期限内作出行政行为。比如我国行政许可法第42规定:除可以当场作出行政许可决定的外,行政机关应当自受理行政许可申请之日起20日内作出行政许可决定。因此,社会保障许可行政便应遵循该条规定在20日内作出相关决定。其二,规范性文件未作出明确规定的,应当在合理期限内作出行政行为。比如自然灾害救助中向受救助者提供的食品、衣物的救助决定必须快速、及时作出。

2. 告知制度

此处的告知制度与前述申请阶段的告知制度在告知的要求上基本相同,也要求进行及时、全面和准确告知,但在告知的具体内容上存在区别。决定阶段的告知主要为向相对人告知决定的内容,对于结果与相对人预期不同时还应告知其理由;并且对不涉及个人隐私、商业秘密、国家秘密且关于他人重大利益及公共利益的决定应向社会公众进行公示告知,比如救灾物资的使用情况应该进行公示。

①【日】盐野宏:《行政法》,杨建顺译,法律出版社1999年版,第221页。

②章剑生:《行政听证制度研究》,浙江大学出版社2010年版,第17—20页。

结语

社会保障权是现代法治社会中人们享有的基本权利,它与其他传统的基本权利间存在着千丝万缕的联系,其综合性特征使得人们对它的认识也多元化,可以将其看作是人们享有的独立的权利。从某种意义上也可以将其理解为生存权、自由权、平等权的发展,总之,社会保障权与传统宪法上的基本权利间存在着非常复杂的传承、交叉、互补关系。而且,社会保障权突破了基本权利的防御权特征,是一种主观公法权利,以请求权的姿态宣示着现代国家的保障义务。社会保障权帮助人们抵御社会风险,应对生活窘境,从而降低现代社会的不稳定性,为整个社会起到“安全阀”“稳定器”的作用,因此,很多国家在宪法上对社会保障权进行了明确的规定。我国现代社会保障制度的建设开始于20世纪末,起步相对较晚,21世纪以来加大了社会保障制度的建设步伐,2004年宪法修改时增加了第14条第3款“国家建立健全同经济发展水平相适应的社会保障制度”。但遗憾的是,在公民的权利义务一章中并未明确规定社会保障权。宪法对社会保障权的规定不仅能够进一步明确社会保障权的宪法地位,而且为社会保障权制度的建构和权利本身的保障都将提供坚实的基础,在我国建设社会保障权的关键期更是需要以宪法对内容的明确界定来为整个制度的建构提供基础和方向。因此,应当将社会保障权写入宪法,并在此基础上颁布一系列有关社会保障制度的法律、法规、规章等规范性文件,建构起相对完善的社会保障制度体系。

社会保障权的产生和流变过程有多方社会主体参与其中,目前世界上各个国家所呈现的社会保障权利状况均是其社会力量相互博弈的结果,其中有三条线索可以窥见这一社会变革的面貌:其一,国家力量对社会保障权的产生、发展的影响。其二,社会民众对自身权利争取的行动对社会保障权产生、发展的影响。其三,其他国家(地区)的已有经验对本国(地区)社会保障权产生、发展的影响。其中第一条线索中可以看到“从济贫到保障”“从国家全面保障到多元主体参与保障”的转变，在转变的过程中国家无一例外地因应时代的变化和发展的需要对其行为进行调整，引导着本国（地区）的社会保障权利制度体系建构更趋于与时代发展相适应的可持续发展态势。虽然在20世纪70年代以后出现了因应所谓“福利危机”的普遍的社会保障制度的改革，但国家仍在社会保障制度的运作中承担着主导者的角色；一国的社会保障制度驶向何方，仍然由国家机器作出决策，当然这种决策将受到客观现实的影响。可以说，公法行为关涉着社会保障权设定、运行、监督、救济等各个环节。也因此，本书选择以公法视角对社会保障问题进行研究，是从宪法行政法的视角对社会保障权进行的分析，以社会保障权的基本权利属性为立论基础和出发点，在借鉴国外经验的基础上提出我国社会保障权公法保障的具体路径。社会保障权作为我国法律权利系列中的一个比较年轻的成员在未来的法学理论及实践中还将被更多地研究和探讨，其中宪法行政法学者从公法角度对社会保障权的研究成果也将更为丰富，本书希望可以起到抛砖引玉的作用。社会保障权的内容本身将随着社会的发展而进行调整。但无论社会保障权如何发展，国家在社会保障权建设和实现中的作用都将是不可忽视的，因此，国家行为必然游走于社会保障领域。那么，以关注国家行为为己任的宪法行政法学者就有必要对这一领域进行关注，对相关问题进行更为深入的探讨和研究，这将有助于我国社会保障权利制度体系朝着一个统一有序且可持续发展的方向迈进。

社会保障权作为关系社会成员的生存、发展状况的重要权利，其权利运行过程中涉及社会成员、用人单位、行政机关、其他组织等多方主体的利益，也需要多方主体的参与才能得以实现，因此可以说社会保障权是需要由“社会”来予以保障的权利。因此，在对该权利进行研究时必然需要从不同主体的角度展开，从而呈现立体的权利样态。当然，这将是一个系统工程，本书的主要任务是从国家及代表国家的行政主体的角度展开研究，而且更多地强调的是国家的保障义务，与此相配合在未来的研究中将更为立体的探讨不同主体间的权利义务关系，从而更为深入地剖析社会保障权实现的公法机制。

参考文献

一、著作类

1.【英】戴维 · M. 沃克:《牛津法律大辞典》,李双元等译,光明日报出版社 1989 年版。

2.【英】戴维 · 米勒、韦农 · 波格丹诺主编:《布莱克维尔政治学百科全书》,邓正来等译,中国政法大学出版社 1992 年版。

3. 周叶中主编:《宪法》,高等教育出版社、北京大学出版社 2005 年版。

4. 韩大元:《宪法学基础理论》,中国政法大学出版社 2008 年版。

5. 胡锦光、韩大元:《中国宪法》(第 2 版),法律出版社 2007 年版。

6. 周叶中:《宪政中国研究》,武汉大学出版社 2006 年版。

7. 韩大元主编:《比较宪法学》,高等教育出版社 2003 年版。

8. 秦前红主编:《新宪法学》(第 2 版),武汉大学出版社 2009 年版。

9. 张千帆主编:《宪法学》,法律出版社 2004 年版。

10. 秦前红等:《比较宪法学》,武汉大学出版社 2007 年版。

11.【日】星野英一:《私法中的人》,王闯译,中国法制出版社 2004 年版。

12. 江国华:《宪法哲学导论》,商务印书馆 2007 年版。

13. 张红:《基本权利与私法》,法律出版社 2010 年版。

14. 郑贤君:《基本权利原理》,法律出版社 2010 年版。

15.【日】芦部信喜原著、高桥和之增订:《宪法》(第 3 版),林来梵、凌维慈、龙绚丽译,北京大学出版社 2006 年版。

16. 林嘉:《社会保障法的理念、实践与创新》,中国人民大学出版社 2002 年版。

17. 郑功成编著:《社会保障》,高等教育出版社 2010 年版。

18. 陈良瑾主编:《社会保障教程》,知识出版社 1990 年版。

19. 侯文若:《社会保障理论与实践》,中国劳动出版社 1991 年版。

20. 张左已主编:《领导干部社会保障知识读本》,中国劳动社会保障出版社 2002 年版。

21. 王家福、刘海年主编:《中国人权百科全书》,中国大百科全书出版社 1998 年版。

22. 董保华等:《社会法原论》,中国政法大学出版社 2001 年版。

23. 杨燕绥:《劳动与社会保障立法国际比较研究》,中国劳动社会保障出版社 2001 年版。

24. 董保华等:《社会保障的法学观》,北京大学出版社 2005 年版。

25. 谢培东主编:《市场经济与法制建设》,中国法制出版社 1994 年版。

26.【美】伯尔曼:《法律与革命——西方法律传统的形成》,贺卫方等译,中国大百科全书出版社 1993 年版。

27.【德】格奥格·耶利内克:《主观公法权利体系》,曾韬、赵天书译,中国政法大学出版社 2012 年版。

28.【加】R. 米什拉:《资本主义社会的福利国家》,郑秉文译,法律出版社 2003 年版。

29. 夏勇:《人权概念起源——权利的历史哲学》,中国政法大学出版社 2001 年版。

30.【法】皮埃尔·勒鲁:《论平等》,王允道译,商务印书馆 1988 年版。

31.《马克思恩格斯全集》(第 2 卷),人民出版社 1957 年版。

32. 穆怀中主编:《社会保障国际比较》,中国劳动社会保障出版社 2007 年版。

33. 龚维斌等:《中外社会保障体制比较》,国家行政学院出版社 2008 年版。

34. 康士勇主编:《社会保障管理实务》,中国劳动社会保障出版社 1999 年版。

35. 联合国国际劳工组织主编:《社会保障基础》,吉林大学出版社 1989 年版。

36. 郑功成编著:《社会保障》,高等教育出版社 2007 年版。

37. 郑功成:《社会保障学——理念、制度、实践与思辨》,商务印书馆 2000 年版。

38. 粟芳、魏陆等编著:《瑞典社会保障制度》,上海人民出版社 2010 年版。

39. 胡代光主编:《西方经济学说的演变及其影响》,北京大学出版社 1998 年版。

40.【英】詹宁斯:《法与宪法》,龚祥瑞、侯健译,生活·读书·新知三联书店 1998 年版。

41.【古希腊】修昔底德:《伯罗奔尼撒战争史》,商务印书馆 1982 年版。

42.【英】沃尔特·白芝浩:《英国宪法》,夏彦才译,商务印书馆 2010 年版。

43.【英】A. W. 布拉德利、K. D. 尤:《宪法与行政法》,刘刚、江菁等译,商务印书馆 2008 年版。

44. 王霄燕:《英国法治现代化研究》,法律出版社 2012 年版。

45. 王希:《原则与妥协:美国宪法的精神与实践》(修订本),北京大学出版社 2000 年版。

46.【美】埃里克·方纳:《美国自由的故事》,王希译,商务印书馆 2002 年版。

47.【日】野中俊彦等:《宪法》(第 4 版),有斐阁 2006 年版。

48.【日】大须贺明:《生存权论》,林浩译,法律出版社 2001 年版。

49.【日】奥平康弘:《宪法》,有斐阁 1993 年版。

50.【日】池田政章:《宪法社会体系》,信山社 1999 年版。

51. 侯宇清:《南非宪法法院判例研究》,北京燕山出版社 2012 年版。

52. 洪德钦主编:《欧盟宪法》,台湾"中央研究院"欧美研究所 2007 年版。

53. 吴德峰等编著:《中华人民共和国宪法讲话》,湖北人民出版社 1954 年版。

54. 韩大元编著:《1954 年宪法与中国宪政》(第 2 版),武汉大学出版社 2008 年版。

55. 杨化南:《中华人民共和国公民的基本权利和义务》,中国青年出版社 1955 年版。

56. 胡其安:《中华人民共和国公民的基本权利和义务》,湖北人民出版社 1954 年版。

57. 郑志廷、张秋山:《中国宪政百年史纲》,人民出版社 2011 年版。

58.《马克思恩格斯全集》(第 1 卷),人民出版社 1956 年版。

59. 沈政雄:《社会保障给付之行政法学分析:给付行政法论之再开发》,台湾元照出版公司 2011 年版。

60. 陈新民:《公法学札记》,中国政法大学出版社 1999 年版。

61. 杨建顺:《日本行政法通论》,中国法制出版社 1998 年版。

62.【日】南博方:《日本行政法》,杨建顺、周作彩译,中国人民大学出版社 1988 年版。

63. 吴庚:《行政法之理论与实用》(增订第 8 版),中国人民大学出版社 2005 年版。

64. 陈慈阳:《行政法总论》,台湾翰芦图书出版有限公司 2005 年版。

65. 詹镇荣:《生存照顾》,台湾元照出版公司 2005 年版。

66. 程修明:《行政法之行为与法律关系理论》,2004 年自版。

67.【日】美浓部达吉:《宪法学原理》,欧宗佑、何作霖译,中国政法大学出版社 2003 年版。

68.【日】盐野宏:《行政法总论》,杨建顺译,北京大学出版社 2008 年版。

69. 万里鹏主编:《劳动与社会保障法》,厦门大学出版社 2013 年版。

70. 蒲春平、唐正彬主编:《劳动法与社会保障法》,航空工业出版社 2013 年版。

71. 林腾鹞:《行政法总论》(修订第 3 版),台湾三民书局 2012 年版。

72. 陈敏:《行政法总论》(第 7 版),2011 年自版。

73.【德】哈贝马斯:《在事实与规范之间——关于法律和民主法治国的商谈理论》,童世骏译,生活·读书·新知三联书店 2003 年版。

74. 孙笑侠:《法律对行政的控制——现代行政法的法理解释》,山东人民出版社 1999 年版。

75. 罗英:《福利行政的正当程序研究》,2012 年中南大学博士学位论文。

76. 王名扬:《美国行政法》(上),中国法制出版社 1995 年版。

77. 马怀德:《行政法制度建构与判例研究》,中国政法大学出版社 2000 年版。

78.【日】盐野宏:《行政法》,杨建顺译,法律出版社 1999 年版。

79. 章剑生:《行政听证制度研究》,浙江大学出版社 2010 年版。

80. 劳动和社会保障部社会保险研究所组织翻译:《贝弗里奇报告——社会保险和相关服务》,中国劳动社会保障出版社 2004 年版。

81. Gráinne de Búrca and Bruno de Witte(eds), Social Rights in Europe, Oxford University Press, 2005.

82. Rudolf Smend, Verfassung und Verfassungsrecht (1928), unverandert abgedruckt in: Staatsrechtliche Abhandlungen, 1955, S. 189 ff.

83. Bleckmann, Staattsrecht II, 1997, Rdnr. 96.

84. Beveridge, Social Insurance and Allied Services, HMSO, 1942.

85. Geoffer Marshall, Constitutional Theory, Oxford at the Clarendon Press, 1980, p. 126.

二、论文类

1. 周叶中:《公民基本权利保障》,《深圳大学学报》(人文社会科学版)2004 年第 1 期。

2. 周叶中、李德龙:《论公民权利保障与限制的对立统一》,《华东政法学院学报》2003 年第 1 期。

3. 董皞:《公平正义误区及其矫正——以弱势群体保护为视角》,《法律适用》2006 年第 8 期。

4. 秦前红、涂云新:《经济、社会、文化权利的保障路径及其选择》,《交大法学》2013 年第 1 期。

5. 周叶中、杨蓉:《论人权保障的逻辑进程》,《人权》2010 年第 5 期。

6. 董皞:《人权文化的缺失与国家对人权文化的培育》,《广州大学学报》(社会科学版)2008 年第 1 期。

7. 韩大元:《国家人权保护义务与国家人权机构的功能》,《法学论坛》2005 年第 6 期。

8. 董皞:《我国行政法律规范冲突缘起探究》,《中国法学》2013 年第 2 期。

9. 秦前红、黄明涛:《行政法规的违宪审查研究》,《中南民族大学学报》(人文社会科学版)2010 年第 1 期。

10. 陈晓枫:《宪法监督模式论》,《武汉大学学报》(人文社会科学版)1998 年第 3 期。

11. 江国华:《中国宪法学的研究范式与向度》,《中国法学》2011 年第 1 期。

12. 江国华:《中国宪法中的权力秩序》,《东方法学》2010 年第 4 期。

13. 胡锦光:《论我国宪法救济制度的完善》,《河南省政法管理干部学院学报》2007 年第 4 期。

14. 董皞:《判定法律冲突之问题研究》,《法律科学》2014 年第 1 期。

15. 董皞:《法律冲突概念与范畴的定位思考》,《法学》2012 年第 3 期。

16. 韩大元:《基本权利概念在中国的起源与演变》,《中国法学》2009 年第 6 期。

17. 韩大元:《宪法文本中“人权条款”的规范分析》,《法学家》2004 年第 4 期。

18. 韩大元:《中国宪法学上的基本权利体系》,《江汉大学学报》(社会科学版)2008 年第 1 期。

19. 胡锦光:《论国家行为》,载陈光中、江伟主编:《诉讼法论丛》(第 1 卷),法律出版社 1998 年版。

20. 胡锦光:《论宪法救济的原则》,《法学杂志》2004 年第 5 期。

21. 陈晓枫、易顶强:《论宪法秩序形成的文化内涵》,《太平洋学报》2009 年第 5 期。

22. 张颖、陈晓枫:《制宪权之真实性的文化解读》,《法学评论》2012 年第 2 期。

23. 江国华:《行政立法的合法性审查探析》,《武汉大学学报》(哲学社会科学版)2007年第5期。

24. 江国华:《论宪法能力》,《法律科学》2010年第2期。

25. 郑贤君:《非国家行为体与社会权——兼议社会基本权的国家保护义务》,《浙江学刊》2009年第1期。

26. 郑贤君:《基本权利的宪法构成及其实证化》,《法学研究》2002年第2期。

27. 郑贤君:《论宪法社会基本权的分类与构成》,《法律科学》2004年第2期。

28. 郑贤君:《全球化对公民社会权保障趋势的影响——国家中心责任向非国家行为体过渡的社会权保障》,《首都师范大学学报》(社会科学版)2002年第2期。

29. 郑贤君、李样举:《作为宪法权利的物质帮助权辨析》,《长白学刊》2009年第3期。

30. 郑贤君:《作为客观价值秩序的基本权——从德国法看基本权保障义务》,《法律科学》2006年第2期。

31. 应松年:《行政程序法(试拟稿)评介》,《政法论坛》2004年第5期。

32. 马怀德:《澳大利亚行政法中的程序公平原则——兼论对中国行政程序立法的启示》,《比较法研究》1998年第2期。

33. 江必新、邵长茂:《共享权、给付行政程序与行政法的变革》,《行政法学研究》2009年第4期。

34. 姜明安:《行政程序:对传统控权机制的超越》,《行政法学研究》2005年第4期。

35. 高秦伟:《正当行政程序的判断模式》,《法商研究》2004年第4期。

36. 闫尔宝:《关于给付行政的若干思考——以德日行政法为中心》,《行政法学研究》2010年第3期。

37. 高秦伟:《社会保障行政的法理与课题》,《华东政法大学学报》2010年第5期。

38. 余凌云:《公共行政变迁之下的行政法》,《华东政法大学学报》2010年第5期。

39. 宋华琳:《美国的社会保障申诉委员会制度》,《环球法律评论》2004年春季号。

40. 莫纪宏:《论对社会权的宪法保护》,《河南省政法管理干部学院学报》2008年第3期。

41. 郭日君、吕铁贞:《社会保障权宪法确认之比较研究》,《比较法研究》2007年第1期。

42. 贺然:《我国公民社会权利的现状、原因及其宪法保护研究》,《求索》2011年第11期。

43. 莫纪宏:《保障社会保障权是政府的绝对责任》,《检察日报》2011年3月10日第3版。

44. 张敏:《社会权实现的困境及出路——以正义为视角》,《河北法学》2014年第1期。

45. 郑书前:《公民社会经济权利宪法救济之中国路径——以南非宪法法院判例为切入点》,《行政与法》2008年第8期。

46. 徐显明:《“基本权利”析》,《中国法学》1991年第6期。

47. 郑贤君:《试论宪法权利》,《厦门大学法律评论》2003 年第 1 期。

48. 李乐平:《试论社会保障权》,《乐山师范学院学报》2004 年第 8 期。

49. 唐政秋:《社会保障权探微》,《行政与法》2005 年第 4 期。

50. 张光辉:《论公民的社会保障权》,《天府新论》2008 年第 S2 期。

51. 徐显明:《生存权论》,《中国社会科学》1992 年第 5 期。

52. 钟丽娟:《自然权利的性质探析》,《东岳论丛》2009 年第 9 期。

53. 贾西津:《个人权利:公权力的边界和责任》,《法学研究》2009 年第 4 期。

54. 张翔:《基本权利的双重性质》,《法学研究》2005 年第 3 期。

55. 金可可:《论温德沙伊德的请求权概念》,《比较法研究》2005 年第 3 期。

56. 徐以祥:《行政法上请求权的理论构造》,《法学研究》2010 年第 6 期。

57. 公维才、薛兴利:《西方社会保障理念的嬗变及其启示兼论社会保障制度中的政府职能》,《中国特色社会主义研究》2011 年第 4 期。

58. 赵虹:《英国工业革命期间的社会立法》,《云南师范大学学报》(哲学社会科学版)2002 年第 6 期。

59. 徐丙奎:《西方社会保障三大理论流派述评》,《华东理工大学学报》(社会科学版)2006 年第 3 期。

60. 余仕麟:《福利经济学:最具伦理意蕴的经济学说》,《西南民族大学学报》(人文社会科学版)2006 年第 1 期。

61. 王晓燕:《解读福利经济学》,《石家庄经济学院学报》2004 年第 5 期。

62. 赵立群:《论凯恩斯主义对经济法发展的影响》,《山西高等学校社会科学学报》2006 年第 6 期。

63. 华迎放:《"福利国家之父"的传世之作》,《中国社会保障》2006 年第 7 期。

64. 关信平:《西方"福利国家之父"——贝弗里奇兼论〈贝弗里奇报告〉》,《社会学研究》1993 年第 6 期。

65. 丁建定:《〈贝弗里奇报告〉评价中值得注意的几个问题》,《中共福建省委党校学报》2007 年第 10 期。

66. 张晨光:《国际社会保障发展趋势及北京的战略选择》,《城市问题》2011 年第 3 期。

67. 范健:《福利多元主义视角下的社区福利》,《华东理工大学学报》(社会科学版)2005 年第 2 期。

68. 韩央迪:《从福利多元主义到福利治理:福利改革的路径演化》,《国外社会科学》2012 年第 2 期。

69. 张利平:《论社会保障中的政府责任》,《公共管理科学》2005 年第 2 期。

70. 李磊:《社会保障权的宪法保护问题研究》,《河北法学》2009 年第 10 期。

71. 周沛:《福利国家和国家福利——兼论社会福利体系中的政府责任主体》,《社会科学战线》2008 年第 2 期。

72. 陈树文:《社会保障中基本主体的责任分析》,《科研管理》2003 年第 1 期。

73. 林明锵:《担保国家与担保行政法——从 2008 年金融风暴与毒奶粉事件谈国家的角色》,载《政治思潮与国家法学》,台湾元照出版公司 2010 年版。

74. 董明:《善治视域里的中共执政合法性基础探微》,《中共浙江省委党校学报》2005 年第 1 期。

75. 曾国平、郭峰:《论“有限政府”的“有限”内涵》,《武汉理工大学学报》(社会科学版)2004 年第 2 期。

76. 汤梅、叶敏:《有限政府理念的“有限性”解读》,《社会主义研究》2009 年第 1 期。

77. 陈树文:《社会保障中基本主体的责任分析》,《科研管理》2003 年第 1 期。

78. 李建良:《“制度性保障”理论探源——寻索卡尔 · 史密特学说的大义与微言》,载《公法学与政治理论——吴庚大法官荣退论文集》,台湾元照出版公司 2004 年版。

79. 许志雄:《制度性保障》,载《月旦法学教室》(3 · 公法学篇),台湾元照出版公司 2002 年版。

80. 陈春生:《司法院大法官解释中关于制度性保障概念意涵之探讨》,载《宪法解释之理论与实务》(第 2 辑),台湾“中央研究院”中山人文社会科学研究所专书(48)2000 年版。

81. 李建良:《基本权利与国家保护义务》,载《宪法解释之理论与实务》(第 2 辑),台湾“中央研究院”中山人文社会科学研究所专书(48)2000 年版。

82. 许育典:《基本权功能建构作为大法官解释的类型化——以教育相关基本权为例》,载《宪法解释之理论与实务》(第 7 辑 · 下册),2010 年 12 月,第 388—400 页。

83. 李树忠:《1998 年〈人权法案〉及其对英国宪法的影响》,《比较法研究》2004 年第 4 期。

84. 杨思斌:《英国社会保障法的历史演变及其对中国的启示》,《中州学刊》2008 年第 3 期。

85. 陈爱娥:《社会国的宪法委托与基本权利保障》,载《公法学与政治理论——吴庚大法官荣退论文集》,台湾元照出版公司 2004 年版。

86. Rainer Pitschas:《欧洲化社会国的社会安全体系》,李玉君译,载《德国联邦宪法法院五十周年纪念论文集》(下册),台湾联经出版事业公司 2010 年版。

87. 凯斯 · 孙斯坦:《洛克纳的遗产》,田雷译,《北大法律评论》2004 年第 1 期。

88. 胡敏洁、宋华琳:《美国宪法上的福利权论争——学理与实践》,《政治与法律》2004 年第 3 期。

89. 凌维慈:《历史视角下的社会权——以日本生存权理论的发展变革为视角》,《当代法学》2010 年第 5 期。

90. 我妻荣:《基本的人权》,《国家学会杂志》第 60 卷第 10 号。

91. 彭小梅:《格努特姆诉南非政府案》,《中国审判》2008 年第 12 期。

92. 韩敬:《由格鲁特布姆案透视南非住房权的司法保护》,《河南省政法管理干部学院学报》2010 年第 1 期。

93. 郭文姝:《〈里斯本条约〉的生效对欧盟各国社会权发展的影响》,《法学杂志》2010 年第 4 期。

94. 季卫东:《程序比较论》,《比较法研究》1993 年第 1 期。

95. 莫纪宏:《宪法程序的类型以及功能》,《政法论坛》2003 年第 2 期。

96. 季卫东:《程序是实现法治的基石》,《人民日报》2010 年 9 月 10 日。

97. 陈爱娥:《行政行为形式—行政任务—行政调控——德国行政总论法改革的轨迹》,《月旦法学杂志》2005 年第 5 期。

98. 李国兴:《超越"生存照顾"的给付行政——论给付行政的发展及对传统行政法理论的挑战》,《中外法学》2009 年第 6 期。

99. 陈春生:《给付行政》,《月旦法学教室》2003 年第 4 期。

100. 程明修:《行政处分权限》,《台湾本土法学杂志》2006 年 3 月第 80 期。

101. 应松年、王锡锌:《中国的行政程序立法:语境、问题与方案》,《中国法学》2003 年第 6 期。

102. 朱维究、胡卫列:《行政行为过程性论纲》,《中国法学》1998 年第 4 期。

103. 高秦伟:《论社会保障行政程序的法制化构建》,《国家行政学院学报》2008 年第 2 期。

104. Gisella Gori, "Domiestic Enforcement of the European Social Charter the Way Forward", in Gráinne de Búrca and Bruno de Witte (eds), Social Rights in Europe, Oxford University Press, 2005.

三、文献案例类

1. 世界人权宣言:The Universal Declaration of Human Rights

2. 经济、社会及文化权利国际公约:The International Covenant on Economic, Social, and Cultural Rights

3. 社会进步与发展宣言:Declaration on the Progress and Development of Society

4. 各国经济权利和义务宪章:Charter of Economic Rights and Duties

5. 维也纳宣言和行政纲领:Vienna Declaration and Programme of Action

6. 社会保障(最低标准)公约:Social Security(minimum standards) Convention

7. 欧洲人权公约:The European Convention on Human Rights

8. 欧洲社会宪章:The European Social Charter

9. 欧盟基本权利宪章:The EU Charter of Fundamental Rights

10. 欧盟宪法条约:The EU Constitution Treaty

11. Social Security Act, 42 U. S. C §602(a)(4)(1964).

12. West Coast Hotel v . Parrish, 300U. S. 399(1937).

13. Goldberg v. Kelly. 397US 254(1970).

14. Adkins v. Children's Hospital,261 U. S . 557—558(1923).

15. Lavine v. Normet, 405 U. S. 56, 74 (1972); Lavine v. Milne, 424 U. S. 577, 585 n. 9 (1975).

16. Liversidge v. Anderson [1942] A. C. 206,261(H. L.).

17. Beveridge,Social Insurance and Allied Services,HMSO,1942.

攻读博士学位期间发表的科研成果

1.《劳动争议处理中的工会作用研究》,《人民论坛》2011 年 7 月。

2.《劳动能力鉴定结论应当纳入行政诉讼范围》,《人民司法》2011 年第 15 期。

3.《重大行政决策合法性审查的主体模式及其选择》,《领导科学》2011 年第 21 期。

4.《就业歧视救济路径探析》,《中国劳动关系学院学报》2012 年第 1 期。

5.《澳门劳动监察制度及其对内地的启示》,《中国劳动关系学院学报》2012 年第 4 期。

6.《社会保障权宪法地位的理论思考》,《海峡法学》2013 年第 2 期。

7.《法治政府的基本品格》,《法制日报》2014 年 3 月 26 日。

8.《海峡两岸海上执法司法合作机制的完善》,《海峡法学》2014 年第 1 期。

9.《经复议案件行政诉讼被告制度的改革》,《人民司法》2014 年第 7 期。

10.《我国域外海洋执法问题研究》,中国民主法制出版社 2013 年版。

致　谢

2010年9月入学，是本人阔别学校5年后再一次加入学生的队伍。非常感谢老师和学校给我这个机会一圆自己多年来的梦想——成为一名博士研究生，走进一个神秘而又富有魅力的殿堂。事实上，走进校园后就开始兴奋又忐忑地思考毕业论文的写作问题，希望能交出一份令老师们和自己满意的答卷。如今论文已经成形，虽然不能不说存在很多遗憾，但却也承载了老师们许多的心血和本人的倾心付出。个中的心酸和收获都将是一生受用的宝贵财富，它伴我走过了而立之年的青葱岁月，收获的远非一个学位和一篇论文，这永远将是我生命中浓墨重彩的一笔。

重温校园风情的机会同时使我有幸投入董皞老师和周叶中老师的门下。与两位老师的交流不仅使我在学术能力上有所提升，更为珍贵的是在做人、做事的态度上都使我受益终生。董老师谦和中不失严谨，是一位亲切的长辈，和他交流，如沐春风。周老师威严中带有呵护，循循善诱、语重心长，和他的交谈令我醍醐灌顶。能得到两位老师的教诲是我的幸运和幸福。武汉大学法学院的其他老师对我的成长也给予了很大的帮助，老师们的睿智、博学、严谨、善良都在我的脑海里留下了深刻的烙印。秦前红老师的深邃睿智、独到见解，陈晓枫老师的博学广识，江国华老师的严谨作风，都使学生深深敬仰。在这里我要向各位老师深深鞠上一躬，感谢各位老师的栽培与提携。

四年的学习中除了要感谢各位老师的谆谆教诲外，还要感谢我的父母、爱人及爱子的鼓励与支持。已逾耳顺之年的父母为了保证我写作的时间，不辞辛苦地为我接送读书的孩子，当然这只是数十年倾心付出的缩影，我想说：“爸妈辛苦了，我爱你们！”爱人周兰领研究员在我的学习及论文的写作过程都给予了非常大的支持和帮助，虽然有时会用“恨铁不成钢”式的语言来激励我，但还是得说：“老公，在你身上我找到了很多动力。”四年的学习时间中幼子也从幼儿阶段步入了儿童阶段，成为了一名光荣的小学生，他是我快乐的源泉，同时也是我动力的源泉，做一个让儿子有点小自豪的妈妈是我努力的目标，妈妈想跟子靖说："儿子，咱们一起加油吧！"

从选择报考博士、考取博士，一直到论文撰写的整个过程还必须感谢的一个人是我的领导姜颖教授。自 2005 年有幸结识姜颖教授以来，姜教授就给了我非常多的鼓励和帮助，并且以她的学识、优雅、善良、大度深深地影响和征服着我。可以说姜颖教授既是一位值得尊敬的领导，又是一位值得交心的朋友，更是一位贴心的亲人。我想对她说："与您相遇是我的福气，我会用一生的时间来守护这个缘分。"

回首四年，想要感谢的人太多太多，在这里一并对所有支持和帮助过我的师长、同学、朋友和亲人说一声"谢谢你们！"因为有你们的存在，才成就了今天的我，我也愿一直做你们生命里的一个存在，守护我们的缘分。

最后，我要感谢我自己。虽然在写作的过程中我彷徨过、痛苦过，也曾垂头丧气、意志消沉，但我还是坚持了下来，在我满 35 岁的这个年头努力完成了人生中的一个重要任务，所以我要跟自己说："相信自己，加油！"